O DESEJO CONTRARIADO

Ensaio sobre a impossível transmissão
em psicanálise

ROBERT LÉVY

O DESEJO CONTRARIADO

Ensaio sobre a impossível transmissão em psicanálise

PREFÁCIO DE:
Claude Dumézil

TRADUÇÃO:
Sandra Regina Felgueiras

EDITOR
José Nazar

Companhia de Freud
editora

Título Original
Le désir contrarié

Tradução
Sandra Regina Felgueiras

Editoração Eletrônica
FA - Editoração Eletrônica

Ilustração de capa
Michelangelo
Original Sin – Ceiling of the Sistine Chapel

Capa
Fatima Agra

Revisão
Sandra Regina Felgueiras

Editor Responsável
José Nazar

Rio de Janeiro, 2004

FICHA CATALOGRÁFICA

L65d

Lévy, Robert.
[Le désir contrarié. Português]
O desejo contrariado : ensaio sobre a impossível transmissão em psicanálise / Robert Lévy ; prefácio de Claude Dumézil ; [tradução : Sandra Regina Felgueiras]. – Rio de Janeiro: Companhia de Freud, 2004.

319 p. ; 23 cm

ISBN 85-85717-82-3

1. Psicanálise. I. Título.

CDD-150.195

Companhia de Freud
editora

Endereço para Correspondência
Rua da Candelária, 86 - 6º andar
Tel.: (21) 2263-3960 • (21) 2263-3891
Centro - Rio de Janeiro
e-mail: ciadefreud@ism.com.br

Índice

Agradecimentos

O longo percurso que leva do divã à poltrona exige alguns outros sem os quais nenhum analista poderia se autorizar. A eles aqui o agradecimento.

Antes de tudo, os pacientes, que tanto me ensinaram sobre o desejo contrariado e sem os quais nada do que se enuncia neste livro faria sentido.

Meu parceiro de trabalho e amigo Claude Dumézil, com quem compartilho, há mais de vinte anos, os tormentos e as alegrias relativas àquilo a que todo analista se vê confrontado, tanto no que se refere à sua prática clínica, institucional ou de pesquisa, e a quem devo me haver permitido levar a sério essa frase de Lacan, pronunciada em 10 de maio de 1967: "O inconsciente... é a política".

Meus parceiros de trabalho de Analyse freudienne, que, apesar de e contra tudo, conseguiram não ceder quanto às questões fundamentais de uma certa ética da psicanálise.

Um pensamento para meus parceiros da Fondation européenne e um *saludo* muito particular para os de Madri, aos quais agradeço não se terem tornado todos meus alunos, apesar da minha presença ali há muito tempo.

Meus colegas do CMPP de Montgeron, que souberam portar e suportar os acasos do que um atendimento de crianças, para o qual a psicanálise sempre serviu de norte geográfico, supõe.

Por fim, dedico muito especialmente esse primeiro livro a meus filhos Nicolas e Benjamin, na esperança de haver podido lhes transmitir ao menos uma "ocasião de pensar".

Prólogo

Paris, julho de 1998

Caro Robert Lévy

Estou ao mesmo tempo honrado e embaraçado com essas algumas linhas a serem colocadas em exergo de sua obra *O desejo contrariado*. Honrado por ser por você associado à passagem ao público desses importantes escritos: eu os vi nascer, é verdade, a maior parte deles durante quase vinte anos de transferência de trabalho e de companheirismo institucional. Felizmente reunidos, organizados no livro, os artigos adquirem um relevo particular e seu signatário advém, certamente, como um novo autor no campo da psicanálise. À imagem das corajosas excursões alpinas de que você tanto gosta e em relação às quais devo renunciar a segui-lo, você explora sem concessão nem timidez, com originalidade, rigor e exigência os caminhos ou sendas que levam um analisante a se tornar analista, um praticante a prestar contas relativamente à sua prática, um psicanalista a pensar a psicanálise tanto em sua diacronia freudo-lacaniana como em sua sincronia singular. Você assim oferece, a seus leitores, um pensamento analítico em ato, abrindo cativantes perspectivas pelas quais se vêem esclarecidos muitos debates sobre a condução das análises, sobre questões teóricas e éticas cruciais. Suas referências eruditas à lógica, à filosofia, notadamente da linguagem, servem de apoio a desenvolvimentos originais sobre a questão do ato analítico e do desejo que o sustenta, da mesma forma que um olhar lúcido para as ciências, a história e a religião lhe permite robustas considerações sobre o novo *Mal-estar na civilização*, aqui e agora. Capítulo após capítulo se afirma, portanto, uma obra culta da qual a psicanálise freudiana revisitada resta, certamente, como a pedra angular.

Então, de onde viria meu embaraço?

De um "desejo", talvez, que não seja "contrariado", já que não duvido de que seu belo livro receba o melhor dos acolhimentos de um amplo público.

Sinceramente seu,

Claude Dumézil

Prefácio

Polêmico este livro será visto apenas como acréscimo.

A psicanálise tem um inimigo: a religião do sentido, o sentido como religião, escandalosa equivalência cuja definição Lacan já havia dado. Do horror de sua própria descoberta, do horror de um fora-do-sentido assim ela se protege. O mito freudiano do pai traça o contorno e o lugar de uma função central na estrutura do sujeito.

A psicanálise, numerosos psicanalistas, talvez todo psicanalista seja ameaçado, em algum momento, de ser engolido, do conforto ao conformismo, da facilidade à comodidade, pelo mito de Édipo, transformado em mito do sentido, pelo qual se estratifica e se sutura a descoberta de Freud. E, na sua continuidade, a filiação freudiana, votada ao culto do pai ideal, a despeito do trilhamento operado por Lacan no texto de Freud. De ora em diante, o texto de Lacan, recebido como legado do pai morto mais que como letra viva a ser transmitida, se reabsorve como ideologia ou logomaquia escolástica. Já o tempo de um retorno a Lacan e a sua leitura, análogo ao que ele mesmo opera referente ao texto de Freud, se anuncia, se impõe.

Este livro nada mais é, portanto, que uma operação de desnudamento, de desobstrução da estrutura do sentido que tolhe a transmissão da psicanálise, com o que isso faz sobressair como possibilidade de leitura nova do texto, texto do analisante, texto da história deste século, que só poderá ser lida como literalização dos significantes da exclusão e da identificação do real em seu inédito.

Então, serão expostos à crítica, sucessivamente e num escândalo mantido, diversos *-ismos* que, de modo algum, a psicanálise tem por missão aceitar ou agregar: um certo lacanismo que se tornou pronto-pra-não-pensar, absorvido por incorporação e dispensando-se de um retorno ao nome próprio fundador entendido como função, assim como ao vazio de garantia que o sustenta – no entanto, retorno efetuado pelo próprio Lacan com Freud; o institucionalismo das instituições psicanalíticas, a despeito dos instrumentos de transmissão forjados por Lacan – transformados em legados, delegados ou relegados a uma retomada totalmente diferente; um certo feminismo, sonho de integração das mulheres por apagamento ideológico aperfeiçoado da diferença na universal fratria; o culto da Shoah, quando ela se quer palavra mestra do recalque, ou traço de uma identificação aniquiladora para um judaísmo que está perdendo sua língua.

O impensado, em Freud, de uma essência psíquica judia que ele dizia não-analisável, também aí vinda de seu desejo de salvar o pai, será interrogado, no que ele faz um possível retorno no segregacionismo nazista.

Não se deixará também de, igualmente, questionar, no decorrer dos últimos capítulos, o "Mal-estar" da civilização, exacerbado por um gozo outro que não reduz, não resume, nem resolve o gozo mítico, ainda concebível, do pai primitivo, e que uma vontade de mestria fracassada conduz às mais radicais e mais loucas tentativas de coletivização.

Teremos, enfim, no decurso destas páginas, questionado o desejo do analista, no que ele não se reduz a nenhum outro e preside sozinho ao ato analítico, a despeito de toda teoria preconcebida, e pronto a se deixar contrariar pelo dizer do analisante. Tomamos o próprio Freud como analisante quando ele analisa Emma Eckstein, um *Physician Brother*, ou quando evoca Hamlet para opô-lo a Édipo, ou quando tenta construir suas primeiras teorizações da sedução sob influência de seu enfeitiçamento transferencial por Fliess. Evocaremos também momentos da análise de certos de nossos pacientes; nosso próprio desejo de analista se verá assim a operar e à prova, o que queremos passar ao leitor.

PRIMEIRA PARTE

Freud e Lacan: a instituição da transferência

1

Sobre a inatualidade da psicanálise ou como acabar com a questão das gerações

"Há, entre a mecânica e a geometria, não apenas a diferença de que, nesta, a geração das formas pelo movimento é, por assim dizer, arbitrária e de pura elegância, mas também de que a geometria só considera no movimento o espaço percorrido [...]"[1].

O ponto de partida – o que os gregos chamavam de *arche*, com uma palavra que significa tanto começo quanto autoridade –, a origem, o mito fundador, o princípio iniciador e gerador de onde se regeria toda a genealogia, toda filiação, toda transmissão, toda sucessão: vários termos para designar um ponto cego que oblitera todo pensamento, a partir do momento em que se quer definir – no que consistiria, entretanto, nosso propósito – o que seria uma "função sucessor".

Mais uma vez, só poderemos nos referir a Freud, para quem os irmãos da horda, ao mesmo tempo que incorporavam totem do pai – esse pai todo-gozante e todo-poderoso que eles acabaram por assassinar –, assimilaram também laço, o que faria laço entre eles[2]. Um tal mito comporta sua implicação decisiva, que não poderia escapar, assim como também não se poderia escapar dela: cada macho, por haver ingerido uma parte do objeto do sacrifício, se viu filho, sem mais nenhuma intervenção da mãe. Identificação oral hoje ainda em vigor – atualidade do mito, com

---

[1] D'Alembert, "Introduction au traité de dynamique", *Oeuvres*, Paris, Slatkine, 1967, t. I, p. 394.

[2] S. Freud, *Totem et tabou: quelques concordances entre la vie psychique des sauvages et celle des névrosés*, Paris, Gallimard, 1993.

certos desses "amuletos" que se incorporam sob forma de escrita que se dissolve na água, ou como essas mensagens codificadas, cabendo ao espião avaliá-las –, tópos, abundantemente representado nos filmes do gênero. Iremos nos perguntar se os detentores de um certo lacanismo estão tão afastados disso?

Resta que um pai advém a essa qualidade pelo fato do assassinato cometido em relação a sua própria pessoa e pelo repasto que o sucede, não porque teria estado, por todo o sempre, ou mesmo anteriormente, no que seria um reconhecimento de seu ser-pai. Há, portanto, um antes e um depois dessa incorporação-fabricação, a qual se realiza na forma desse repasto cujo consumo leva a esse final, que o pai subsiste apenas como memória dos que agora se tornaram seus filhos. Estes, por todos o terem ingerido, encontram-se assim impelidos a inventar, nesse lugar falto que só um tempo ulterior constitui, "já-Pai", na nostalgia de um pai que teria preexistido ao ato assassino que, no entanto, o fundou.

Fundar, de acordo com esse mito, nada mais é que tornar efetivo um ato assassino, que, como tal, é a invenção, a criação de um lugar entre aqueles mesmos que lhe dão corpo, laço de incorporação, de *um-corpo-poração [un-corps-poration]*. Desenha-se aqui uma das figuras do *decidível*, de acordo com a qual escolher exige a renúncia à anterioridade. De modo radical, Lacan lê e reescreve o mito freudiano do pai primitivo, extraindo dele este paradoxo essencial: não há nenhum pai que preceda sua produção como tal, e é a mediação da metáfora que torna efetiva, em sincronia e não em diacronia, uma tal fabricação[3].

$$\frac{\text{Nome do pai}}{\text{Desejo da mãe}} \qquad \frac{\text{Desejo da mãe}}{\text{Significado para o sujeito}}$$

Isso significa que, para a psicanálise, que é apenas o nome comum de alguns nomes próprios, Freud, Lacan, e outros, as gerações não são o pro-

[3] J. Lacan, "Du traitement possible de la psychose", em *Écrits*, Paris, Le Seuil, 1966, p. 557 [as páginas do original francês estão indicadas na margem da tradução brasileira: *Escritos*, Rio de Janeiro, Jorge Zahar, 1998. (NT)].

duto de uma genealogia ou de uma filiação, mas do assassinato, metafórico, assassinato do significante, pelo significante. Nenhum pai é naturalmente pai e o *Urvater* freudiano é apenas um pai de construção discursiva pelo qual se radicaliza, pelo fato da metáfora que se instaura, toda ausência de anterioridade de um pai ao ato assassino que, no entanto, o funda. Em outros termos, só pode haver fundação na medida em que se supõe uma falta na série. É o que é dado verificar em certas análises durante as quais acontece de um pai nascer de um filho, fora de toda fantasia de autoengendramento. Entretanto, essa operação, para se efetuar, exige que nenhum dos três sujeitos postos em relação na triangulação genealógica, pai biológico, mãe ou criança, pretenda encarnar a função do Nome-do-Pai e assim deixe lugar para o *desejo de outra coisa como tal.*

Uma tal operação equivale à contagem do zero na série dos números. Ela levanta a questão da possibilidade mesma de uma "função sucessor" e exige que, para toda passagem na série dos números, de um a dois, depois de dois a três, e assim por diante, seja re-efetuada, em toda a sua singularidade, essa passagem inaugural.

Em qualquer estado de "causa freudiana" que seja, um analista não pode crer num pai fundador e, daí, pensar resolver a questão das gerações. Ele não pode, pela razão mesma de que não há analista, mas apenas uma "função-analista", imaginar sua tarefa de outra forma que numa reinvenção de um discurso no qual a função "autor" prevalece em relação a toda noção de "pai" de uma qualquer geração. Com efeito, se ligarmos o termo "geração" a sua etimologia de "engendramento", fica claro que uma função-analista não poderia se engendrar e que a questão das gerações é uma falsa questão para a análise. Tudo o que, em psicanálise, procede da sucessão ou da transmissão só poderia ser considerado, portanto, a partir da noção de discursividade e, mais particularmente, a de instaurador de discursividade.

Será "autor", e não mais pai de uma geração, aquele que, por sua função, produz uma obra mais que pessoal, obra cuja regra de formação permite, por sua vez, a produção de outros enunciados, os quais podem, em seu conteúdo, notavelmente diferir dos textos fundadores que os tornaram possíveis, mas que têm que exigir para si, entretanto, a origem num mesmo lugar de discurso.

Assim, os que Lacan chama de "os freudianos da segunda geração", e nos quais ele bate nesse *Escrito* intitulado "Para-além do princípio de realidade"[4], são os que, por não terem sabido aproveitar, pôr em operação o modo de instauração de discursividade freudiano, desenvolveram um regime de aderente adesão ao texto, para finalmente chegar apenas, por pura fetichização, a um modo de transmissão geracional – ou pior: de engendramento clonado.

O processo das gerações em psicanálise, ao contrário de uma tal inércia, só pode, portanto, ser entendido a partir da idéia de um "eterno retorno" (a Freud). O fato de que Lacan tenha se sentido intimado a operá-lo nem por isso nos deixa quites, e hoje, mais do que nunca, devemos contar "três" depois de Freud.

A própria ética da psicanálise a isso nos convoca – no que o próprio texto inconsciente requer um necessário ato de leitura. Cada analista tem a tarefa de produzir um tal ato, do qual apenas o desejo que o anima fará um ato analítico, ou melhor, o qual apenas esse desejo mesmo tornará possível, sem que ele deva nada a qualquer geracional, também não a qualquer atual – se não se designar com este termo o que é efetivo, mas o que está conforme a uma atualidade qualquer.

Com efeito, nada mais inatual que a análise freudiana, e talvez seja preciso que, ao final desse retorno a Freud, que é a reinventar por cada analista, advenha esse lugar vazio, essa contagem do zero sem a qual nenhuma série é possível. A questão das gerações, em análise freudiana, talvez se resuma a uma séria análoga a uma série matemática, cuja lei de formação seria a da passagem ao significante qualquer: ou seja, a esse momento em que um nome próprio, o de Freud, o de Lacan ou de seu próprio analista, se vê, por essa virtude do fim de uma análise, dar prova de que não há garante da verdade – vazio que Lacan formalizou S (Ⱥ). Aí se encontra a condição de todo instaurador de uma discursividade tal que, fundadora de um discurso, cria a possibilidade de que enunciados outros venham, entretanto, nela se originar.

---

[4] Ibid., p. 73.

É por ser reconhecida por seu ato que toda função-analista é fundadora: não a título de um nome próprio, mas do desejo mesmo que a tornou possível, e do qual ela é autora. Da mesma forma, o fundador de um discurso só é reconhecido em seu ato na medida em que é tido como o autor de seus próprios textos.

Vê-se, a análise freudiana não é coisa de geração nem de alunos: o ato analítico nada tem de um nascimento, a não ser no que ele revela ao sujeito a inatualidade de seu desejo, que é a única coisa que se mantém – a ser mantida – por todo o tempo.

2

Para um ensino da Análise freudiana

Que texto seja transmissível – tal seria o voto de todo ensino de psicanálise, se há um ensino possível, porque é como "*stécriture** " das formações do inconsciente que se manifestam sintoma, sonho e lapso[1].

É a mensagem mínima de Freud referente a um ensino de psicanálise como "escola freudiana"[2]. As formações do inconsciente são supostas legíveis na medida em que estão já inscritas num processo de escrita. Está aí um dos veios maiores traçados por Lacan em seu retorno a Freud – o que uma de suas

* A palavra *écriture* tanto pode ser traduzida como "escrita" como por "escritura" em português; acrescentam-se, no caso, *st*, o que pode se referir, por exemplo, à fonetização relativa aos nomes dessa letras, ou remeter à palavra *structure*, "estrutura", produzindo diversas possibilidades de tradução, nenhuma delas exaustiva. De todo modo, pensamos que em *stécriture* podemos ler a "estrutura da escrita" feita pelo inconsciente ou a "escrita da estrutura". (NT)

1 J. Lacan, *Le moment de conclure*, sessão de 10 de janeiro de 1978 (inédito): "Certamente há escrita no inconsciente, ainda que seja porque o sonho, princípio do inconsciente – é o que Freud diz –, o lapso e mesmo o chiste se definem pelo legível...".

2 *The Standard Edition of the Complete Psychological Works of Sigmund Freud*, ed. por J. Strachey, Londres, Hogarth Press, 1953-1966, Psychoanalysis Freudian School, vol. XX, pp. 261- 270.

pilhérias poderia ilustrar de maneira particularmente bem-vinda: "o que está em jogo é sempre a concordância do sujeito com o verbo"[3].

Deve ser guardada, portanto, a idéia de um ensino do sintoma psicanalisável enquanto este é sustentado por uma estrutura idêntica à estrutura da linguagem. O trabalho psicanalítico se define, portanto, como um trabalho do texto no sentido mais rigoroso do termo.

Mas esse texto está, por sua própria natureza, escondido; no que reside, precisamente, toda a dificuldade desse ensino. É por isso que o termo *trans*-missão, no que melhor dá conta do alemão *Durcharbeiten*, pela tradução que o prefixo "trans" oferece do *durch* em alemão, nos parece preferível. Trata-se, portanto, de transmissão de uma leitura do texto, tal que persiste o que se demonstra da estrutura como irredutível.

Um princípio essencial é extraído do que Freud e Lacan nos transmitiram: o texto preexiste como estrutura a toda consideração. Não se trata de dizer original, apenas os cortes são diferentes. Uma transmissão da psicanálise implica, portanto, que se elaborem condições de leitura que sejam em si, em primeiro lugar, transmissíveis. O que então deve poder se transmitir é essencialmente uma passagem: a passagem do trabalho da transferência a esse instrumento da transmissão ambicionado por Lacan, a transferência de trabalho.

Nenhum tipo de identificação, mesmo ao eu forte do analista, poderia responder a essa necessidade. O que aí constitui escolho é, no entanto, apresentado por Freud como uma prerrogativa na análise: "Quando a transferência é de sinal positivo, ela reveste de autoridade o médico, ela se transforma em confiança com relação às comunicações e concepções deste..."[4].

Embora a dificuldade do trabalho de leitura se ligue ao fato de que o texto é um texto escondido, esse trabalho não deixa de estar submetido a duas regras, ou duas condições: as da associação livre e da transferência, sem as quais nenhum conflito poderia ser lido e interpretado no texto. Daí

---

[3] J. Lacan, "La psychanalyse e son enseignement", em *Écrits*, ob. cit., p. 445.

[4] S. Freud, "Le transfert", em *Introduction à la psychanalyse*, Paris, Payot, 1981, p. 423; "Die Übertragung", em *Vorlesungen zur Einführung in die Psychoanalyse*, Fischer Taschenbuch Verlag, Frankfurt am Main, 1977, p. 350.

a idéia de que na e pela própria análise se realizaria o modo de ensino da psicanálise: "O ensino da psicanálise só pode se transmitir de um sujeito para outro pelas vias de uma transferência de trabalho", dirá Lacan[5]. E insistirá firmemente nesse ponto: o ensino, os seminários não fundarão nada se não reenviarem a essa transferência.

Mas essa fundação necessita de uma espécie de segundo tempo da transferência, e essa passagem freqüentemente dá lugar a todas as derivas, no que pode levar, pela destituição desse suposto saber de que inicialmente o analista é revestido, a uma suposição de saber referente à teoria, da qual o sujeito se torna o objeto ou o simples suposto.

Segue-se uma primeira conseqüência danosa: a corrida ao "narcisismo da pequena diferença"[6], a do nome próprio, no caso. O ensino então navega entre dois rios, dois pólos de identificação: uma com a imagem que dá ao agrupamento seu ideal, a outra com o sujeito suposto saber, com o retorno do eu forte do analista. Uma certa forma de cartel de ensino, cuja função é permitir a cabotagem entre esses dois rios, é satisfatória?

Uma outra conseqüência possível reduz o ensino à voz de seu mestre.

Se se encara assim, a aposta de uma transmissão diria respeito a um desafio: contar três a partir de Freud requer, com efeito, um tipo de transferência diferente dos que acabam de ser brevemente evocados. Com efeito, por um lado ninguém atualmente encarna esse UM por relação ao qual transferência e trabalho possam se justapor para fazer apenas um; por outro lado, nenhum preceito saído de uma linhagem poderia fazer uma instituição a vir com um modelo antigo. Então, nem gestão de herança nem busca de legitimidade poderão servir de padrão, de *pattern*. Essa falta, esse zero contável é a ser mantido no centro de toda concepção de um ensino.

A partir daí, como situar o ensino da psicanálise, se não for de tal modo que "cada um se engaje a seus próprios riscos", isto é, aos riscos de que "alguns outros" venham a recolocar seu fundamento em questão? Não se trata do "abrir", literalmente e em todos os sentidos do termo, em rela-

[5] *Annuaire 1971*, nota anexa ao *Acte de fondation* de 1964 [Tradução brasileira *Outros escritos*, Jorge Zahar, Rio de Janeiro, 2003, p. 242].

[6] Cf. *A introdução* dada por Lacan a *Scilicet* 1, Paris, Le Seuil, 1968, pp. 3-12.

ção a uma passagem à fala, de tal modo que se opere sistematicamente uma "passagem ao público"[7]?

Esse recolocar em questão implica o reexame de alguns pontos vivos do trabalho psicanalítico, pontos que se situam na própria nascente da questão de seu ensino ou de sua transmissão e que se referem a esse prévio crucial ao trabalho de leitura, que é preciso chamar de uma política de estabelecimento do texto. Essa política consiste em definir os elementos de teoria que a instituição considera que se articulam com a ética que ela se atribui, inclusive que a sustentam. Uma tal política se refere tanto ao texto inconsciente de cada paciente, cuja transliteração é o efeito de uma leitura, quanto ao texto freudiano ou lacaniano, em relação aos quais cada leitura é também suscetível de transliteração. Ora, nesse trabalho de estabelecimento das condições de leitura do texto tal que ele seja transmissível, que ele possa "passar ao público", pode acontecer de uma doutrina se elaborar à revelia de cada leitor, e talvez mesmo de cada instituição.

Daremos como exemplo apenas as diferentes associações psicanalíticas que se constituíram após a dissolução da École freudienne de Paris por Lacan[8], e que repousam, freqüentemente à sua própria revelia, em teorias da transferência diferentes.

Essa política de estabelecimento do texto forja o próprio estilo da instituição ao mesmo tempo que lhe dá seu guia de leitura. Na medida em que é definida e explicitada, ela não pode operar à revelia do leitor, porque ela se torna doutrina da instituição.

Embora as diversas traduções de Freud tenham podido se prestar a que ele seja empregado de maneira contraditória, mais freqüentemente ao sabor dos *diktats* da muito legitimista International Psychoanalytical Association[9], o retorno a Freud que Lacan ambicionou e efetuou pode, justamente, ser compreendido como uma tentativa de romper com essa marca da instituição no texto freudiano. O passe sem dúvida nenhuma constitui uma reinvenção lacaniana decisiva, necessária para qualquer um que

---

[7] Aos que haviam perguntado a Lacan o que esperava dos Analistas da Escola (A.E.), ele simplesmente havia respondido: "Que eles abram".

[8] Indicada a partir daqui pelas iniciais EFP.

[9] Indicada a partir daqui por IPA.

queira considerar a questão da passagem de analisante a analista de outro modo que como uma simples identificação com o eu forte do analista.

Então, nos é preciso prosseguir com Lacan na reinvenção, o que implica escavar um trilhamento teórico, criar dispositivos que permitam, ao mesmo tempo, esclarecer a prática e inovar na leitura do texto ao qual se retorna. Com esse corolário: o texto de Lacan doravante se impõe à tarefa de leitura dos psicanalistas, assim como o de Freud se impôs a Lacan, e estes têm por encargo estabelecer uma política de estabelecimento deles. A IPA escolheu estabelecer essa política em termos de adequação das traduções às necessidades institucionais; para aqueles que não subscrevem a um tal conformismo, a uma tal inércia da e na instituição, eles se vêem confrontados com a mesma exigência que fez o gume do retorno a Freud de Lacan, tal como ele a formula em "L'étourdit"[10], isto é, a um "literalmente e em todos os sentidos" do texto.

Também é preciso dizer que o que se enuncia aqui como uma espécie de imperativo de leitura nos confronta com as mesmas dificuldades encontradas por Lacan em seu retorno a Freud. Mas talvez seja nesse ponto preciso que se elabora uma junção possível entre leitura do texto e ensino: ponto em que o que se transmite só pode ser novo. Pelo menos é assim que Freud nomeia o saber do analista num posfácio a seu artigo sobre "A questão da análise leiga"[11], o que Lacan traduz enunciando que "a análise era *intransmissível* e que é preciso que cada analista seja forçado a reinventá-la"[12].

Freud nota, a propósito do saber: "Há algo que eu verdadeiramente sei: na psicanálise existiu, desde seu primeiríssimo momento, um liame indissolúvel entre a análise e a pesquisa. O saber trouxe o êxito terapêutico. Era impossível tratar um paciente sem aprender alguma coisa nova; era impossível aproveitar um novo esclarecimento sem perceber seus resulta-

---

[10] "L'étourdit", 14 de janeiro de 1972, em *Scilicet* 4, 1973, pp. 5-52. Essa construção é retomada em *L'insu que sait de l'une-bévue s'aile à mourre*, 1976-1977 (inédito).

[11] S. Freud, *La question de l'analyse profane*, Paris, Gallimard, 1985, pp. 141-154.

[12] J. Lacan, "Conclusion des journées sur l'enseignement", em *Lettres de l'école*, nº 25, abril de 1979, p. 219.

dos benéficos. Nosso procedimento analítico é o único no qual esta preciosa junção está garantida"[13].

A "preciosa junção" que sozinha garante o procedimento analítico é a que marca uma diferença radical entre um saber e um saber que não se sabe; em outros termos: entre o fato de efetuar um trabalho nos textos e o de ser trabalhado pelos textos.

Propor um ensino equivale a levantar a questão do que é um trabalho para o analista. O termo "trabalho" é determinante em Freud e sempre aparece num contexto preciso e argumentado: trabalho do sonho, trabalho do chiste, trabalho de luto, trabalho de pensamento (*Denkarbeit*) e, é claro, *Durcharbeiten* (elaboração, perlaboração), associado ao termo "transferência". Entretanto, estes dois termos não têm que, nessa medida, ser transpostos tais quais às situações de grupo e de instituição. Com efeito, na cura psicanalítica, o trabalho da transferência conduz à análise da transferência, mas, num lugar de ensino, a transferência de trabalho é necessariamente uma transferência sem análise, isto é, um modo de transferência ilimitada em que o "trabalho" viria corresponder ao fato incontornável da experiência analítica de que as idéias e a própria teoria podem ter função de objetos de amor e de suportes possíveis de transferência deslocada.

A questão maior não é tanto que Lacan tenha afirmado o fato da transferência como única via de transmissão, mas que ele a tenha qualificado de trabalho. Com efeito, Freud já havia feito apelo à transferência para transmitir e ensinar seu método de interpretação dos sonhos: notadamente ao pegar um de seus próprios sonhos, o da injeção em Irma, como objeto de estudo e ao apelar para a transferência do leitor, que, nos diz ele, "favorece consideravelmente o interesse pelo sentido escondido do sonho"[14] em outros termos, ao ligar transferência e ensino.

Mas uma coisa é a posição do sujeito leitor (e a tradução é um modo de leitura)[15], ou ainda do sujeito no que ele ouve de uma fala que resta

---

[13] *La question de l'analyse profane*, ob. cit., pp. 150-151; "Die Frage der Laïen-analyse, em *Darstellungen der Psychoanalyse*, FTV, pp. 139-220 (nós traduzimos).

[14] *L'interprétation des rêves*, Paris, PUF, 1967, p. 98.

[15] Poderemos, nesse sentido, observar a maneira como Lacan não traduz, propriamente falando, mas cria novos significantes, por exemplo, para *Unbewusste*: *une-bévue*.

intimamente ligada à transferência; e outra coisa o fato de que, numa instituição analítica, a transferência de trabalho resta como não-analisável permanente e que os diferentes grupos de trabalho fornecem então um suporte a este não-analisado. A noção mesma de cartel deve ser reexaminada em função desse dado.

O termo "trabalho", cujo interesse é também o de servir como ligação entre trabalho de transferência e transferência de trabalho, obriga, além do mais, a considerar juntos o trabalho de pensamento e o *Durcharbeiten* em dois contextos radicalmente diferentes. Só o *Durcharbeiten* no quadro da análise é trabalho de transferência que pode levar uma análise a seu termo. Mas esse termo não advirá sem que o sujeito reconheça também sua transferência de trabalho.

Então, para um sujeito que se torna analista, "sujeito advertido", como o nomeia Lacan[16], o trabalho de pensamento, *Denkarbeit*, será transferido para um *Durcharbeiten*, transferência de trabalho, sem analista, e é natural que sua elaboração teórica estará submetida a que re-comece a transferência por outras vias.

---

[16] J. Lacan, *Le Séminaire, livre VII, L'éthique de la psychanalyse*, Paris, Le Seuil, 1986, pp. 347-348.

3

Trabalho de transferência de trabalho...

Lembremos que, entre 1899 e 1905, Freud avança o essencial de suas idéias psicanalíticas fundamentais em cinco publicações: *A interpretação dos sonhos* (1899 a 1900), *Psicopatologia da vida quotidiana* (1901), *Os chistes e sua relação com o inconsciente* (1905), *Dora* (1905) e os *Três ensaios sobre a teoria da sexualidade* (1905).

Em cada uma dessa obras, ele amplamente recorre à noção de trabalho: trabalho do sonho, trabalho de pensamento, trabalho de transferência para Dora. Em todos os casos, a condensação, o deslocamento e a representação de uma coisa por seu contrário ou por um detalhe metaforo-metonímico estão operando, e Freud não se priva de mencionar a estreita relação que une o trabalho do sonho ao trabalho do chiste – ainda que seja para salientar que um sonho típico, quando é corretamente interpretado, parece com uma piadinha falha[1] . Ele também encara a análise como uma fonte de formação para o analista, já que é por ela, e através de trabalho de transferência, que este pode fazer a prova do inconsciente. Já estão lançadas as bases do que pode se conceber de uma passagem ao público pelos arcanos e pelas chicanas do ensino do trabalho de transferência.

---

[1] S. Freud, *Jokes and their Relations to the Unconscious*, S.E., VIII, pp. 73-79.

Lacan dá, ao mesmo tempo, um passo mais e um passo ao lado.

O passo mais: ele é inaugural e figura no ato de fundação da EFP[2]. Nele ele evidencia um novo tipo de trabalho, e talvez de transferência, ao afirmar que "O ensino da psicanálise só pode transmitir-se de um sujeito para outro pelas vias de uma transferência de trabalho".

O passo ao lado vem doze anos depois, quando, na ocasião da "Journée sur la transmission"[3], Lacan conclui que "a psicanálise é intransmissível, exceto ao ser reinventada por cada psicanalista".

O fato de que na cura psicanalítica o trabalho da transferência conduza à análise, enquanto, num lugar de ensino, a transferência de trabalho reste necessariamente fora de análise, na medida em que ela se exerce com relação a um ensino e não mais em relação a uma pessoa, no que Lacan encontra Freud quando este apelava ao leitor de *A interpretação dos sonhos*[4], nos conduz à hipótese seguinte: é pela letra na mais rigorosa acepção do termo que o trabalho de transferência pode ser suscitado.

O elemento decisivo da proposição de Lacan não é que ele tenha afirmado o fato da transferência como única via de transmissão, mas, antes, que ele a tenha qualificado de transferência "de trabalho", abrindo assim a questão do que vale um trabalho com relação ao que é a transferência, isto é, um puro amor.

Sem dúvida, a questão da transferência de trabalho se inicia com a instituição com que Freud sonhava para que "viver ou morrer" lhe fosse mais fácil – quando ele sabia que ela existia para velar por sua obra[5]. De imediato a idéia de uma transferência de trabalho repercute na de um trabalho de transmissão, a ser assegurado pela instituição freudiana.

Freud esclarece que o trabalho da instituição consiste em velar pela obra. A importância de que se reveste o nome se verifica, no entanto,

---

[2] École française de psychanalyse, que se tornará École freudienne de Paris. Ver adiante, capítulo 4, nota 6.

[3] "Conclusion du congrès sur la transmission", em *Lettres de l'EFP*, nº 25, p. 219.

[4] Como vimos no capítulo precedente.

[5] Carta de Freud a Jones, dezembro de 1919, em E. Jones, *La vie et l'oeuvre de Sigmund Freud*, Paris, PUF, t. 2, 1961, p. 163.

muito rapidamente. Ferenczi não deixa de captar a mensagem e, em 1912, ano da associação dos cinco membros que vão dar nascimento, sob a denominação de Comitê, à instituição freudiana, ele põe Freud na defensiva em relação a Jones, que – coincidência – acontece de ser o único não-judeu dentre todos[6]. Este último, num certo tipo de transferência de trabalho, nem por isso se afastou dos significantes que o suportam nessa época, já que acabará por escrever que havia feito sua a ótica judia ao produzir, à sua maneira, um trabalho de transmissão sobre o *Witz*, por via do humor judeu[7].

Assim, a transferência de trabalho se prende primeiro ao nome, como uma isca, antes de se cristalizar na pessoa. Disso testemunha essa declaração de aliança que Abraham endereça a Freud em 1924, nos termos da qual pode-se antecipadamente confiar por completo neste último, já que "nossos interesses e nossa causa são idênticos à sua pessoa"[8]. A transferência de trabalho toma aqui a feição, como para muitos dos discípulos de Freud, de herança heróica.

Trata-se de uma transferência de trabalho, ou da promoção do nome próprio como vetor, órgão de transmissão da psicanálise freudiana? Lacan não deixa de assinalar essa espécie de normalização: "A constituição dada por Freud à instituição psicanalítica levanta a questão do limite que ele quis dar, através disso, à sua mensagem". A transferência de trabalho aparece aqui como bordejada por uma fronteira a não ser ultrapassada, a do "questionamento do édipo como normativação da psicanálise"[9].

A própria crença de Freud no pai gera uma crença no próprio Freud, a qual desenvolve, à sua volta, um processo de afiliação-veneração que não deixa nenhum lugar para o significante qualquer, já que um nome heróico vem representar a descendência.

---

[6] Carta de Ferenczi a Freud de 6 de agosto de 1912, em *Sigmund Freud / Sandor Ferenczi, Correspondence* 1908/1914, Paris, Calmann-Lévy, 1994, p. 420.

[7] E. Jones, *La vie et l'oeuvre de Sigmund Freud*, ob. cit., t. 2, p. 173.

[8] Carta de Abraham a Freud de 16 de fevereiro de 1924, em *Correspondence* 1907-1926, Karl Abraham / Sigmund Freud, Gallimard, 1969, p. 396.

[9] "Proposition du 9 octobre sur le psychanalyste de l'École", Primeira versão, em *Analytica*, nº 8, suplemento a *Ornicar?*, nº 13, abril de 1978, p. 23.

Mas a transferência exclusivamente por nomes próprios, ainda que heróicos, não poderia assegurar uma verdadeira transmissão da psicanálise. Lacan, na primeira versão da "Proposição de 9 de outubro", insiste no fato de que, no que se refere à sua instituição, "especialmente a religião dos judeus devia ser colocada em questão em seu seio"[10].

Entretanto, com a École de Lacan, não se passa, desta vez, do anel do comitê freudiano ao solitário no dedo da escrita nodal?

Com efeito, Lacan cria sua escola e se encontra também, *de facto*, em posição de dar consistência à psicanálise pelo efeito de seu nome próprio em seus alunos. A hipótese nodal – escrita do nó borromeano – é a seguinte: um quarto enoda três outros, de maneira tal que, se um se vai, os três outros estão livres. Lacan nomeia esse quarto com vários nomes: realidade psíquica freudiana, Complexo de Édipo, Nome-do-Pai no sentido de pai-do-nome, sintoma – o próprio Lacan, em posição de "blindar" o que ele ensina.

Tais seriam as vias, o dispositivo estrutural de uma transferência de trabalho que torna possível uma transmissão da psicanálise.

Essa blindagem, esse enodamento, enquanto comporta um quarto enodando três outros, não esta irredutivelmente ligado, entretanto, à presença de Lacan como esse quarto. Ele deve ser referido ao esboço teórico e prático do cartel e do "mais um" como via possível, via cifrada, da transferência de trabalho.

Ora, nessa composição do cartel, quatro ou cinco "mais um", o "mais um" representa um invariante, tal que a transferência de trabalho não é mais tributária das pessoas, apresentando-se como simples potencialidade, esqueleto de estrutura em que um substitui o outro, o que assegura uma espécie de permanência e de rotação das transferências de trabalho.

Por que não ter em perspectiva, portanto, que a transferência de trabalho se efetua, na instituição, por reuniões, aquelas mesmas que a teoria dos conjuntos põe em operação? Afirmemos que a questão mais decisiva nada mais é que desligar a transferência de trabalho de seu suporte corporal, e que esteja aí o único meio de transmissão para que "isso passe". O

[10] Ob. cit., ibid.

passe, então, como reunião diferente daquela ou daquelas que existem até agora, exerce um papel importante na transferência de trabalho, na medida em que consiste em fazer passar, precisamente, mas "*in absentia* do autor", um discurso de um sujeito para um outro, e no qual apenas o fato dessa passagem como discurso, enquanto discurso, pelas vias de um discurso, é capaz de dar prova de que houve transmissão, de se constituir como critério decisivo dessa transmissão. Pode-se, a esse título, numa tal definição, qualificar o passe como via possível de transferência de trabalho?

Talvez não seja necessário mais que uma mínima mas determinante precisão, que sugerimos: "na ausência de nome de autor" não poderia ser uma fórmula que traça, com suficiente clareza, algumas vias possíveis da transferência de trabalho? E não foi isso que Lacan quis tentar com *Scilicet*[11], essa outra via que ele propõe, ou seja: uma transferência de trabalho que passa por um escrito na ausência do nome do autor, em que nada é adquirido antecipadamente pelo nome?

Uma linhagem ao pé da letra, é a isto que apela o texto não assinado.

[11] Ver capítulo seguinte.

4

O analista pode ser aluno de uma escola?

"A Máxima, colocada no frontão da École, de que o Analista só se autoriza por ele mesmo é um lembrete ético, solidário da exigência teórica que caracteriza a École"[1].

Como o analista pode ao mesmo tempo "só se autorizar por ele mesmo" e ser aluno de uma escola? O imperativo ético pronunciado por Lacan, "O Analista só se autoriza por ele mesmo", é compatível com uma escola, um lugar de formação que implica estatuto de aluno, lugar de nomeação – lugar ambicionado e igualmente fundado pelo próprio Lacan, mas com relação ao qual essa declaração representa uma antinomia? É outra formação do psicanalista, diferente da teoria da transferência que a subtende?

Para tentar responder a essa questão central, que põe em jogo uma contradição aberta, estudaremos o destino dessa teoria da transferência elaborada por Lacan e designada por ele por este nome: "A nomeação 'Aluno de Lacan'".

Em 1968, é publicada *Scilicet*, revista da École freudienne de Paris. Seu subtítulo, "Tu podes saber o que pensa a École freudienne de Paris", se dirige aos psicanalistas aos quais Lacan havia destinado seu ensino durante doze anos, ensino que ele avaliava que era um fracasso. É o primeiro "fracasso" de que ele fala publicamente, antes daquele do Passe, do qual ele

---

[1] J. Lacan, *Annuaire de l'École freudienne de Paris*, 1977, p. 23.

esperava que fosse uma nova correia de transmissão e que mais tarde será igualmente recusado como tal[2].

Essa revista também é concebida como um instrumento de transmissão. Em suas páginas, alguns são chamados a fazer passar o ensino de Lacan para outros, que podem igualmente testemunhar. A escolha – a aposta – foi feita: trata-se de pôr à prova a idéia de que um trabalho teórico de psicanálise não sai apenas da produção de um autor, mas de um ensino.

Scilicet se funda no princípio do texto não assinado, ao menos "para qualquer um que contribuirá com um artigo como psicanalista"[3].

Cada escritor se declarará, entretanto, por uma lista anunciada no final do volume e que cobre o conjunto da publicação[4] – com exceção de Lacan, que assinará todos os seus artigos. Então, não se trata verdadeiramente de um anonimato. Entretanto, nos sete volumes publicados, os outros nomes além de Lacan só aparecerão uma única vez[5].

O diretor da École freudienne de Paris, Jacques Lacan, assina, portanto, a fim de que essa produção não seja apenas uma obra de uma "equipe" e, sobretudo, a fim de que seu nome permita voltar ao de Freud, por uma substituição do termo Sociedade pelo termo Escola, que é uma reinscrição, uma reescrita, do desejo de transmissão inicial de Freud[6].

Scilicet se torna "o órgão com o qual [...] essa Escola se aparelha", "aberto a tudo aquilo que recorre a Freud"[7].

Na École freudienne de Paris, faz então um grande sucesso o conceito de "destituição subjetiva". O significante "Passe" leva toda adesão no seu

---

[2] Cf. *Lettres de d'EFP*, nº 23, p. 181: "É claro, esse Passe é um fracasso completo" (congresso de Deauville, 1978).

[3] *Scilicet*, nº 1, ob. cit., p. 4.

[4] Ibid., p. 5.

[5] No nº 2-3, Le Seuil, 1970.

[6] Lembremos que, no *Ato de fundação*, "a École de Lacan" é logo no início intitulada "École française de psychanalyse". A passagem à denominação "École freudienne de Paris" só encontrará seu escolho pelo "retorno a Freud", que o próprio Lacan justifica recorrendo à conferência de Michel Foucault "Qu'est-ce qu'un auteur?" (conferência de 22 de setembro de 1969, em *Bulletin de la société française de psychanalyse*, julho-setembro de 1969).

[7] *Scilicet*, nº 1, ob. cit., p. 8.

rastro, e o anonimato parece então uma das enunciações desejáveis, se não o *nec plus ultra* de toda transmissão.

Três empreendimentos editoriais estão em curso: *Scilicet*, o *Ordinaire du psychanalyste* e o *Dictionnaire*. Todos retomam os mesmo princípios, com algumas variações, e oscilam entre uma submissão dogmática ao anonimato que roça a despersonalização coletiva e uma reivindicação de não-assinatura que tende a revalorizar a função criadora de um coletivo de escrita plural.

Uma questão se coloca, *après-coup*, àquele que hoje tenta um olhar ao mesmo tempo de analista e de historiador, e talvez também, de ora em diante, para os analistas que estiveram envolvidos nessa experiência: a primeira conseqüência da destituição subjetiva, ou da passagem de Analisante a Analista, não consistiria nesse preço a pagar, a redução do nome próprio em benefício de um texto que o representa de modo qualquer?

Scilicet deve promover a demonstração de que o "retorno a Freud" de Lacan constitui ensino. Para validar sua eficácia, propõe-se aos psicanalistas perder seu nome para ganhar o título de "aluno de Lacan".

É um verdadeiro título da bolsa de valores, como seu autor indica[8] – em resposta à suspensão, para ele mesmo e sua descendência, de sua habilitação pela International Psychoanalytical Association. Ele garante esse rótulo aos alunos que reconhece como tais e cuja contribuição para a escrita de *Scilicet* dá prova: "[...] aqueles dentre meus alunos que eu houver reconhecido como tais, por haverem contribuído nessa condição para *Scilicet*"[9]. A nomeação "aluno de Lacan" se torna transmissível, já que esse título será cessível pelos primeiros aos alunos que eles mesmos formarão, admitindo-os, assim, para prosseguir a cadeia.

Ninguém poderá se prevalecer disso sem a passagem obrigatória por esse dispositivo que assegura uma quase-filiação patronímica.

De qualquer modo, só se pode reconhecer vinte e um "alunos de Lacan": aqueles mesmos que figuram na última página do volume 2-3 de *Scilicet* publicado em 1970.

---

[8] Ibid., p. 9: "Trata-se de uma ação, no sentido da bolsa de valores".

[9] Ibid., p. 11.

Scilicet aparece, portanto, como um verdadeiro dispositivo de transmissão e de nomeação dos "alunos de Lacan", que vem completar a fundação da École freudienne de Paris por um escrito coletivo.

Mas, além da necessidade histórica de restabelecer uma habilitação para os psicanalistas analisados por Lacan, *Scilicet* responde a uma vontade de validar a formação do psicanalista pelo Ato analítico. Esses dois pontos constituem os tempos lógicos necessários do abandono definitivo, por Lacan, de uma teoria da transferência que repousa na identificação com o eu forte do analista, em proveito de uma concepção que repousa na noção central – ao mesmo tempo para a transferência, para o Ato analítico e para a formação do Analista – de sujeito suposto saber.

O gesto institucional de Lacan pode parecer um pouco contraditório em relação a suas afirmações teóricas da mesma época. Com efeito, como uma escola composta de alunos, da qual ele é ao mesmo tempo o Mestre (o *magister*), o diretor e o Analista, pode, no que quer que seja, ser formadora de um imperativo, "o Analista só se autoriza por ele mesmo", que, de algum modo, a nega ou a torna nula e não advinda? E, sobretudo, embora ele só se autorize por ele mesmo no seio de uma instituição da qual, enquanto "aluno de Lacan", ele porta o título como prova de sua habilitação e de sua formação!

Lacan não evitará a confusão, a fusão entre sua doutrina e sua pessoa e à identificação com o eu forte do analista como âmago da transferência faz seguir a identificação com um ensino.

Treze anos mais tarde, quando da fundação da École de la cause freudienne, em 1981, se constituirá, como avatar desses dois primeiros tempos, uma terceira teoria da transferência, que imporá a identificação do Analista com a Escola.

Assim, a alternativa que Lacan definia na "Proposição de 9 de outubro de 1967" sobre o psicanalista da Escola, "saber se a psicanálise é feita para a Escola ou a Escola para a psicanálise"[10], será cortada num sentido preciso por esse apelo em 1980: "A Escola daqueles que ainda me amam". Percebe-se de cara qual teoria da transferência está implícita num tal

[10] "Proposition du 9 octobre", primeira versão, ob. cit.

sintagma: a Escola revezou com Lacan, a própria "Escola daqueles que ainda me amam" se tornou objeto de amor, e o trabalho de transferência não tem mais que ser sublimado como transferência de trabalho...

No entanto, esses três tipos de identificação já estavam operando no Ato de fundação da École freudienne de Paris, como ocorrências possíveis das formações do Analista:

– identificação com o Nome (aluno de Lacan);
– identificação com o ensino (com a teoria de Lacan);
– identificação com a Escola (com a instituição de Lacan).

Entretanto, "o Analista só se autoriza por ele mesmo", esse preceito teria devido servir de contrapeso fundamental a toda tentativa de asseguramento identificatório idealizante. Porque, ao se apoiar na estrutura mesma do sujeito, formação do inconsciente tal que "Um sujeito não supõe nada, é suposto pelo significante que o representa para um outro significante", reencontra-se a reflexividade-retroatividade indicada pela negação restritiva: "Não [...] a não ser por ele mesmo"*. Esta última concepção dará lugar à escrita do algoritmo da transferência:

$$\frac{S \longrightarrow S^q}{s\ (S_1, S_2, \ldots S^n)}$$

Sem dúvida, era uma maneira de responder, em 1963, à submissão dos alunos às normas da IPA, que não levava em conta a divisão do sujeito e, ao mesmo tempo, de trazer uma solução para o paradoxo freudiano: "Quando fornecemos a nossos alunos um ensino teórico, podemos observar que este inicialmente produz pouco efeito. Eles recebem as doutrinas psicanalíticas com a mesma frieza com que acolhem as outras abstrações com que foram alimentados"[11] . Desse paradoxo, que a didática ipeísta ha-

* Negação típica do francês, que freqüentemente se perde na tradução. No imperativo várias vezes mencionado pelo autor, teríamos, literalmente: [O analista] não [se autoriza] a não ser por ele mesmo. (NT)

[11] S. Freud, *La question de l'analyse profane*, ob. cit., p. 52 [utilizamos a tradução direta do francês em função das divergências por vezes significativa em relação à tradução brasileira (NT)].

via até então mantido em inércia, a instauração do passe vai fazer um ponto vivo, motor da formação e da transmissão, ao dar aos analistas a ocasião de trazer seu testemunho referente a sua própria análise, testemunho que constituía, portanto, a primeira contribuição para aquilo pelo que eles pretextavam se interessar.

A questão que abria este capítulo se coloca, portanto, novamente, mas sob essa outra forma, em que o significante Autor substituirá a perífrase "Analista que só se autoriza por ele mesmo": é possível uma transmissão da psicanálise que permita Autor, ao invés de exigir seu apagamento, e essa função de Autor é compatível com o título de Aluno e com uma Escola?

Certo, numa primeira abordagem, a escrita de *Scilicet* se dá como um dispositivo original para minimizar os efeitos de transferência e de narcisismo ligados ao nome próprio. Mas, ao se considerá-la mais de perto, percebe-se que, na medida em que o nome próprio se apaga em benefício da doutrina produzida, a função Autor não tem mais lugar e não pode advir, já que a lista exerce função de um conjunto que, de maneira reflexiva, se reúne em torno do único autor presente por seu nome próprio: Lacan.

Não há, portanto, num tal dispositivo, nenhuma instauração de discursividade possível[12]. No entanto, o imperativo segundo o qual "o Analista só se autoriza por ele mesmo" nos confronta com a noção mesma de sujeito do inconsciente e com a questão de saber como um sujeito pode advir na ordem dos discursos.

Com efeito, que importa quem fala, se, e somente se, se constata que o (re)exame ou a (re)leitura dos textos de Freud e de Lacan não é apenas um suplemento histórico, que ela modifica a própria psicanálise, isto é, constitui um trabalho efetivo e necessário de transformação da discursividade? Está aí a única maneira de conceber que não há formação analítica, mas apenas "formações do inconsciente"[13], e que, sobretudo, é útil para o Analista abordar cada nova análise como se nada soubesse previamente[14]. Em outros termos, se o Analista deve reinventar a psicanálise a cada análise, não

---

[12] Cf. *Qu'est-ce qu'un auteur?*, de M. Foucault, ob. cit.

[13] "Nunca falei de formação analítica, falei de formações do inconsciente", J. Lacan, *Lettres de l'EFP*, nº 15, p. 191.

[14] S. Freud, *La technique psychanalytique*, Paris, 1953.

é porque Freud tornou possível um certo número de diferenças por relação a suas hipóteses, seus textos e conceitos, que se originam todos no próprio discurso psicanalítico?

É possível, então, ser simultaneamente Autor, Analista e Aluno? Não há contradição absoluta entre a fundação de uma escola e a instauração discursiva? Responder a uma tal questão requer que nos refiramos antes a uma teoria do sujeito que a uma teoria do eu. Apenas uma teoria do sujeito permite contabilizar a falta, o zero como contável na série dos números, isto é, como número que designa para o conceito "Falta de objeto" o estatuto de coisa, primeira coisa não real no pensamento[15]. A partir daí, contar o zero se define pela contradição lógica garante da não-existência do objeto – operações que, todas, só são possíveis a partir de um recolocar em questão a noção de narcisismo primário, portanto, de uma nova conceitualização do objeto[16].

Lacan expõe claramente: "Jamais algum seio satisfaz plenamente a pulsão"[17]. O objeto, no que diz respeito à pulsão, é absolutamente indiferente, lugar vazio. Então, sua natureza não tem nenhuma importância, contanto que ele seja apenas causa do desejo. Da mesma forma, o único ponto que nos interessará na pulsão será a força constante, sendo o real o obstáculo ao princípio de prazer.

Por isso, a teoria da transferência na análise só pode ser encarada como a atualização dessa realidade do inconsciente e não como a ilusão que empurraria para a identificação alienadora à qual o analista serviria de suporte ou de modelo ideal. Uma tal modelização se verifica caduca.

---

[15] Ler, a esse respeito, o excelente livro de A. Badiou, *Le nombre et les nombres*, Paris, Le Seuil, 1990, assim como dois artigos do mesmo autor sobre esse tema nos *Cahiers pour l'analyse*, nº 1 e nº 10, que propõem uma crítica do artigo de J.-A. Miller sobre *La suture*, ibid., nº 1.

[16] Crítica desenvolvida por J. Lacan em *La logique du fantasme*, 1966-1967 (inédito).

[17] J. Lacan, *Le Séminaire, livre XI, Les quatre concepts fondamentaux de la psychanalyse*, Paris, Le Seuil, 1973, p. 153. Esse ponto de "situação" do objeto primitivo, que mais tarde dará nascimento à noção de objeto *a*, marca a ruptura fundamental de Lacan com os pós-freudianos clássicos. A lógica dessa concepção implica uma teoria do transferência absolutamente diferente da que repousa até então na hipótese de que um objeto pôde, na origem, satisfazer "plenamente" a pulsão.

O que a análise nos ensina é que o Analista não pode se apoiar num Nome, nem num estatuto de Aluno, porque ocupa esse lugar vazio no qual apenas seu desejo pode vir pontuar cada ato. Esse ensinamento certamente pode abrir para uma teorização da formação do psicanalista, mas não poderia fazer Escola. Porque o Analista só se autoriza por ele mesmo... "sozinho em [sua] relação com a causa psicanalítica"[18].

[18] "Causa" a ser tomada aqui como "objeto causa do desejo" ($\$ \lozenge a$), não, evidentemente, como uma causa qualquer, religiosa, política ou ideológica, a ser defendida. Por outro lado, fazer reverberar o imperativo "O Analista só se autoriza por ele mesmo e por alguns outros" com a declaração liminar de Lacan no *Ato de fundação* da École française de psychanalyse, "Fundo – tão sozinho quanto sempre estive em minha relação com a causa psicanalítica [...]", nos parece uma indicação muito preciosa – e precisa – quanto à maneira de considerar uma instituição para a análise que leve em conta, em seu centro, zero como falta de objeto.

5

"Instituição do nome próprio"

Título ilustre, que tem o peso exato: apto a designar o que se tornou a instituição psicanalítica em seu afastamento – sua aversão – do significante qualquer?

Sem dúvida, é por mal-entendido que alguns psicanalistas quiseram fazer como se alguns nomes, pela virtude de um encantamento, pudessem autorizar a proferição de algum enunciado definitivo – sobretudo se se os fizesse seguir ou preceder por suas partículas de nobreza teórica.

Assim, passou-se de Caribde a Cila, da crença na teoria à crença no nome, sendo o pior que se pôde crer numa eficácia dos nomes próprios na transmissão da psicanálise e que se os tenha dotado de uma tal propriedade – como se o nome de família devesse ser exitoso ali onde a língua fracassa, precisamente em nomear o que é uma análise para cada um. Certo, o nome próprio, único a se escrever da mesma forma em todas as línguas, resiste à babelização, ao mesmo tempo que mantém, na comunidade de uma língua, sua singularidade e se subtrai a ela; assim evita eficazmente toda aporia na enunciação – nem a de Freud nem de Lacan escapam a isso. Mas, ao invocá-los ritualmente, cada instituição não os usa, entretanto, a seu gosto?

Foi em nome do pai da psicanálise, em nome de Freud, que se fez Lacan suspender o que ele se propunha enunciar sobre os Nomes-do-Pai. A primeira lição desse seminário, pronunciada em novembro de 1963, foi também a última e marcou o fim de seu ensino em Sainte-Anne.

Apenas dez anos mais tarde Lacan retomará esse tema, com esse título, mas desta vez no equívoco homofônico, sublinhado pelo recorte da grafia, "Les non-dupes errent"*. Desconstrução do significante destinada, sem dúvida, a nos fazer ouvir que, se há Nome-do-Pai, este vale como significante – há significante na errância! – e não como patronímico.

A partir daí, para o analista não basta revestir-se com o nome próprio Freud, prenome Lacan, para que haja transmissão – esta procede de uma nomeação completamente diferente, que não pode se satisfazer com um nome de empréstimo, nem que seja uma partícula de nobreza teórica incontestável. Quanto à língua, basta que ela constitua autoridade na instituição para destituir todo equívoco, logo, toda potencialidade de enunciação nova, e através disso se tornar língua institucional, isto é: sentido comum para todos que não garante mais que haja transmissão, mas apenas dup(e)licação**.

Esse sentido comum da língua se torna então seqüência de palavras mágicas que cada um pronuncia para que o outro seja testemunha de que ele "está por dentro": de que ele pertence a, dá valor e usa essa mesma designação, porque ela é exatamente a moeda vigente dessa pertença, e que tudo vai bem, assim. A teoria analítica se torna então citação, próxima da recitação. Ela se transmuta em ortodoxia, designada que é para manter a ilusão de que existe sujeito, garante da verdade, e de que alguns UNS, os felizes eleitos da transferência de trabalho, enfim detêm o saber, por se terem colocado em posição de garante do dogma.

A doutrina então liga os indivíduos a certos tipos de enunciação, conhecidos antecipadamente, *im voraus*[1], e lhes proíbe todos os outros, os do *Nachträglich*, trabalho de *après-coup*, já que não foram ainda citados.

A instituição, que se apóia na doxa, perpetua um duplo assujeitamento: dos sujeitos falantes aos discursos e dos discursos ao grupo – quer dizer, a um pedido de amor dirigido à instituição.

---

* *Les noms du père* e *Les non-dupes errent.* (NT)

**Referência a *dupe*, tolo, pato. (NT)

[1] Ler, a esse respeito, a carta de Abraham a Freud de 26 de fevereiro de 1924, em *Correspondance 1907-1926*, Sigmund Freud/Karl Abraham, ob. cit., p. 396.

Assim se erige a ortodoxia como sintoma dos analistas, quando a instituição só lhes serve para promover um discurso correto, que entretém as mesmas relações com a teoria que a palavra mágica com a religião. Ela assim toma seu assento pela necessidade – também da religião – de mascarar a falta do Nome-do-Pai e se torna, afinal, uma espécie "de proibição de pensar [...] em vista de sua autoconservação". Pelo menos é assim que Freud define a religião em sua conferência "Sobre uma *Weltanschauung*"[2].

Todos os significantes da doutrina constituem portanto "revelação", isto é, desmentido [*déni*] do que funda os sujeitos em se tomarem, ou não, como aí envolvidos. Só resta remeter "a Deus [aqui, ao nome] a causa de seu desejo, o que é propriamente o objeto do sacrifício"[3], e subscrever à ortodoxia como conformidade com a regra da fé, que nada mais é que um broto improdutivo do amor na transferência – e não um "fruto do amor", segundo a calmante tradução francesa[4].

É assim que o ensino se transforma em máquina de alimentar crença, o que só pode funcionar pela virtude da transferência manejada num sentido preciso.

Exponhamos de imediato que, se existe inultrapassável no trabalho de transferência em análise, em virtude do real que aí está engajado, é esse inultrapassável que se repete no que se conveio chamar transferência de trabalho. Reencontramos esse real evitado por um cuidado teórico do ex-analisante com relação às posições de seu ex-analista, se é que este algum dia enunciou alguma coisa.

Mas não se resolve essa questão passando do trabalho de transferência em análise à transferência de trabalho, e da transferência de trabalho ao trabalho de Nome, mesmo que próprio, não se resolve a dívida pela designação, ganhe-se nome ou se se enfeude num outro, ainda que uma certa tendência no seio da IPA tenha querido deixar crer, à guisa de guia do fim de análise, na receita da identificação com o eu forte do analista. É claro

---

2 S. Freud, *Nouvelles conférences d'introduction à la psychanalyse*, Paris, Gallimard, 1984, p. 228.

3 J. Lacan, "La science et la vérité", em *Écrits*, ob. cit., p. 872.

4 S. Freud, *Introduction à la psychanalyse*, ob. cit., p. 423; *Vorlesungen zur Einführung in die Psychoanalyse*, FTV, p. 351.

que, se assim fosse, o que mais forte que um nome próprio, *a fortiori* quando a instituição o provê de um poder de caução social?

Essa identificação com o eu forte do analista pode ser considerada como um desvio da herança freudiana, que a conjuntura institucional tornou ortodoxa e que, provavelmente, toma sua força pela indicação do próprio Freud em favor da transferência "de sinal positivo, que reveste o médico de autoridade"[5]. Prevalência designada da transferência, que não deixa de ter conseqüências, se considerarmos as devastações que esse tipo de indicação pode produzir a partir do momento em que é aplicado à instituição, como único critério do fim de análise.

Atribuir ao conceito, digamos, à palavra, aqui, ao nome um poder mágico é exatamente o que vai servir, Freud indica, para constituir religião. Esta deve sua origem à fraqueza da criança que, uma vez adulto, perpetua nesse quadro seus desejos e necessidades infantis de segurança[6].

A perda produz as condições de aparecimento da religião como substituto. Freud põe em evidência que a criancinha recorre ao pai muito cedo e que o suporte da religião nada mais é que esse pai "todo amor" com o qual ela se identifica, num primeiro tempo[7]. Quando se trata de nomear esse pai de puro amor, Freud fica muito embaraçado. De fato, tanto quanto lhe parece claro que Deus nada mais é que o pai majestoso que outrora apareceu para a criancinha[8], a nomeação da pessoa a quem essa criança deve a vida apresenta-se a ele como problemática, porque já implica desilusão, desidealização. Ele derrapa um pouco, tateia, primeiro chama-o de pai, depois retifica, com a ajuda de uma perífrase que coloca entre parênteses no texto: "A instância parental formada por pai e mãe", *Vater und Mutter zusammengesetzte Elterninstanz*[9] – o que o inglês traduz: *Parental agency compounded of the father and mother*[10].

---

[5] Como vimos acima, capítulo 2, "Para um ensino da Análise freudiana", nota 4.

[6] "Sur une *Weltanschauung*", S. Freud, *Nouvelles conférences d'introduction à la psychanalyse*, ob. cit., pp. 212-218.

[7] É assim que Lacan designa esse pai suporte da religião, em *Le Séminaire, livre XVII, L'envers de la psychanalyse*, Paris, Seuil, 1991, p. 114.

[8] "Sur une *Weltanschauung*", ob. cit., p.218.

[9] *Neue Folge der Vorlesungen zur Einführung in die Psychoanalyse*, F.V., p. 132.

[10] S. E., XXII, p. 163.

Uma tal expressão indica bem que não se trata mais do pai ou da mãe, mas duma espécie de conglomerado de pai e mãe que vem fazer função de instância para a criança.

Freud recorreu em sua obra a esse termo *Instanz* para qualificar o supereu ou a censura. Nós o encontramos primeiro em *A interpretação dos sonhos*[11] por comparação com os tribunais ou as autoridades, que julgam sobre o que convém deixar passar. *Instanz* é um conceito ao mesmo tempo tópico e dinâmico. De uma certa forma, o supereu seria herdeiro dessa "instância" parental. Vê-se que Freud nomeia assim a relação da criança com a lei como relação de identificação.

Essa noção de instância, como função tópica e dinâmica, não deixa de lembrar, no que designa a primeiríssima identificação com um outro indeterminado, a da letra, como primeira inscrição, primeiro rastro*.

Atenuando uma certa aporia em Freud, ela indica uma possibilidade de substituição, quando uma mesma palavra representa duas realidades diferentes – aqui, o pai, desdobrando-se naquele a quem a criança deve a vida, por um lado, e aquele com quem ela se identifica, por outro.

Evidentemente, Freud hesita quanto a esse UM que não é nem especificamente biológico nem especificamente mítico, mas que, no entanto, servirá como operador. Tomará a decisão pelo mito – o do pai da horda primitiva, mito que assegura uma das funções do Nome e que tem como mérito integrar uma relação com a lei. Mas também pode se apresentar, quando o contexto simbólico exige, um outro pai, ao qual a mulher, por exemplo, recorrerá, pai que não é obrigatoriamente um nome, mas, antes, um espírito, até mesmo um significante, ao qual ela atribuirá a paternidade e que poderá se alojar em qualquer lugar, num rochedo, numa fonte, em todo lugar ou em toda conjuntura propícia ao estabelecimento de um liame de causalidade quanto ao real da gestação.

A partir desse encontro com o espírito, o significante ou alguma outra potência, há substituição de um nome por outro e esse significante segundo, substitutivo, nada mais é, como sublinha Lacan, que o que a reli-

---

[11] Ob. cit., p. 443.

* Em francês, *trace*, que também pode ser traduzido por "pegada", "vestígio", "resto". (NT)

gião edificou como Nome-do-Pai[12]. A substituição operada, por um puro significante, de um significante ou de um real primeiro é a mesma, segundo a formalização que lhe dá Lacan, da metáfora e, em primeiríssimo lugar, da metáfora do Nome-do-Pai[13].

Essa metáfora, que não tem nada a ver com o patronímico, substitui por esse nome o lugar primeiramente simbolizado pela operação de reconhecimento da ausência da mãe.

É manifesto que foi a uma tal substituição que Freud recorreu quando nomeou "Édipo" sua descoberta da fantasia construída em relação aos pais; o complexo de Édipo lhe permite introduzir a fantasia como novo conceito e ao mesmo tempo abandonar os pais biológicos como referências reais na etiologia das neuroses[14]. Mais precisamente, é a partir do abandono da hipótese etiológica da sedução traumática que aparecem as premissas de uma outra conceitualização. Esta leva em conta um novo fato essencial: o inconsciente não pode distinguir uma verdade de uma ficção e as investe com o mesmo afeto. Assim se encontra atingido pela perempção esse elemento de "realidade necessária" atribuído ao "sedutor adulto", que Freud tanto sustentava. Ao mesmo tempo, a criança pode enfim adquirir uma sexualidade da qual ela própria se torna sujeito[15].

No entanto, apesar dessas primícias ao menos bem integradas, Freud, ao nomear complexo de Édipo à relação com a fantasia que o sujeito entretém a propósito de seus pais, vai relançar um mito, mito de explicação universal graças ao qual ele economiza uma tal proposição: o pai é, desde a origem, castrado – via na qual a histérica, Dora assim como a Senhora K., poderia tê-lo colocado.

O nome próprio Édipo ali tem função de dissimulação e de universal justificação: passa-se da etiologia genética à etiologia mitológica, do inato ao adquirido – com toda a flutuação que cerca essas noções em Freud, do particular ao universal e da transmissão biológica à transmissão mitológica.

---

[12] J. Lacan, "Du traitement possible de la psychose", em *Écrits*, ob. cit., p. 556.

[13] Ibid., p. 557.

[14] S. Freud, *Further Remarks on the Neuro-Psychoses of Defense*, S. E., III, pp. 159 e 166-167

[15] Ver abaixo, II, capítulo 2, "A etiologia da histeria ou as hesitações de um passante".

Sem dúvida Freud pensa assim tornar caduca a religião, enquanto o novo mito psicológico do pai da horda a conserva.

Entretanto, ele introduz elementos necessários à operação significante. Ele levanta a questão da produção do discurso, que estabelece a clivagem entre significante mestre e saber, e da determinação da castração pelo significante-mestre – questão que Lacan desenvolverá[16].

Mas no nome próprio está incluído, à revelia de Freud, um elemento que pelo traço liga o nome ao corpo. De fato, é nessa linhagem de Laio e de Labdaco – laïos, "O esquerdo", labdacos, "O coxo" – que se situa Édipo "de pé inchado" ou de andar manco, traço recorrente que levanta, de maneira subjacente, a questão de saber se o mesmo nasce do mesmo ou do outro[17].

Essa questão é apenas uma outra forma de interrogar a operação de identificação do sujeito com o traço, traço com o qual Lacan nos lembra que o sujeito – enquanto se constitui como segundo por relação ao significante, o que o $ (S barrado) simboliza – "se tatua"[18]. Essa função do sujeito barrado não deve ser confundida, Lacan insiste nisso, com a imagem do objeto *a*, "na medida em que é assim que o sujeito, este, se vê, redobrado – se vê como constituído pela imagem refletida, momentânea, precária, da dominação, se imagina homem apenas pelo que se imagina"[19] – em outros termos, tomando-se pelo nome que se lhe dá.

Esse seria o risco que ameaça a psicanálise: posicionar o sujeito do inconsciente por relação a uma realidade, realidade do patronímico tal como se suporia constituir-se sua teoria, Nome que só restaria aplicar a todo sujeito.

Coisa radicalmente diferente é o traço: sobressaindo durante a sucessão das gerações como cifração da repetição. Nisso ele se mostra muito afastado da unificação e, ao contrário, verifica sua pura diferença, o que situa a identificação como tal na sua relação com o traço e não com o nome.

---

[16] J. Lacan, *L'envers de la psychanalyse*, ob., cit., pp. 99-115 (versão datilografada).

[17] Ver, sobre isso, o desenvolvimento proposto por Lévi-Strauss em *Anthropologie structurale*, Plon, 1968.

[18] É o traço unário. CF. J. Lacan, *Le Séminaire, livre XI, Les quatre concepts fondamentaux de la psychanalyse*, ob. cit., 1973, p. 129.

[19] Ibid., p. 130.

Com o nome próprio Édipo, toda a dificuldade reside em que Freud não pode renunciar a situá-lo como origem e vê-se assim inevitavelmente remetido à busca de sentido, enquanto apenas o fato de extrair as estruturas já tornaria essa busca inútil.

Toda a problemática do nome próprio se liga a que ele se encontra mais particularmente apto que um outro nome para receber a informação do traço[20]. É algo desse tipo que Freud persegue com Moisés, se julgarmos por este título no qual ele quis ligar o nome próprio ao UM: *Moisés e o monoteísmo.*

É a partir de sua pesquisa semântica sobre o traço contido no nome Moisés – de Moshe a Mosa, do hebraico ao egípcio, no que resta idêntico como letra – que Freud nos esclarece que o que o interessa nessa questão de nome é que o deus dos judeus e o de Akhenaton sejam o mesmo. Em outros termos, que eles representam esse UM, esse traço que, de estranha forma, se comporta da mesma maneira que o traço unário, não apenas no que se refere à sua representabilidade, mas também à sua escrita.

O passo dado por Freud em sua teoria do nome de Moisés é aquele que permite passar do determinante semítico para o determinativo semântico, aproximando por um mesmo traço o deus dos judeus e o de Akhenaton.

No que se refere ao semítico, Yahvé é o nome próprio por excelência: "Deus é um" que não se deve, pela regra que ele mesmo institui, nem se pronunciar tal como se escreve, nem se escrever por completo. No entanto, ele está presente em todos os lugares na medida em que determina toda a humanidade. Presente em todos os lugares como signo, como marca cujo sentido ou cujo valor fonético não se pode evocar, mas que, por seu lugar em toda coisa, especifica a que categoria essa coisa pertence.

Ele é essencialmente escrita, que ele supõe no próprio interdito que faz pesar sobre ela. Quanto ao interdito de fonetizar seu nome, ele só pode tomar uma tal importância porque aí é pressentida uma perda possível.

Com esse nome divino, é impossível não pensar na letra como suporte e estrutura do significante, isto é, nesse traço não fonetizado que, como determinativo semântico, é suposto suspender a indeterminação

[20] J. Lacan, *L'identification*, sessão de 10 de janeiro de 1962 (inédito).

homofônica. É ele que encontramos nos caracteres egípcios, aposto atrás de certos hieróglifos para especificar o sentido deles sem ser ele mesmo destinado a ser pronunciado.

Na escrita hieroglífica egípcia, a imagem de uma divindade pode servir para escrever toda a realidade, já que, no discurso teológico, a realidade inteira é subsumida na divindade[21]. Podemos então nos encontrar em presença de hinos inteiramente ortografados com a ajuda de apenas um signo, que tende a ser investido da capacidade de significar todas as palavras, na medida em que são considerados como representativos do deus.

De uma origem (semítica) a outra (egípcia), trata-se de nada menos que do real, sobre o qual Freud se apercebe que, por meio de um certo número de letras, ele funda o nome de Deus[22], letras a serem lidas e decifradas.

"Cadeia de letras tão rigorosa que, com a condição de não falhar nenhuma, o insabido se ordena como o quadro do saber", escreve Lacan na "Proposição de 9 de outubro"[23]. Encontra-se assim definida a estrutura paradoxal na qual se organiza o saber do analista, que, em princípio, de modo algum se origina no religioso – com a condição de que o analista possa se diferenciar da religião, precisamente, nesse ponto da relação do saber com a verdade[24].

Qual era, então, o lugar reservado ao sujeito suposto saber quando se constituiu o comitê que devia lançar as bases da Internacional institucional freudiana, a IPA[25]? Parece-nos necessário elucidar esse ponto, se se quiser esclarecer a função da identificação com o nome próprio na teoria psicanalítica. Sabe-se que Freud esperava dessa instituição que "viver ou morrer" lhe fosse mais fácil, se soubesse que ela existia para velar por sua obra[26], e

[21] Cf. P. Vernus, "Espace et idéologie dans l'écriture égypcienne", em *Écritures: systèmes idéographiques et pratiques expressives*, Actes du colloque international de l'université de Paris VI, Le Sycomore, 2 vol., 1982 e 1985, p. 104.

[22] J. Lacan, *Les non-dupes errent*, sessão de 12 de fevereiro de 1974 (inédito).

[23] Ob. cit., p. 21.

[24] Ver, a esse respeito, todo o desenvolvimento da circulação dos quatro discursos em *L'envers de la psychanalyse*, ob. cit. (versão datilografada).

[25] Ver acima, capítulo 3, "Trabalho de transferência de trabalho...", nota 6.

[26] Loc. cit. acima, capítulo 3, nota 5.

que lhe foi dado, antes, como se pode constatar hoje, no *après-coup*, velar por seu nome.

Uma tal instituição, centrada na sorte do patronímico de seu fundador, só podia virar para o carismático. O que constitui traço, no nome de Freud, marca um certo tipo de relação com a judeidade. Ele próprio o sublinha em 1926, no discurso que faz aos membros da associação Bnaï Brith[27], no qual lembra que não pode negar suas origens. Ora, de onde Freud pode tirar suas origens se não for de seu nome próprio em particular?

Ferenczi, desde 1912, ano da constituição do famoso Comitê, o havia compreendido bem, ele que apontava Jones, para Freud, como único não-judeu dos cinco membros[28]. Vimos que Jones chegaria a se expurgar do humor irlandês para "fazer sua a ótica judia", como ele mesmo escreve, e criar "o humor judeu"[29].

Enfim, *last but not least*, quando os nazistas decretaram que apenas um ariano teria o direito de dirigir a clínica analítica, Jung se fez mandatário para essa operação e, numa espécie de retorno do recalcado, assegura a caução teórica, doravante dividindo o inconsciente em dois tipos: um ariano e o outro judeu[30].

A confusão entre a obra e o nome conduz a tais catástrofes teóricas.

Anuncia-se uma espécie de louca lógica com relação a essa primeira tentativa de institucionalização: ser analista equivale a ser Nome, o que remete a transmissão ao religioso – com toda eliminação da psicanálise, tanto como teoria quanto como prática. Como nos espantarmos, então, com a devoção de Abraham em relação a Freud[31]?

---

[27] Carta de Freud ao Bnaï Brith de 6 de março de 1926, em *Correpondance 1873-1939*, Gallimard, 1966, p. 398; Gesammelte Werke, 18 vol., Londres, Imago, 1940-1952, XVII, p. 52. Essa questão será mais amplamente desenvolvida abaixo, nos capítulos "Especialmente a religião dos judeus" e "O identid-erro" (IV, capítulos 9 e 10).

[28] Ver acima, capítulo 3, "Trabalho de transferência de trabalho...", nota 6.

[29] Ibid., nota 7.

[30] Voltaremos a esse ponto um pouco mais adiante, no capítulo "Situação da psicanálise na Alemanha nazista" (IV, capítulo 8).

[31] Ver acima, I, capítulo 3, nota 8.

Os interesses de Freud, a causa freudiana e o corpo de Freud são idênticos e redutíveis ao Nome de seu fundador. Foi dessa herança heróica que nasceu a IPA – International Psychoanalytic Association.

Essa questão do Nome como herança heróica parece preocupar consideravelmente o "fundador", sob muitas formas. Uma das que retemos consiste, na *Interpretação dos sonhos*[32], em substituir a imagem da lembrança do pai de Freud ridicularizado por uma outra imagem, a de Amílcar fazendo seu filho Aníbal jurar vingá-lo contra os romanos. Ali reside, a nosso ver, o que se poderia chamar a "crença de Freud", que consiste em, a qualquer preço, substituir um significante qualquer por um nome heróico que representa a descendência. Esse desejo, da parte de Freud, de uma reabilitação quase religiosa ou mítica de seu pai aparece, assim, na origem impensada do perigo que ameaça a psicanálise, quando sua transmissão se torna uma simples questão de nome próprio e de transferências de patronímicos.

Essa consistência assim dada por Freud à instituição analítica é reveladora do limite que ele mesmo entendia pôr à sua mensagem e, através disso, à psicanálise: limite ao questionamento do Édipo que, como Lacan sublinha, impõe "normativação" à psicanálise[33].

Mas o ensino de Lacan não escapa muito a uma tal normativação e se vê, no *après-coup*, da mesma forma condicionado pela forma como Lacan praticou as nomeações em sua escola, cujo ensino e cuja escola elas terminaram por circunscrever.

Assim, parece-nos hoje necessário restituir essa frase apagada entre a primeira e a segunda leituras da "Proposição de 9 de outubro", porque ela reencontra toda a sua atualidade quando se trata de instituir de novo: "Especialmente a religião dos judeus deve ser colocada em questão em seu seio"[34].

---

[32] Ob. cit., p. 175.

[33] "Proposição de 9 de outubro de 1967", primeira versão, loc. cit. acima, capítulo 3, nota 9.

[34] Essa frase de Lacan orientará toda a busca de nosso antepenúltimo capítulo, consagrado à concepção que Freud tinha de sua judeidade e da judeidade (IV, capítulo 9).

O anonimato dos textos de *Scilicet*[35], revista considerada como representando o que sobre isso pensava a escola freudiana, foi, num momento dado, uma tentativa de recolocar em questão o Nome e o édipo como limites que impõem à psicanálise sua normativação.

O modo de entrada na escola, por um trabalho de cartel e não por um título em seu nome, foi um outro exemplo disso.

Por fim, o passe como dispositivo sem dúvida convocou esse mesmo questionamento... Uma coisa é certa, pelo menos na lembrança ainda fresca que temos disso, é que o patronímico separado da voz que ensina nada mais invoca além de assinaturas, listas, bandeiras, e veste o analista com o pronto-para-usar de um costume político e ideológico – para o maior dano de toda psicanálise, que em nada precisa de cheque nem de título pelo qual se creditar.

O analista, longe dessa facilidade que pode fazê-lo cair nos esquemas mesmos, conformistas e institucionalizados, que ele tem por tarefa dissolver, só pode tirar sua autoridade de um ato de leitura cujo operador é a transferência, não de um patronímico heróico do qual ele apenas seria, então, um sucedâneo[36].

Foi exatamente por essa falta de firmeza nessa posição que o passe virou para o título, para a intitulação de uma letra cujo estopim falhou, em razão da ausência do texto que se anunciava.

Quanto à religião – que não se quer análise –, ela consiste nessa substancialização do nome que torna o texto indecifrável pelo próprio fato do sentido que atribui a ele[37].

Em psicanálise, como na religião, essa consistência diz respeito apenas ao pai ideal, pai morto, mumificado em escrita, cujo registro e cuja consignação, repetidos, nas instituições analíticas e nas religiosas, parecem perpetuar o infinito fracasso.

[35] Números 1 a 7, Paris, Seuil, de 1968 a 1976.

[36] Lacan mostra, na "Proposição de 9 de outubro" (ob. cit., p. 19), que o significante S da primeira linha, apesar de ser significante da transferência, não deixa de ser nomeável por um nome próprio, mas nem por isso se distingue pelo saber.

[37] "A estabilidade da religião vem de que seu o sentido é sempre religioso", Carta de dissolução dirigida por Lacan aos membros da EFP em 5 de janeiro de 1980.

Se a transmissão pelo discurso comporta o risco da indeterminação homofônica, aquela que quereria trilhar um novo caminho na escrita arrisca-se a ser enviada a efeitos jurídicos dos quais o ao menos um se encarrega sempre[38].

Como, então, devolver ao sujeito esse significante qualquer pelo qual ele se representa?

Estaria aí o paradoxo de uma instituição específica, realmente psicanalítica, que não excluiria todo questionamento propriamente analítico em seu funcionamento, particularmente sobre o seguinte ponto: que espaço subsiste, praticável, entre a instituição como lugar do nomeável e o sujeito do inconsciente como não-nomeável?

Apenas esse paradoxo, que mede toda instituição psicanalítica com o real dessa experiência no entanto inultrapassável que é a experiência analítica, poderá constituir dela – com a condição, todavia, de nunca estar adquirido – o princípio ativo.

---

[38] São os perigos da "política de estabelecimento do texto".

6

Fundação do nome próprio – nome próprio de uma Fundação

Não deixa de ter interesse lembrar que, em 1972, Lacan, em *L'étourdit*[1], fazia notar que o dizer de Freud existia na medida em que tinha sua fonte na lógica do dito do inconsciente e que não havia formação do psicanalista fora da manutenção desse dizer. Entretanto, ele não omitia esta restrição, inerente a uma contradição do próprio Freud: este, por não ter sabido forjar "com o discurso analítico o laço pelo qual se teriam sustentado as sociedades de psicanálise, as [havia] situado por outro discurso, que necessariamente barra seu dizer". Lacan, que nesse texto declara prender-se a trilhar um discurso que possa se constituir como o suporte de uma instituição psicanalítica, prossegue assim: "[...] trilhar um discurso ali onde situo que há discurso"; para quê? Para considerar a possibilidade de uma fundação de discurso, cuja problemática é que seja "desesperada", "porque é impossível que os psicanalistas formem um grupo. Entretanto, o *discurso psicanalítico* (é meu trilhamento) é justamente aquele que *pode fundar* um laço social limpo de qualquer necessidade de grupo".

O trilhamento necessário para que a psicanálise exista é, portanto, o discurso psicanalítico, ele mesmo fundador de um laço social. Lacan con-

---

[1] Em *Scilicet*, ob. cit., pp. 5-52.

trapõe claramente grupo e laço social e precisa que "a observação presente do impossível do grupo psicanalítico é também o que funda, como sempre, seu real". Quanto a esse grupo, a essa vida de grupo, ele os sublinha como sendo aquilo mesmo que faz da IPA uma instituição "preservada" e que ele quer "proscrever" de sua própria escola.

Lacan fundará essa escola apenas em seu nome próprio. Conseqüentemente, uma tal fundação só pode ter lugar na medida em que ele tiver encontrado o discurso psicanalítico graças ao qual assentar o laço social que fará de sua escola coisa diferente de um grupo – isso em 1964. O nome de Lacan vem, portanto, fundar a Escola, pelo discurso que a sustenta e pelo laço social que é sua conseqüência. Reciprocamente, a Escola comporta um inapagável do nome de Lacan, fica irremediavelmente atada a esse nome próprio no qual ela se refunda. Lacan, um pouco mais tarde, não hesita em formular novamente sua definição do discurso do analista, mas não cedendo em nada quanto a seu desejo, já que, em 1976, declara que "a extensão de Lacan ao simbólico, ao imaginário e ao real é o que permite a esses três termos consistir"[2].

A partir daí, não se trata mais de fundar laço social pelo discurso psicanalítico, mas, diretamente, de fundar um nome próprio a fim de que três termos possam se manter com um quarto; assim, "fundar um nome próprio é uma coisa que faz avançar um pouquinho seu nome próprio. O único nome próprio nessa coisa toda é o meu"[3].

O dizer de Lacan existe, portanto, enquanto tem sua fonte, como era o caso para Freud, na lógica do dito do inconsciente; ele também existe por Lacan, além do mais, engajar seu nome próprio, que permite à tríade Real-Simbólico-Imaginário consistir, no que se faz um verdadeiro ato de fundação.

O nome de Lacan, nesse ato de fundação, constitui função, no sentido matemático definido por Frege[4], como iremos tentar demonstrar.

---

[2] Ver J. Lacan, *L'insu que sait de l'une-bévue s'aile à mourre*, sessão de 16 de novembro de 1976 (inédito).

[3] Ibid., sessão de 16 de novembro de 1976.

[4] Para a teoria do nome próprio de Gottlob Frege, lógico alemão (1848-1925), cf. J. S. Searle, *Speech Acts*, Cambridge, 1968, assim como *Écrits logiques et philosophiques*, Seuil, col. Points, 1971, *Fonction et concept*, pp. 80-102, e *Qu'est-ce qu'une fonction?*, pp. 160-170.

Observemos primeiro que a própria escrita de Lacan, RSI (Real-Simbólico-Imaginário), permite uma outra leitura e, assim, a passagem para uma outra borda: basta ler de outro modo o que se escrevia até então como RSI para obter SIR, o que é, nem mais nem menos, o HERR de Signorelli. Eis aí a manifestação do que é preciso chamar de gênio de Lacan, seu achado: ter êxito em fazer consistir os três termos, RSI, no próprio texto de sua fundação, com algo, SIR, que ele escreve da mesma forma como a lógica do inconsciente funciona – está aí uma escrita inédita, escrita do inconsciente. No momento em que Lacan funda, o que verdadeiramente constitui fundação é o discurso psicanalítico, e a invenção dos três termos Simbólico-Imaginário-Real está aí para lembrar que, mesmo nesse ato de fundação, deve-se ouvir o que é SIR, signor, HERR de Signorelli, isto é, castração, mas também Freud: SIGmund...[5].

O que está em jogo – nome, assinatura, instituição – não apenas numa fundação para a psicanálise, mas em qualquer fundação, é uma pergunta que também se faz Derrida, num texto curto escrito na ocasião do bicentenário da Declaração de Independência dos Estados Unidos[6]. Nele Derrida levanta uma questão que toca muito particularmente os psicanalistas: saber quem assina, e de qual nome dito próprio depende o ato de fundação de uma instituição.

Apoiando-se na Declaração de Independência de Jefferson e na Declaração dos Direitos do Homem, ele leva sua fala sobre os três pontos seguintes:

1. Para fundar uma instituição, uma Constituição ou um Estado, requer-se que ao menos um signatário se tenha engajado.
2. A assinatura guarda com o ato instituidor como ato de linguagem e de escrita um laço que nada mais tem de acidente empírico.
3. Embora uma instituição deva, em sua institucionalidade, se tornar independente dos indivíduos empíricos que fizeram parte de sua produ-

[5] Ver abaixo o desenvolvimento sobre a função da letra no nome, III, capítulo 7, "A guerra do fogo, mal-estar na significação".

[6] *Otobiographies: L'enseignement de Nietzsche et la politique du nom propre*, Paris, Galilée, 1984.

ção e deles fazer o luto, acontece que, por causa da própria estrutura da linguagem instituidora, o ato fundador de uma instituição guarda nele, no entanto, sua assinatura.

Vemos que aqui Derrida se esforça em dar conta da estreita ligação entre nome próprio, assinatura e ato e de sua eficiência decisiva quanto à autenticação de um ato de fundação.

Numerosas instituições psicanalíticas, depois da dissolução da EFP, se fundaram em estatutos assinados por uma assembléia constituinte, ou tomados de empréstimo ao modelo associativo da lei de 1901. Mas, seja qual for a forma de adesão, e antes mesmo de toda adesão, é preciso, como foi o caso para Jefferson em sua Declaração de Independência, "que um X se tenha sentido delegado na tarefa de redigir os estatutos que outros sabiam ou podiam saber querer dizer"[7].

Trata-se de redigir, não de transcrever, porque, uma vez redigido, esse esboço de proposição, "essa pluma avançada", como a chama Derrida, se encontrará em posição de ser revista e corrigida a fim de subseqüentemente ser ratificada pela assembléia geral dos signatários ou dos membros.

Por outro lado, nem os signatários que apresentaram os projetos de estatutos, nem os contra-signatários dos estatutos definitivos da assembléia geral assinam verdadeiramente, porque, de direito, todos se encontram na posição de assinar não apenas por eles mesmos, mas também por outros.

Depois do que Lacan chamava o fracasso da IPA, na medida em que ela deixou ser encoberto o mais incisivo da descoberta freudiana do inconsciente, vem o ato de fundação de Lacan que engaja seu nome próprio. Mas essa leitura derridiana do ato de assinatura dos estatutos de uma instituição, na qual é evidente que a assinatura de cada um inventa seu signatário e faz dele um representante de signatários potenciais, nos deixa perplexos, e nos coloca diante de uma indecidibilidade quanto à natureza constatativa ou performativa de tais textos. De fato, mesmo que um texto fundador seja assinado e ratificado, no fundo ninguém assegura o ato que consiste em fundar em seu nome. Se todo mundo assina o mesmo texto, ninguém foi verdadeiramente fundador em seu nome.

---

[7] J. Derrida, ob. cit., p. 22.

Essa tautologia, esse torniquete em que se dilui o ato fundador é nomeado por Derrida como "golpe de direito", e ele o vê operando na Declaração de Independência de Jefferson, texto que se faz ao mesmo tempo fundador e garante de sua própria assinatura. Estamos aí em torno de uma espécie de ato fantasma, que apenas as assinaturas polarizadas por sua virtualidade avalizam. Mas, na realidade, não houve ato verdadeiro, ainda que as assinaturas a ele se acrescentem, e o texto permanece um texto constatativo e não performativo[8].

Certo, cada signatário poderia dizer que se deu um nome e um "poder-assinar". Mas esse "poder-assinar" é apenas delegação de assinatura, e o signatário, para Jefferson mas também para toda fundação desse tipo, o povo, "o bom povo" como o chama Derrida, e como se diz em termos de direito.

O bom povo, portanto, é o signatário da Declaração de Independência, declara-se livre e independente por meio dessa declaração, mas isto ao final de uma cadeia de delegações, de uma exponencialidade das assinaturas (os que representam os representantes, que assinam pelos signatários) tal que a indecidibilidade entre o constatativo e o performativo aumenta e suspende todo ato, tornado suscetível, por isso, de ser atribuído ao "bom povo"; o qual assina, no apagamento de todo nome próprio fundador.

Certo, no que se refere aos psicanalistas, não se poderia tratar de "bom povo", a menos que o grupo, que seria seu avatar, predomine e o coloque acima do laço social. Com efeito, a dimensão psicanalítica torna "impossível", como menciona Lacan, toda conduta de grupo, a menos que, na medida em que é sempre possível ser reduzido a uma tal conduta, seja então a instituição psicanalítica que verifique seu impossível, no sentido de que ela deveria permitir que persista o que chamaremos o desejo contrariado[9].

A função do nome próprio como quarto é dar consistência aos três outros termos, mas também dissolver: dissolver a escola para deixar uma abertura para o prosseguimento de uma obra doravante inacabada. O SIR

---

[8] Retomando a distinção de Austin, *Quand dire, c'est faire*, Paris, Seuil, 1970. Essa questão será retomada abaixo a propósito da enunciação do analista e do ato analítico (III, capítulo 10, "As falas de um autor não são atos?").

[9] Como evocaremos no capítulo seguinte.

vem constituir contradição à doutrina do matema e assim fazer prevalecer o real implicado na irredutibilidade do ato.

Fundar uma instituição psicanalítica é, portanto, enunciar discurso psicanalítico que faz ato – e não fazer grupo, adotando o modelo de uma assinatura engajada em nome das leis ou em nome de Deus. O signatário de uma fundação em psicanálise só pode sê-lo em seu nome próprio – esse nome próprio que Lacan introduziu, que literalmente criou, na medida em que eficiente, apto a produzir discurso psicanalítico: apenas nesse sentido é justificado fundar no sentido psicanalítico.

Fundar não pode se reduzir a uma vontade de respeitar leis institucionais; mesmo que uma instituição psicanalítica deva ter estatutos que ela respeite, não é o respeito por seus estatutos que a funda.

O ato no sentido psicanalítico não permite nenhuma procuração de nome nem de fundação e engaja aquele que o efetua em seu nome próprio. M. Safouan um dia fez uma observação muito judiciosa[10] nesse sentido, colocando em relevo que alguns entre aqueles que diziam "só se autorizar por eles mesmos" se enganavam, porque eles mais se autorizavam por esse enunciado que por eles mesmos, e mais agiam ali por procuração que efetuavam um ato.

Por seu ato, o analista se confronta com um risco permanente: o de colocar em jogo seu desejo, o que implica que ele realmente se faça autor desse ato, que ele se "autor-ize". Esses dois tempos são indissociáveis, e está aí o ponto incontornável de toda lógica do inconsciente.

É na medida em que Lacan não funda a EFP, mas SIR, RSI como nome próprio – no sentido do qual Frege o dota, isto é, o de um valor lógico –, que está em posição de trilhar a via para uma transmissão diferente da familiar. Está aí toda a pertinência propriamente psicanalítica de seu ato. Por um tal ato, o nome próprio de Lacan destitui seu valor estritamente familiar para adquirir um outro, quase matemático e puramente funcional, que lhe permite dotar de consistência RSI, e nada mais que isso.

É assim que um nome próprio se torna função – e, se a operação é exitosa, deveria haver a ausência de toda transmissão familiar, no que ela deve à consangüinidade, que deveria verificá-lo.

---

[10] Em seu seminário na Fondation européenne de psychanalyse, sustentado em Sainte-Anne, em 1995, sobre o Grafo.

7

Que coletivo permitiria a persistência do desejo contrariado?

A irredutível singularidade do ato analítico se acomoda mal com o fato coletivo suposto por toda instituição. Encontramos a maior dificuldade em articular a proposição de acordo com a qual "a instituição mínima, se existe, nada mais é que a própria análise"[1] com o fato de que toda instituição psicanalítica atual funciona oficialmente no quadro jurídico da sacrossanta associação da lei 1901, com seus avatares democráticos.

No entanto, a psicanálise – e a teoria lacaniana em particular – não ignora que existe uma teoria do coletivo. De onde a pergunta que toda associação psicanalítica está no direito de fazer: o que legitima por um determinado tempo um coletivo qualquer? É bem aí, é claro, que a questão da fundação toma todo o seu valor. Com efeito, para Lacan não existe legitimidade intrínseca do coletivo. Entretanto, a noção de fundação como tal não resolve toda a questão referente à instituição psicanalítica. Porque

---

[1] Encontraremos uma ocorrência dessa fórmula num texto apresentado por Claude Dumézil, *Place et fonction des dispositifs instituants dans une association pour l'Analyse freudienne* (inédito). Em sua elaboração ulterior, essa fórmula encontra-se como tendo dado nascimento à fundação da Analyse freudienne, em 29 de março de 1992. Essa definição estrita da instituição será um de nossos eixos de questionamento no capítulo seguinte, "A psicanálise é democrática?".

essa própria noção é contraditória nos termos e se presta a uma crítica fundamental, tal como a fez Mustapha Safouan[2]: "Com efeito, essa expressão aparentemente é uma contradição nos termos. Porque toda instituição é uma organização social, e toda organização social repousa, vimos, num apelo à autoridade legiferante em que se sela o estatuto do desejo como defesa. O que quer dizer que uma tal organização vai de encontro ao fim verdadeiro de toda análise, seja qual for, aliás, a razão alegada por aquele ou aquela que a empreende: curar, tornar-se analista, ter filhos, etc. A experiência das sociedades psicanalíticas oficiais o mostrou amplamente".

Sobre esse ponto, só podemos partilhar o pensamento de M. Safouan, ao mesmo tempo sublinhando que, nessa crítica, ele trata apenas do primeiro aspecto da contradição, o da coletividade, que ele remete ao modelo mais banal de toda organização social, e deixa de lado o aspecto da singularidade, isto é, a questão do ato. Entretanto, deixamos que ele prossiga: "Tirando a lição dessa experiência, Lacan formulou os princípios que correspondem ao que o fim da análise requer. São, essencialmente, em número de três: a) o analista só se autoriza por ele mesmo; b) só instituir no funcionamento; c) substituição da hierarquia pelo 'gradus'. Só que, para aplicar esses princípios, ele tomou de empréstimo o processo da fundação. Ora, todo fundador se encontra, queira ou não, na posição de chefe de grupo. Da mesma forma, fundar traz consigo a repartição das responsabilidades relativas às tarefas materiais e científicas do grupo por pessoas cuja proximidade com o fundador favorece a projeção da fantasia de autoridade, seja qual for sua competência real, aliás. O resultado disso foi, no caso da escola fundada por Lacan, que a organização, por essência autoconservadora, prevalece em relação à pesquisa, que vai à frente, para retomar a distinção feita por Hans Sachs, que sabia do que estava falando. Depois, inevitável, foi a dissolução".

Aí ainda, M. Safouan desconhece a questão da irredutibilidade do ato, que ele trata pelo desvio de uma interpretação um pouco psicossociológica, durante a qual cede a passagem à questão da fundação, de novo reduzida ao sentido descrito por Freud em *Massen Psychologie*. Ora, ao que-

---

[2] "La psychanalyse et les organisations sociales", em *Passages*, julho de 1995.

rer dar conta dos efeitos produzidos pela constituição de um coletivo que tenha uma certa relação com o psicanalítico apoiando-se apenas na grade de leitura freudiana de psicologia das massas, deixa-se escapar tanto o porquê do coletivo quanto o de uma escola, sua razão de ser e sua necessidade e, sobretudo, o como real está implicado na irredutível singularidade de todo ato.

Esse próprio termo ato exige uma definição com a qual se possa concordar. É um ato de linguagem ou um outro tipo de ato, como o da escrita, por exemplo? No primeiro caso, o de um ato de linguagem, Lacan, já no Seminário I[3], tem uma concepção muito austiniana[4]; dizer é fazer, desde que a palavra seja plena, como ele sustenta: "A palavra plena é palavra que faz ato. Um dos sujeitos se encontra, depois, diferente do que era antes; é por isso que essa dimensão não pode ser eludida da experiência psicanalítica". Mas, no segundo caso, o de um ato de escrita, é completamente diferente. Dizer e escrever diferem radicalmente, embora todo ato de fundação passe por esses dois tempos. Assim, o ato de escrita requer o uso de letras que, embora aparentemente afastadas da linguagem, encontram-se, no entanto, na fórmula fundadora: "O inconsciente é estruturado como uma linguagem".

"A Linguagem condiciona a possibilidade do acesso ao ser pela letra", observa justamente Michel Arrivé[5]. Para definir a letra, Lacan se situa por relação a Bourbaki, cuja posição ele radicaliza[6]: "Eles [os matemáticos reunidos sob o pseudônimo coletivo de Bourbaki] tomam o cuidado de dizer que as letras designam um agrupamento. Aí é que está timidez deles e o erro. As letras constituem os agrupamentos, elas são – e não designam – esses agrupamentos, elas são tomadas como funcionamento, como esses agrupamentos mesmos". Assim, a letra é, a letra faz o ser ou o real de que ela se encarrega, ela não o designa numa preexistência – não há

[3] J. Lacan, *Le Séminaire, livre I, Les écrits techniques de Freud*, Paris, Seuil, 1975, pp. 125-126.

[4] Ver abaixo, III, capítulo 10, "As falas de um autor não são atos?".

[5] M. Arrivé, *Langage et psychanalyse, linguistique et inconscient*, Paris, PUF, 1994, p. 224.

[6] J. Lacan, *Le Séminaire, livre XX, Encore*, ob. cit., pp. 46-47.

metalinguagem. Peguemos o exemplo da fundação de uma instituição, "Analyse freudienne", e da escrita dessa fundação. Essa associação se fundou, também, a partir da constatação de que era impossível deixar a um coletivo que só funcionava num regime de assembléia a responsabilidade de assegurar a irredutível singularidade de um ato que, para que tenha algum valor psicanalítico, não podia se reduzir a uma simples decisão tomada em Assembléia Geral. Impôs-se então uma dupla necessidade: primeiro, produzir um ato de fundação sob uma forma que não era a empregada por Lacan, depois recorrer a um agregado de nomes sob forma escrita da seguinte maneira: "Os abaixo-assinados fundam, um por um, uma associação intitulada Analyse freudienne...". Não se pode dizer que haja um fundador; antes, "um por um" que, de algum modo, "passa a seu vizinho" para fundar uma associação, o que é muito importante, porque "uma associação para a análise que não poderia ser hoje uma escola" deve fornecer algum esclarecimento referente a sua escolha de ser fundada como associação e não, precisamente, como escola. Em Lacan, uma relação muito estreita liga transmissão e instituição e por isso produz uma escola, na hipótese de um integralmente transmissível de Freud. Como muito justamente observa J.-C. Milner[7]: "Na École freudienne, há um projeto de reescrever matematicamente a psicanálise, do mesmo modo que Bourbaki pretendia reescrever matematicamente a matemática. Então, preferir o nome de Escola ao de Sociedade ou Associação deve-se a um elemento não trivial da doutrina". E esse ponto vai mais longe, já que engaja o mestre, porque "a doutrina do matema se articula como pura determinação posicional". O retorno a Freud supõe a ausência de toda figura antiga do mestre, já que é suposta uma transmissão integral, isto é, literal, possível, sob a forma do matema. A transmissão literal implica que não haja mais par mestre-discípulo. O estatuto do mestre determina diretamente o da Escola: assegurar uma transmissão integral.

Assim tendo feito aparecer a lógica que governava a Escola de Lacan, J.-C. Milner pode dar uma teoria da fundação e do fundador completamente diferente da de M. Safouan: "O matema conhecerá, no entanto, seu

[7] J.-C. Milner, *L'oeuvre claire*, Paris, Seuil, 1995, p. 128.

próprio acabamento. A marcha dos acontecimentos comprova o episódio. A doutrina do matema estava ligada a um correlato institucional: a École freudienne; essa escola era dita escola e freudiana, porque estava fundada na tríplice hipótese de que algo se transmite integralmente a partir de Freud, de que o lugar de uma transmissão integral é uma escola e de que o meio de uma transmissão integral é o matema num tal lugar; ela agia para o exterior por uma revista intitulada *Scilicet* ('tu podes saber o que sobre isso pensa a École freudienne', era esta a epígrafe; a ser completada, dissemos: 'graças ao matema'); essa revista tinha como modelo Bourbaki, porque a matemática é o modelo da transmissão literal e porque Bourbaki é o modelo da matemática literal. Ora, em um instante a escola foi dissolvida. Ainda que uma escola tenha surgido no instante seguinte, não podemos fazer como se o instante de dissolução não tivesse ocorrido. A revista *Scilicet* desapareceu. Pelo nome e pela forma (artigos assinados), as revistas que a sucederam manifestam que se ordenam por outras regras, mais clássicas"[8] .

A necessidade de escola aparece como uma necessidade lógica: conseqüência de um elemento da doutrina que é o matema. O que funda a escola como razão é a doutrina do matema como integralmente transmissível, o fundador só estando implicado como efeito de uma "pura determinação posicional", a ser justificada, ainda, como conseqüência da doutrina do matema.

No entanto, tão tentadora quanto seja essa explicação, ela infelizmente coloca em impasse a questão do ato e a do real implicado em sua irredutível singularidade. Exatamente como a doutrina do matema encontrou, também, sua própria "contrariedade".

Com efeito, o osso do real foi trazido pela teorização do nó, que, convocada a sustentar e a esclarecer, graças ao borromeanismo, os fundamentos do matema, conduziu, de fato, a constatar a impossibilidade de considerar uma matematização integral. O nó se torna, portanto, destruidor da letra e antimatemático. Conseqüentemente, com toda lógica, só restava dissolver essa escola que não tinha mais razão de ser, já que a hipótese de um integralmente transmissível encontrava seu freio. A partir daí,

[8] Ibid., p. 159.

não se justificava mais falar de "ensino" da psicanálise, mas, talvez, de "trabalhos em curso", ou de elaboração de uma obra de Lacan que prossegue, já que não se pode mais considerá-la acabada. "Até hoje, não se aplica aos nós nenhuma formalização matemática", declara Lacan em 1973[9]. J.-C. Milner, por sua vez, sublinha a necessidade lógica da dissolução, que corresponde à necessidade lógica da fundação:

"A École freudienne encontrava seu suporte doutrinal na doutrina do matema, a qual explicava em que sentido era permitido saber e, portanto, em que sentido uma escola era suficiente (ou necessária) como meio de exercício dessa profissão. Ter a escola sido dissolvida num instante significa, portanto, apenas uma coisa: o matema também foi dissolvido. E, da mesma forma que a escola recomposta após a dissolução não é a mesma que a precedente, o matema reafirmado não é o mesmo"[10].

De nossa parte, radicalizaremos essa análise, sustentando que a noção de escola não foi tornada caduca pelo caráter não operatório de um matema, mas pela impossibilidade de todo matema – impossibilidade de assegurar toda transmissão. A partir daí, a interrogação recai sobre a noção mesma de transmissibilidade da psicanálise: em 1978, Lacan anuncia claramente que "[...] A psicanálise é intransmissível, é um tormento que cada psicanalista seja forçado – pois é preciso que seja forçado – a reinventar a psicanálise"[11]. A transmissão da psicanálise só pode ser concebida como um forçamento, no um por um, na reinvenção; isto é, no produção de ato um por um, o mais perto, portanto, de sua irredutível singularidade. Mas esse ato deve permanecer específico, se não se quiser dar lugar a novas igrejas.

É por isso que Lacan, ao promover o "fora-do-sentido", o insensato, sempre tentou romper com a religião, e isso em nome do real. Assim, fundar em psicanálise não pode ser entendido da mesma forma que fundar em filosofia. Fundar, em psicanálise, é antes um ato que possa ser colocado tal que o real que nele está implicado testemunhe de "um signo que não engana", e talvez esse signo seja de um outro tipo que o dos discursos – a angústia, por exemplo.

---

[9] J. Lacan, *Le Séminaire, livre XX, Encore*, p. 116.

[10] J.-C. Milner, *L'oeuvre claire*, ob. cit., pp. 160-161.

[11] Conclusão do congresso sobre a transmissão, em *Lettres de L'EFP*, nº 25, ob. cit., p. 219.

Como vimos no capítulo precedente, Lacan antes havia feito a crítica da instituição pós-freudiana, fazendo notar que Freud não pudera dispor de um discurso, o discurso analítico, que pudesse fazer laço social, o que foi, segundo ele, a razão do encobrimento do inconsciente por sua instituição internacional. Entretanto, ainda que promova o discurso analítico, Lacan indica que ele não é suficiente para cimentar um coletivo, não mais do que o ato. O discurso lacaniano como tal é equívoco, já que nunca responde à questão do "que fazer" ou do "que pensar"; acontece o mesmo que com o ato analítico, cuja necessidade, no entanto, se verifica, se se quiser ter em vista algum coletivo. Será preciso apoiar-se apenas na "irredutibilidade" do ato, na medida em que não apenas ela diferencia definitivamente a psicanálise de toda tentação filosófica, mas, ademais, constitui o ponto vivo em que se pode afirmar que não há ensino da psicanálise, sendo o ato o que a subtrai a todo enfoque educativo? Podemos creditar e reconhecer a Lacan a rigorosa e constante manutenção de uma distância com relação a um tal enfoque: "O que me salva do ensino é o ato", assim se afirma essa declaração, anti-universitária e antifilosófica como é.

De que ato se trata então? Daquele que está implicado na mostração do real, respondemos. É um apelo a uma formalização que nos tenta e nos ameaça novamente? O real não se demonstra como uma formalização, mas, ao contrário, como mostração do ponto de impasse de toda formalização. Nesse sentido, reconheçamos a insistência de Lacan em demonstrar a impostura do sentido e, por conseqüência, de toda pretensão fundadora tendente à filosofia, sem nunca abandonar essa constatação e seu corolário:

– o sentido é sempre religioso;

– a religião é sua morada.

Uma outra forma de desviar ou de derivar em relação ao real do ato não seria tomar a questão pelo viés do desejo do analista com a idéia de que esse desejo seria o "desejo de ir até o fim do matema"? Uma tal posição se oporia assim a que se leve em conta que esse desejo só pode encontrar justamente sua efetuação como "desejo contrariado" pelo analisante, o que precisamente faz dele uma "função" e pode servir de definição provisória para uma ética da análise, que consistiria então em sustentar essa contrariedade. Ora, é exatamente o mesmo tipo de contrariedade que encontramos na temática da fundação, já que há, em Lacan, de um lado, um "eu fundo" que autoriza o tempo de um longo desvio, ele mesmo contrariado por um "eu dissolvo", que tenta deter a sedimentação temporal; essa dissolução não pode então ser compreendida como solução para a contradição entre organização autoconservadora e pesquisa[12], mas, antes, como o segundo tempo necessário ao "longo desvio" que é a única razão de ser desse coletivo. Lacan designa, portanto, dois tempos de uma prática do ato, cuja irredutibilidade ele expõe em cena pública, ou aplica ao coletivo, pelo que se justifica a ocorrência de um coletivo psicanalítico. Assim, o que legitima a duração desse tipo de coletivo é o próprio tempo na relação com a irredutível singularidade que o funda ao menos entre dois seres falantes – é a diferença, ou a *diferência* [*différance*], tal como a escreve Derrida. Lógica temporal que, por isso, se aplica à análise, como "instituição mínima", na medida em que um tempo particular legitima este tipo de coletivo, formado pelo analista e pelo analisante, com um início e um fim.

[12] E a partir daí a crítica de M. Safouan cai por si mesma.

8

A psicanálise é democrática?

"A tarefa é a psicanálise.
O ato é pelo que um psicanalista se
compromete a responder a ela"[1].

Escrever, num ato de fundação, que "A instituição, se existe, nada mais é que a própria análise"[2] não deixa de ter conseqüências, como acabamos de ver, tanto na concepção da análise quanto na da instituição psicanalítica.

A primeira dessas conseqüências é colocar em tensão o registro do ato com o da democracia. A dificuldade aqui encontrada deve ser anulada, aplainada, ou, ao contrário, mantida como o tipo mesmo de contradição que determina toda ética possível da psicanálise?

Não que se tenha que retomar por nossa conta uma qualquer dualidade platônica entre a alma e a cidade como reino da *parrésia* socrática, mas, antes, colocar como necessária para a psicanálise a indissociabilidade entre desejo e ato, em seu necessário colocar em tensão com o coletivo. Lembremos que Platão ligava a liberdade de "dizer o que quiser" (a *parrésia*) à irresponsável liberdade de agir segundo seu desejo, sem consideração pela vida "de verdade"! E, o que não deixa de ser um pouco salgado, ele via na democracia um perigo, o da multiplicidade dos desejos: temendo que cada um constituísse, por seu modo de existência, seu próprio *ethos*, que poderia

---

[1] "De Rome 53 à Rome 67: la psychanalyse. Raison d'un échec", em *Scilicet* 1, ob. cit., p. 47.

[2] Ver capítulo precedente, nota 1.

terminar por atingir a unicidade da cidade, na medida em que a multiplicação de diferentes *ethos* arriscaria suscitar tantas constituições quantos cidadãos. Temor amplamente contraverificado pela atual uniformização dos desejos para a qual tendem as ditas democracias.

Para Lacan, é o ato que essencialmente determina a função analítica: "A função analítica está ligada a algo que é do registro do ato"[3]. Este mantém a mais estreita ligação com a função-analista e, conseqüentemente, com o desejo de analista. Na descrição da análise que introduz o Seminário sobre a ética[4], em 1959, Lacan já declarava que "a análise é um desmascaramento da relação que um sujeito entretém com a verdade de seu desejo e visa, por conseqüência, uma certa forma de liberdade". No entanto, esse desmascaramento e essa liberdade que dele decorre não prescrevem nenhuma forma de vida e não se inserem numa teoria geral normativa que nos prescreveria o que deveríamos ser ou fazer. Entretanto, essa concepção da análise levanta questões novas quanto ao lugar do desejo, que uma instituição que se pretenda analítica praticamente não pode ignorar, sobretudo no que se refere à natureza da obediência à lei e do dever que todo coletivo impõe. Do mesmo modo, a psicanálise não pode evitar a questão de saber "se pode haver uma doutrina do sujeito e da verdade compatível com o fato de que atualmente só há singularidade"[5], ou, ainda, de que o real da análise não implica "que haja um protocolo singular, uma singularidade que é um ponto de indiscernibilidade entre o que seria distribuível segundo a teoria ou segundo a prática"[6].

Nessa medida, o desejo do analista tem por função "fazer ato"; por que, então, não retomar esta definição dada por Lacan: "Fazer ato é introduzir a relação de significantes pela qual a conjuntura é consagrada como significativa, isto é, como uma ocasião de pensar"[7]? O ato analítico é, portanto, o que, introduzido pelo desejo do analista como função, torna possível para um outro "uma ocasião de pensar". Seria isso dizer que em outras

---

[3] J. Lacan, *L'acte psychanalytique*, sessão de 8 de março de 1968 (inédito).

[4] J. Lacan, *Le Séminaire, livre VII, L'éthique de la psychanalyse*, Paris, Seuil, 1986.

[5] A. Badiou, Conferência em 24 de março de 1995, *Apertura*, vol. 12, p. 121.

[6] Ibid.

[7] J. Lacan, *La logique du fantasme*, sessão de 10 de maio de 1967 (inédito).

circunstâncias o sujeito não tem ocasião de pensar? Seja como for, se um psicanalista tem como tarefa produzir um ato tal que possa dar a um outro a ocasião de pensar, então ele pode responder àquilo a que se compromete. A situação se complica um pouco porque, desde Lacan, psicanálise em intensão e psicanálise em extensão são indissociáveis e o tipo de instituição que os psicanalistas decidem criar para se agrupar está numa relação estreita com a própria estrutura da análise. Essa estreita relação é a que é imposta pelo desejo do ou dos fundadores como não podendo se produzir de outro modo a não ser pelo turgimão de seu ato. O princípio "o analista só se autoriza por ele mesmo" é disso a matriz, que nem por isso exclui que "uma instituição garanta que um analista provenha de sua formação", e que com esse mesmo reconhecimento o analista tenha a ganhar, mostrando como um analista se mantém como tal enquanto sustenta a experiência de uma instituição. É o que Lacan já entendia na "Proposição de 9 de outubro de 1967"[8], quando enunciava esse tipo de reciprocidade, de reconhecimento da instituição pelo analista e do analista pela instituição. "Analyse freudienne" retomou a essência dessa concepção, reconhecendo "aqueles membros cuja prática clínica e teórica procede da ética psicanalítica tal como a associação a sustenta através de sua experiência". Mas apenas um ato pode decidir sobre a posição da instituição, para a qual o analista só se autoriza por ele mesmo: posição impossível se, na origem dessa instituição, alguns outros não tiverem se arriscado a produzir um ato de fundação e a nele colocar seus nomes. Não se pode dizer que Lacan mantém esse princípio com a maior coerência lógica quando, depois do longo desvio que o "eu fundo" autoriza, conclui com o "eu dissolvo", um e outro marcando os dois tempos de um mesmo ato, como acabamos de evocar. Se é lembrado aqui que Lacan funda sozinho, é sozinho de uma forma muito relativa: sozinho enquanto assume a solidão de todo analista diante da causa analítica, o que é absolutamente conseqüente com o fato de que o analista só possa se autorizar por ele mesmo. Foi nesse ponto, é claro, que reprovaram a falta de democracia. Com efeito, o segundo tempo de seu ato, "eu dissolvo", foi colocado em tensão com um coletivo regido, por outro lado, pela associa-

[8] Ob. cit. As citações da frase precedente dela são extraídas (*Scilicet* 1, p. 14).

ção de tipo lei 1901, que impunha uma votação para que esse ato seja ratificado. O que deu lugar a uma clivagem, quando da dissolução da EFP, entre aqueles que por esse ato haviam adquirido a ocasião de pensar e aqueles que por esse ato mesmo se viam colocados na impossibilidade de pensá-lo um por um e impuseram a Lacan um recurso ao jurídico, a fim de reduzir a irredutível singularidade do ato a ser apenas um "consenso coletivo" aceitável ou não pelo coletivo de uma associação de lei 1901. O recurso ao jurídico só podia anular a singularidade do ato e, simultaneamente, "a ocasião de pensar" um por um para os membros da associação 1901, o que equivalia a coletivizar todo desejo. Desse modo, os que recorreram demandavam manter a escola contra o ato; com todo o desconhecimento daquilo mesmo que fundava essa escola, isto é, a relação estreita entre desejo e ato enquanto ele funda, no que se refere à psicanálise, a necessidade de uma relação entre análise e instituição. O recurso ao jurídico manifestava a vontade de que o "eu fundo" ou o "eu dissolvo" não sejam mais que o efeito de um desejo partilhado e não de um desejo contrariado – a vontade de perder uma ocasião de pensar por si mesmo. Da mesma forma, o que se poderia pensar de uma análise em que um analista só poderia estabelecer o quadro da análise por um simples consenso com seu analisante quanto ao tempo das sessões, ao pagamento, às sessões que não ocorreram e se cada afastamento dele só fosse possível discutindo esse consenso coletivo, que, por outro lado, é presumido como não devendo sofrer nenhuma variação? Melhor ainda, o que se diria de um analista que só pudesse interromper uma sessão, fazer com que seja paga quando não ocorreu, ou aumentar o preço dela depois de ter discutido com seu paciente e encontrado "por consenso" o preço e o tempo, ambos admitidos, portanto, de maneira recíproca? Diríamos que está aí certamente um analista bem democrático, mas isso seria ainda uma análise?

Se não é, certamente, como pensar o mínimo necessário para que haja análise? Vamos afirmar que esse "mínimo" é que permaneça desejo contrariado, sabendo pertinentemente que, ao contrário, para manter o consenso de um coletivo, sobretudo não deve haver desejo contrariado, já que não há ato assumido coletivamente em razão da impossibilidade de uma enunciação coletiva. O consenso só pode fazer da análise um processo de compreensão mútua no qual a questão do gozo como analisável é excluída *a priori*.

Vamos dar um exemplo muito atual, tirado da situação da medicina nos Estados Unidos, de como o consenso e o jurídico interferem e sempre se redobram para anular o ato. Em certos domínios de ponta que exigem um protocolo terapêutico particular, não apenas o médico, mas toda a equipe hospitalar deve, a cada etapa, pedir ao paciente sua concordância e fazê-lo assinar antes da continuação do tratamento. Certo, tocamos aí numa outra fronteira da ética, em que o risco, o que está em jogo parecem ser ou se dão como de ordem vital num sentido que não seria essencialmente biológico ou orgânico. Mas a noção do paciente como "tendo direito" procede de uma questão comum entre o domínio médico e o domínio psicanalítico.

Para que haja análise, é preciso que haja pensamento: isto é, impõe-se a existência de algo que antes não havia sido pensado e que seja suficientemente pregnante para modificar o espaço do campo discursivo de um sujeito. Como Milner observa com intensidade: "A psicanálise deve construir uma teoria do pensamento que não integre como uma extensão acessória, mas como uma propriedade constitutiva, o pensamento separado das regulações imaginárias"[9]. O problema crucial da psicanálise é feito da necessidade de que haja pensamento que não corresponda aos critérios imaginários e qualitativos do pensamento consciente (coerência, terceiro excluído, discursividade, negação). É por essa condição mínima que somos capazes de entender o que a versão lacaniana do *cogito* cartesiano implica nesse "ali onde sou eu não penso e ali onde penso não sou"... Essa não-coincidência funda a doutrina da psicanálise em seu enunciado maior, "o inconsciente é estruturado como uma linguagem", cuja implicação lógica é exatamente que o sujeito existe apenas representado de um significante para outro, cuja confrontação por um ato, precisamente, pode produzir, num instante, uma ocorrência de pensar. A questão é, portanto, não ceder quanto ao caráter disjunto de todo acesso ao sujeito do inconsciente, que não é do tipo de um decidível por consenso, mas, antes, do tipo de um desejo contrariado, devido à disjunção entre os dois significantes que representam o sujeito – o que remete todo protagonista à irredutível singularidade de seu ato. Nesse registro, nenhum ato pode ser garantido coletivamente, mesmo

[9] J.-C. Milner, *L'oeuvre claire*, ob. cit., p. 137.

que, durante o tempo de um desvio, alguns sujeitos se agreguem um por um a um ato fundador que outros puderam produzir por seu nome. A ética – não da psicanálise, mas de um psicanalista – seria, a partir daí: não ceder quanto a essa disjunção que o ato analítico introduz quando é produzido. Conseqüentemente, a ética de uma instituição de psicanalistas deveria repousar na possibilidade de fundar um tipo de coletivo tal que desejo contrariado seja tornado possível; e que ele não o seja por consenso, mas pela produção de ato analítico que garanta, no seio mesmo dessa instituição, a disjunção que a irredutível singularidade do ato no um por um introduz e que decorre da enunciação desse princípio, " a instituição, se existe, nada mais é que a própria análise". O que é dizer que a instituição não tem que se constituir nem por afinidade nem por um tipo completamente diferente de coletivização de um gozo partilhado. Curiosamente, nesse sentido observa-se uma confusão nos psicanalistas entre o que constitui coletivo e coletividade. Mais habitualmente, ela se manifesta nesse deslizamento que se operou no seio das associações pós-dissolução, por um lado, na maneira de tratar as questões da psicanálise como coletivo de pensamentos, pela invenção de certos dispositivos de trabalho relativos à questão do desejo do analista, e, por outro lado, na vontade de tratar como coletividade as orientações da psicanálise por meio de uma associação de tipo lei 1901, em que tudo seria votado em Assembléia Geral – enquanto a coletividade é decerto apta a regular problemas do funcionamento associativo legal, mas não orientações psicanalíticas. Aí vê-se agir a confusão entre o ato de fundação necessário, que orienta, e os estatutos contingentes que definem as regras de funcionamento. De resto, deve-se notar que a maior parte das associações constituídas depois da dissolução ou de modo algum foram fundadas ou evitaram todo escrito de orientação para se constituir apenas com base em estatutos perfeitamente banais de tipo lei 1901. Igualmente, só se pode aplicar uma teoria de análise dos grupos do tipo *Massenpsychologie* a uma instituição psicanalítica na medida em que ela funcione como um grupo social outro – isto é, em que ela não é mais psicanalítica. Se, de fato, é possível aplicar ao que se passa numa associação entre psicanalistas o que Freud nos ensinou em *Massenpsychologie*, é porque não funciona mais, ou não funciona a disjunção inerente ao ato analítico, apta a suscitar a ocasião de pensar; e porque esse tipo de instituição se encontra no caso exemplar de um regime de organização política indiferente a essa verdade ou prescritora dessa verdade, o que dá no mesmo, já que é então fazer dessa verdade um mico. Em matéria de psicanálise, não há governo que possa se arrogar o direito de possuir e administrar a verdade geral única sobre a melhor forma de viver e sobre as disposições de laço social que seriam capazes de inscrevê-la numa realidade entre analistas. E é justamente a esse deslizamento que assistimos quando é agitada a noção de laço social entre analistas; com efeito, um tal laço não pode ser produzido por regras de funcionamento, mas pela ocorrência possível de um discurso, porque é o próprio discurso psicanalítico que é fundador de um laço social entre analistas, não o inverso. Se fosse esse o caso – como assistimos no momento atual –, isso equivaleria a sustentar que é o laço social que funda o discurso analítico, o que precisamente é sair da lógica do "dito do inconsciente" para entrar numa lógica decerto democrática, mas que só pode ignorar essa ética do "bem dizer" que precisamente fez falta à descendência de Freud, pelo que seu dizer foi colocado sob silêncio, a referendo de outros discursos.

Façamos o voto de que não aconteça o mesmo com a descendência pós-lacaniana.

9

"É um tormento que cada psicanalista seja forçado a reinventar a psicanálise"[1]

O inconsciente é transmissível

O que é uma invenção para um psicanalista? O embaraço do próprio Freud para definir um modo de ensino relativo ao inconsciente assim como o aforismo de Lacan que, aos impasses da transmissão, responde com a necessidade da invenção nos convidam a essa pergunta.

Cabe a cada um fazer a prova, a prova do inconsciente pela análise, tal é a solução que Freud preconiza. O inconsciente existe, e a associação livre, que consiste em dizer tudo o que vem no quadro da análise, permitirá seu reconhecimento.

A análise foi assim promovida ao nível de "instituição mínima" do transmissível: "Freud, ao inventar a psicanálise, introduziu um método para detectar um rastro de pensamento, ali onde o próprio pensamento o mascara por aí se reconhecer. De modo diferente de como o rastro o designa"[2].

A *talking cure* aparece de cara como ao mesmo tempo o instrumento terapêutico das psiconeuroses e o dispositivo de transmissão aos alu-

---

[1] Lacan, Conclusão do congresso sobre a transmissão; loc. cit., acima, nota 11 do capítulo 7.

[2] J. Lacan, *L'acte psychanalytique*, ob. cit., sessão de 15 de fevereiro de 1967.

nos, sem o qual "a frieza deles com relação ao inconsciente não poderia ser atacada"[3].

A partir daí, a análise padrão tem função de dispositivo no sentido em que representa o conjunto dos meios colocados em operação para que o postulante se torne analista em razão da experiência de seu próprio inconsciente.

Nessa época, não se trata de testemunhar sobre o que quer que seja, mas de aplicar o método psicanalítico.

Assim, a instituição freudiana se engolfa na análise didática e, por conseqüência, na necessidade de lhe encontrar as normas.

O desejo do analista é transmissível

É precisamente sobre esse ponto que Lacan faz sua primeira constatação de fracasso, em 1967[4]. Ele rompe a ilusão até então mantida pelos pós-freudianos, que pensavam que a análise didática seria um dispositivo de transmissão suficiente.

Embora a experiência do inconsciente seja necessária, ela não é suficiente para ensinar ao analista. A crítica que Lacan faz às normas da análise didática segundo a IPA é radical: "A qualificação de psicanálise pessoal, pela qual se acreditou poder melhorar a análise didática, nada mais é que uma confissão de impotência em que denuncia, ao modo do lapso, que a psicanálise pessoal é de fato bem pessoal, mas para quem a dirige"[5].

Assim, diante dessa primeira constatação de fracasso, Lacan se vê "forçado" a inventar um novo dispositivo, que não apenas permite fazer a prova do inconsciente, mas transmitir a outros como houve análise para um sujeito. Para isso ele postula que nem analisante, nem seu analista estão em posição, durante uma análise, de poder testemunhar diretamente.

A partir daí, a didática é referida à exclusiva questão de saber se houve análise ou não; ou seja, à alternativa: ou toda análise é didática ou não

---

[3] Loc. cit., acima, capítulo 4, nota 11. A observação de Freud é destinada a justificar em que uma análise pessoal é necessária.

[4] "De Rome 53 à Rome 67", ob. cit.

[5] Ibid., p. 48.

houve análise! Lacan tenta, portanto, resolver o problema da formação do psicanalista, que até então se colocava em termos de conformidade, por uma invenção: o passe. O novo dispositivo é constituído de passante, passador e júri.

Graças ao procedimento do "discurso indireto" que ele introduz no centro desse dispositivo (o passante se dirige ao passador que transmite ao júri), Lacan abre para ocorrência de um saber sobre o desejo do analista.

Com o passe, dispositivo em que são incluídos o passante e seu analista, ele tem em vista que se possa então saber alguma coisa, não mais sobre o inconsciente, nem mesmo sobre a transferência, mas sobre a, ou as teorias da transferência que operam numa análise.

A análise é intransmissível

Mas doze anos bastam para que a manutenção dessa experiência se encerre por um novo fracasso. "*É claro, esse passe é um fracasso*"[6], constatação que não podemos dissociar de seus dois complementos enunciados um ano mais tarde, por ocasião do congresso sobre a transmissão: "A análise é intransmissível" e "é um tormento que cada psicanalista seja forçado – pois é preciso que seja forçado – a reinventar a psicanálise"[7].

Encontramo-nos, portanto, diante dessa seqüência lógica que nos mostra que cada fracasso de transmissão acarreta o ato de produção de um novo dispositivo.

O ICS É TRANSMISSÍVEL	*Associação livre* Fracasso freudiano da análise didática	DISPOSITIVO DA ANÁLISE
O DESEJO DO ANALISTA É TRANSMISSÍVEL	*Discurso indireto*	DISPOSITIVO DO PASSE
A ANÁLISE É INTRANSMISSÍVEL	Fracasso lacaniano do passe	FORÇAMENTO À REINVENÇÃO

[6] Loc. cit. acima, capítulo 4, nota 2.

[7] Loc. cit. acima.

Se a análise é intransmissível, o que se trata de reinventar? Para além de todo plágio, de todo modelo, é a um certo engajamento na relação com seu ato que o analista é obrigado. Tal é sua função. O Intransmissível o conduz a fazer o luto dessa eventualidade de a análise ser do registro da ciência, no sentido em que seu objeto seria integralmente transmissível.

A ciência não cai sob o conceito de lógica do significante. Ora, essa lógica do significante, que agencia o sujeito do inconsciente, é precisamente o que torna a psicanálise intransmissível – ou não integralmente transmissível. Com efeito, a partir de uma hipótese latente, segundo a qual a verdade é da ordem do cálculo, Lacan toma como operador o modelo matemático de funcionamento na seqüência dos números inteiros naturais, e o potencializa em todas as suas implicações. É apenas a partir dessa hipótese que o objeto pode ser representado como letra e que ele, portanto, só advém ao campo da verdade como letra oferecida ao cálculo. Assim, o que no real é ausência pura e simples se encontra pelo número notado 0 e contado como 1. A partir do trabalho de Frege[8] sobre a "operação sucessor", que consiste em obter o número que se segue a *n* acrescentando-lhe uma unidade *n'*, obtém-se o sucessor de *n*, igual a *n + 1* (um a mais, para Lacan) e encontramos a função sujeito, tal como, no lugar da falta, ela é marcada pelo zero como número.

Estando excluído, o sujeito (não idêntico a si) se inclui pela insistência mesma das marcas que se repetem incessantemente como +1. De 0 a 1, depois indefinidamente de *n* a *n + 1*...

Em outros termos, há um "mais" na lógica do significante, uma espécie de excesso em que o zero está na mesma relação com a seqüência dos números que o sujeito com a cadeia significante.

É por isso que devemos manter juntas as definições que fazem do sujeito o efeito do significante e do significante o representante do sujeito numa relação circular, mas não recíproca.

---

[8] Ver acima, capítulo 6, nota 4, assim como o artigo de Y. Duroux, "Psychologie et logique", em *Cahiers pour l'analyse*, ob. cit., nº 1, fevereiro de 1966, no qual é examinada em detalhe a função "sucessor" em Frege.

É exatamente aí que aparece o primeiro "forçamento", que se liga ao que Lacan sublinhou em Freud quanto a uma repetição forçada[9], *Wiederholungszwang*, quando quer dar seu estatuto definitivo ao conceito de sujeito do inconsciente.

Há uma lei, constituinte do próprio sujeito, que é a repetição, e essa estrutura é isomorfa à da cadeia significante.

Está aí uma idéia central, que situa o sujeito do inconsciente na única ocorrência em que ele pode se fazer conhecer, isto é, como causa da repetição. Então, uma vez situada a relação intrínseca do sujeito com essa repetição, precisamos avançar na direção de sua relação com um ato que, como a repetição, supõe um efeito de retroação: "O ato é, precisamente, o equivalente da repetição em si mesmo. Ele é essa repetição em um único traço, que designei há pouco por esse corte que pode ser feito no centro da banda de Moebius. Ele é, em si mesmo, dupla volta do significante"[10]. Todo o interesse dessa demonstração é definir que a única maneira de apreender o sujeito do inconsciente reside no ato: momento único em que ele é equivalente a seu significante.

Dispositivo na prática: passagem ao público

Assim, "o tormentoso, o bem tormentoso" ao qual Lacan alude se reporta à repetição na qual a análise se encontra tomada, sem esperança de daí sair de outra forma que pelo forçamento em que seu desejo o (re)presenta no momento do ato que ele põe para se comprometer a responder.

Então, (re)inventar a psicanálise consiste, para cada analista, em efetuar esta operação: (re)nomear a psicanálise de Freud de tal modo que os significantes de seu desejo sejam enunciados por esse mesmo ato, fazendo-os "passar ao público".

Essa operação não deixa de ter necessidade de dispositivos, na medida em que a análise e o passe, vimos, são necessários, mas não suficientes. Talvez devam ser completados agora por um terceiro dispositivo, que volta a colocar mais especialmente em questão a análise de controle – o que Lacan não teve tempo de efetuar, mas que aparece na seqüência lógica de seu ensino.

---

[9] A primeira ocorrência do termo "forçado" acontece em 1967, no Seminário *L'acte psychanalytique* (ob. cit.), doze anos antes de "forçado a reinventar".

[10] J. Lacan, *L'acte psychanalytique*, ob. cit., sessão de 15 de fevereiro de 1967.

10

Dissolução *um*-transmissível

Os capítulos precedentes nos permitiram mostrar que a dissolução da École freudienne de Paris havia tido por função trazer à luz a relação de uma escola com a transmissão, isto é, a possibilidade ou não de efetuar uma passagem do privado ao público. Quando essa passagem não é operada, quando essa transmissão se verifica a-transmissão, então é a dissolução, que apenas o registra.

Desde Freud, vimos, essa mesma questão de um transmissível da análise continua a agrupar os analistas e a incitá-los a fundar grupos que sustentam essa aposta.

Lacan encostou todo analista na parede da questão da transmissão e da necessidade de reinventar novos dispositivos e novas formas associativas.

Cerca de vinte anos depois da dissolução[1], análise e instituição permanecem indissociáveis e ligados por uma ou várias teorias da transferência. Estas últimas determinam certas variedades de dispositivos. Foi assim com a fundação da EFP, com a instauração do Passe que a acompanhava e com a dissolução que veio lhe colocar um término interpretativo, concluindo pelo fracasso dessa experiência em dar conta da análise da transferência no que faria a passagem de analisante a analista.

[1] Lembremos que ela ocorreu em 1980.

Entretanto, a dissolução da EFP certamente não dissolveu as transferências. E os diferentes grupos fundados desde então testemunham de modo caricatural sobre o lugar em que a transferência ainda opera.

Não é anódino observar que, sistematicamente, ex-analistas de EFP tenham estado na iniciativa quanto a esses grupos. Se não os "abriram"[2] no seio da EFP, não pararam, em contrapartida, de abrir associações, escolas, círculos e outros mais após a dissolução. Vamos fazer a aposta que a nomeação Analista da Escola (AE) é causa desses efeitos: tendo tornado impossível a passagem ao significante qualquer, nesse momento de dessubjetivação em que o analisante descobre essa presença outra na origem de sua fala, quando ele cessa de falar em nome de seu patronímico.

Se o analista só se autoriza por ele mesmo e por alguns outros, como propor um saber transmissível que permita respeitar a divisão do sujeito? Desse paradoxo nasceram, depois de Freud, as diferentes associações psicanalíticas. As diferentes maneiras que elas têm de se nomear – escola, associação, círculo, centro... –, suas diferentes modalidades, incluam elas o Passe ou não, com ou sem modificações, que façam ou não nomeação, garantia, produzam listas de analistas ou não, que admitam por cooptação, por eleições ou por um procedimento totalmente diferente, não podem ser indiferentes. Todas têm sua razão estrutural e correspondem, sem saber, a teorias implícitas da transferência, as quais são sustentadas, em sua quase totalidade, por antigos analistas da École freudienne de Paris.

Do mesmo modo que a IPA nasceu da impossível resolução da transferência de Freud para com Fliess, as associações psicanalíticas pós-EFP prosseguem infatigavelmente a necessidade de esclarecer o que é uma transferência "lacaniana", isto é, uma posição que inclui o real na análise e na instituição.

Na seqüência dessa transferência Freud-Fliess, deixada sem interpretação, o Passe veio interrogar o limite de um transmissível: "O que acontece numa análise do analista?". O fracasso registrado, sem dúvida devido à nomeação AE, não impediu certos analistas, em 1989, de esperar alcançar pelo mesmo beco sem saída – no caso, agora, a APUI[3] – uma nomea-

[2] Ver acima, capítulo 2, nota 7.

[3] Association pour une instance des psychanalystes, criada em 1989 por S. Leclaire.

ção que enfim permitiria ficar tranqüilo no que se refere à passagem de analisante a analista.

No entanto, é o que constituiu "passe" para cada um que o situa de modo particular na sua relação com o social ou com o européen. Não é anódino que um analista queira pertencer a uma ordem, uma lista, ou assinar papéis timbrados. Aí também, cada um desses atos saiu de uma certa transferência, em relação à qual o engajamento a termo imprime uma direção da análise, com seus efeitos na cura psicanalítica.

A noção de "liquidação da transferência" não é mais corrente hoje em dia; entretanto, ela reenvia à eventualidade da negação do desejo do analista. É o intervalo, o buraco no qual exclusivamente se resolve uma transferência que faz que um analista seja capaz de não aceitar um qualquer retorno tranqüilizador de uma nomeação. Não há aluno analista, também não há escola, menos ainda propedêutica. A formação não se reduz a um qualquer curso, mas a um certo tipo de relação com o ato analítico. Deixemos as universidades ensinarem aos alunos, de modo que a distinção entre a análise terapêutica e a análise didática não seja de novo a garantia de alguma ordem e que não seja definitivamente desconhecido esse real que é o grupo analítico.

Lacan, na sua carta de dissolução de 5 de janeiro de 1980, pedia aos analistas "não ficarem de acordo". Mas esse desacordo não tem como sentido se agarrar debaixo de um qualquer estandarte – a não ser gerar o contrasenso que causa... a cola freudiana.

Se Lacan pediu aos analistas que não ficassem de acordo, talvez fosse para voltar a situar essa adesão como o que não funciona sem aderência. Em outros termos, ser pela causa ou dissolver a cola é ser seguidor, transferência ou outra causa? Para dizer tudo, "é falso que aí se cause".

O próprio Lacan nunca pretendeu ou sustentou o que quer que seja do tipo da ortodoxia. Que espécie de retorno, então, esse discurso dito "lacaniano" produz como efeito para que, em sua retomada, se possa utilizá-lo como "Etiqueta Lacan"?

O que há de tão insuportável de ouvir que não se pára de encobrir, com uma "cobertura de Eu [*Moi*]", com um sentido que faça significado?

Se Lacan se apaixona pelo significante, e talvez esteja aí sua única ortodoxia, certamente não é para que se lhe dê sentido: "Etiqueta Lacan";

mas, ao contrário, para que seja seguido o que seu ensino sustentou até ali, isto é: "O significante representa o sujeito para um outro significante" – de nenhuma forma alguma coisa para alguém.

O tomar posição no estilo "palavra de ordem" testemunha apenas quanto a sua ausência de estilo – ao menos quanto a sua aderência a esse ponto preciso em que Lacan representa a etiqueta para a causa. Mas a etiqueta não é uma poção e de modo algum pode constituir estilo, do mesmo modo que não se pode tomar o Outro como Um.

Ora, é ao dar lugar ao estilo como ortodoxia, entendida como rigor do significante, que a análise põe seu ato. Mas que estejam em guarda aqueles que se apropriam da etiqueta à guisa de estilo: eles só poderiam realizar esse passe de mágica do sintoma. Em outros termos: "Estamos de acordo que é falso que se ame a bela Lacan", tal é a resposta à carta de amor de 5 de janeiro.

Portanto, ancorar Lacan num "dar o que ele tem", enquanto toda a questão é exposta no "que ele não tem", deixa desconcertado.

Se toda proposta corre o risco de derivar, ela não é suscetível, entretanto, de se ver retornar como palavra de ordem, a partir do momento em que todo dito é ouvido como originário de cabo a rabo – o que deixa o recalque originário muito mal debruado...?

Seguir Lacan: não deveria, antes, ser ouvido como o "a seguir" de uma novela? E dissolução, como "solução" no sentido cinematográfico, isto é, corte do filme em que o diretor insere a "claquete", dando início a uma nova seqüência?

Podemos nos perguntar, entretanto, se colocar em cena o inconsciente se justifica – e se, por outro lado, o político, tão ato quanto se faça ele, dá conta melhor que o teatro ou o cinema, num tempo determinado, da "outra cena".

Apenas o estilo é capaz, talvez, de extrair de uma enunciação alguma coisa. Estilo que, certo, não deve tanto ser definido como valor, ideal, absoluto a conquistar que como expressão da singularidade, ainda que dessa acepção a noção tenda facilmente à de talento, de mestria, de qualidade extrema, de virtuosidade – fala-se do estilo como o mestre dos mestres. Segundo a primeira acepção, o estilo é para a obra o que a personalidade é para o indivíduo: a afirmação de uma exceção, a manifestação de uma diferença. Nisso, em que apenas ele constitui a verdade e autenticidade, ele faz pouco caso do repertoriado estilo e não se enche-de-estilo, mas, antes de tudo, inova, pela subversão ou pela transgressão dos recursos, sistema de regras ou codificação que definem um estilo coletivo. De modo que se poderia dizer que ter acesso ao estilo é dar uma mensagem singular, dizer algo que nunca foi dito, numa linguagem estranha a toda língua, em virtude de um sensível não semelhante a nenhum outro. Do mesmo modo que, diz-se, a cultura é o que resta depois que tudo foi esquecido, poder-se-ia dizer que o estilo é o que resta depois que se analisou tudo.

Nessa definição, portanto, de acesso à linguagem, à língua, à fala, à escrita, de uma singularidade como irredutível resíduo, rigorosamente o estilo deveria redibir toda tendência à identificação na transmissão da psicanálise. Ser analista não equivale a atribuir a seu analista alguns traços a que nos referimos, por exigir a participação, o colocar em operação essa singularidade que, precisamente, constitui o estilo. Porém esse elemento pessoal, essa singularidade, essa particularidade não corresponde exatamente, em análise, às definições correntes. Talvez o máximo da qualidade analítica resida nesse momento em que uma formulação não ainda advinda irrompe, emerge, até mesmo faz sentido, entre o analisante e o analista. Talvez seja algo análogo aos "pontos de estofo" de que Lacan falava. Seja o que for, algo da arte está em jogo, nesse momento, a mesmo título que numa produção artística que encontra nela mesma, se ela é original, seu selo de um estilo particular, inclusive subversivo. Assim, no que diz respeito às escolas de pintura ou de literatura, aqueles que se fizeram conhecer ou reconhecer, cujos nomes retemos, são os que, no interior mesmo do código geral de sua escola, encontraram um traço particular, uma inscrição, um punção próprio a eles, com o qual marcaram o estilo da escola. Podemos postular algo semelhante entre os analistas, sobre os quais, ainda que todos tirem sua recomendação de Freud, nada permite dizer que tenham o mesmo estilo, e por relação aos quais vê-se claramente que todas as cisões desembocaram, por fim, em escolas diferentes no sentido de escola artística, embora elas não estejam todas fundamentalmente do lado da arte.

Mas, contrariamente ao artista, que pode ignorar o que é o punção de seu estilo, pode-se assim mesmo esperar, da parte dos analistas, uma faculdade de testemunhar sobre seu próprio estilo ou punção: de definir, por exemplo, em que se retiraram de sua própria situação de analisante, como extraíram seu próprio estilo, por qual marca este difere da maneira como eles mesmos foram analisados, mesmo que retomem, e é muito freqüentemente o caso, o estilo de seu analista – condução na qual eles podem ser incitados a testemunhar sobre a dependência em que estão ainda embrulhados.

Essa questão do estilo mereceria ser objeto de análise, se não de uma análise, sem o que se produzem gerações de macacos que têm por definição reproduzir exatamente o que está diante deles como num espelho. A análise, no entanto, não é do registro da reprodução, mas, antes, da profusão, da produção de um trabalho do inconsciente, e é também tarefa do analista tentar balizar sua própria produção, notadamente na condução de uma cura psicanalítica. É nisso que a análise tem a ver com a arte, com a produção artística. Lembremos que, nos quatro discursos, o discurso analítico é aquele em que a produção está em lugar de S_1, significante mestre[4].

Mas, embora no nível da produção o estilo do analista tenha algo essencialmente inovador, não esqueçamos, com isso, que ele é expressão de um sujeito e que, como tal, não escapa ao estatuto do sujeito barrado. Bipolaridade, contradição entre novação* e alienação, que igualmente encontramos no ato analítico.

Uma vez situada a incidência do estilo no ato analítico, podemos nos perguntar o que se tornaria uma instituição analítica cujo estilo seria erigido como valor, como absoluto a ser salvaguardado, até mesmo a ser conquistado. Não há dúvida de que isso seria congelar o estilo da escola como codificação. Da escola [*école*] se passaria ao e-código [*é-code*] do percurso, pelo qual nada mais restaria que se juntar à tradição, ao estilo coletivo.

---

[4] Ver Lacan, *L'envers de la psychanalyse*, ob. cit., pp. 9-99 (versão datilografada).

* Mantivemos essa palavra que, além de possuir, como em francês, o significado de "inovação", possui também outros (relativamente equivalentes em francês e português). (NT).

Talvez, então, um dos únicos meios de restituir ao estilo seu gume consistisse efetivamente em transgredir esse estilo coletivo por uma subversão novadora, por exemplo dizer algo diferente, dizer "dissolução".

Jacques Lacan já não inaugurava seus *Escritos* por essa questão-fórmula: "O estilo é o homem a que nos dirigimos"?

A quem então Lacan se dirige, com o gume de estilo, ao dizer "dissolução"? Não era a todos que pretendiam que o inconsciente era o discurso da escola e não o do outro?

Segunda parte

Do desejo do analista ao desejo de analista ou como ser-aí sem razão de ser

1

A direção da cura psicanalítica ao risco do desejo de analista

"Entretanto, há um ponto em que o problema do desejo não pode ser eludido, é quando se trata do próprio psicanalista"[1] .

Toda invenção numa cura psicanalítica levanta a questão de saber de qual lugar o analista se autoriza a enunciar.

Foi preciso esperar a crítica da contratransferência feita por Lacan para introduzir uma outra dimensão no exercício da interpretação. Com efeito, a partir do momento em que Lacan faz sobressair esse paradoxo, ou melhor, essa antinomia, que consiste em "definir o analista ideal ao mesmo tempo como aquele [em] quem, no limite, não haveria mais nada inconsciente, mas que conservaria uma boa parte dele"[2] , estamos intimados a precisar qual é essa "boa parte" conservada.

Essa "boa parte" é levada por Lacan a seu cúmulo, já que, em sua concepção da análise, não só o analista não está "fora do alcance das paixões"[3] , mas "quanto melhor for analisado, mais será possível que seja francamente amoroso, ou que francamente seja tomado por um estado de aversão, de repulsa, nos modos mais elementares da relação dos corpos entre si, em referência a seu parceiro"[4] ; ele seria, portanto, "possuído por um desejo

---

[1] J. Lacan, *Acte de fondation de l'EFP*, *Annuaire*, 1977, p. 86.

[2] J. Lacan, *Le Séminaire, livre VIII, Le transfert*, Paris, Seuil, 1991, p. 213.

[3] Ibid., p. 220.

[4] Ibid., p. 217.

mais forte que os desejos que poderiam estar em jogo, isto é, poderia chegar às vias de fato com seu paciente, tomá-lo nos braços ou atirá-lo pela janela"[5]. Entendamos aqui que um desejo "mais forte" não é redutível ao desejo sexual nem a uma paixão, mesmo se, trate-se da contratransferência ou da análise didática, "a psicanálise é de fato bem pessoal, mas para quem a dirige"[6].

O que entender, então, por "desejo mais forte" se não for a faculdade de situar o que se produziu? Tratar-se-ia de uma "transformação", de um remanejamento do desejo de um analista, que Lacan não hesita em aproximar desse desejo de morte, enquanto dentre todos os desejos o mais forte bem deve ser o desejo da morte[7]?

O desejo de morte, segundo Freud, é por definição não sexual, no entanto nós o encontramos num para-além de todo gozo fálico exitoso. Está aí o ponto a partir do qual se pode conceber a reorganização, a reestruturação do desejo no analista: "Efetivamente, pode haver alguma relação do analista com Hades"[8]. Porém não é tanto com a morte, mas com um morto que essa relação se estabelece, analogia paradoxal com a partida de bridge que é evocada, no caso, apenas para assinalar que, na direção de uma cura psicanalítica, uma coisa é o analista ocupar o lugar do morto, coisa totalmente diferente e que ele faça o morto.

Assim, do desejo do analista depende, antes de tudo, a direção da análise. Entretanto, a própria questão de "ser analista" só pode ser tirá-lo de sua rota, porque ele se vê tomado numa alienação condicionada por um "eu sou", cuja conseqüência é um "eu não penso", mas com a diferença, em relação a qualquer outro sujeito, que, na medida em que seu desejo possa como função tomar o lugar desse "eu sou", ele *cairá* então como pessoa [*personne*] para se tornar, literalmente, "Ninguém [*Personne*]".

No entanto, essa operação exige, para ocorrer, que um ato seja posto e, nesse sentido, não há desejo de analista sem ato que o funde.

---

[5] Ibid., pp. 220-222.

[6] Loc. cit. acima, I, capítulo 9, nota 5.

[7] "Hades e Dionísio não são uma única e mesma coisa?", *L'éthique de la psychanalyse*, ob. cit., p. 346.

[8] Lacan, citando um de seus alunos, em *Le transfert*, ob. cit., p. 222.

Essa outra dimensão do "desejo de analista" como função[9] nos leva a essa fronteira "em que o sujeito toca em sua perda", o que diferencia de modo radical o desejo de analista do desejo do analista, ou, antes, dos desejos que este manifesta e que podem visar as múltiplas direções nas quais, como todo sujeito, ele encontrou identificações possíveis.

A partir daí, o desejo de analista só pode ser entendido como uma função, que instaura na condução da análise uma modalidade, um regime tais que não se pode mais falar apenas de transferência, positiva ou negativa, mas que um fim de análise está em jogo, não mais apenas a relação do analisante com a pessoa do analista, mas a relação daquele que está se tornando analista com a análise como tal.

Agora a questão não é mais "liquidar a transferência": a função do desejo de analista implica a eliminação do sujeito suposto saber, ou, antes, deve passar por essa eliminação, o que é coisa completamente diferente de ter em vista a relação do analisante com a pessoa do analista. O desejo de analista só pode ser definido como tendo por objeto a análise e como tal se diferencia radicalmente de qualquer outro desejo, desejo de saber[10], desejo de curar – transitivo ou intransitivo, objetivo ou subjetivo –, desejo de felicidade, saído de ou que tem como objetivo algum humanismo, tão benfeitor quanto seja.

Se seguirmos essa via traçada por Lacan com a introdução da noção de "desejo do analista", nos encontramos confrontados com a idéia de que esse desejo mantém uma certa relação com o que se chama "a diferença absoluta"[11], a qual de modo algum remete a um "ser analista", mas simples-

---

[9] Devemos a distinção entre desejo do analista e desejo de analista a Claude Dumézil, que introduz, com isso, uma ferramenta muito esclarecedora quanto ao prosseguimento do trabalho de Lacan sobre a transferência.

[10] Porque, nesse caso, fica-se na transferência de amor, na medida em que "A questão do amor está assim ligada à do saber" – mas o ódio não foi "colocado em seu lugar" na função do saber (Lacan, *Encore*, ob. cit., p. 84). Por outro lado, sabemos até que ponto Édipo foi no desejo de saber sempre mais!

[11] Essa noção aparece pela primeira vez em Lacan em 1964, no fim do seminário *Les quatre concepts fondamentaux de la psychanalyse*, do qual são estas as últimas palavras: "O desejo do analista não é um desejo puro. É um desejo de obter a diferença absoluta, aquela que intervém quando, confrontado com o significante primordial, o sujeito vem pela primeira vez em posição de se assujeitar a ele" (ob. cit., p. 248).

mente dá conta da maneira como o sujeito está às voltas com o significante, até em sua relação com o outro e sobretudo como se encontra assujeitado ao significante primordial, se no decorrer de uma análise com ele se vê confrontado. É aí que sobrevém, nos diz Lacan[12], o "desejo de analista" enquanto "desejo de obter a diferença absoluta".

Há, é claro, um preço a pagar por isso e os protagonistas analisantes e analistas o pagam no decurso de cada análise. Para precisar de que tipo é esse preço, de bom grado lembraremos o que M. Safouan[13] conta, a propósito de uma das últimas reuniões do júri de assentimento da ex-EFP, que Lacan observou que o preço a pagar para que se realize a conquista do inconsciente durante uma análise, preço "sem igual", era o de um "agravamento das dificuldades naturais entre os sexos". O que é coerente com a asserção muitas vezes repetida segundo a qual "o discurso analítico só se sustenta pelo enunciado de que não há, de que é impossível colocar-se a relação sexual"[14]. Ora, é precisamente nessa impossibilidade que o desejo do analista, de alguma maneira, se encontra engajado.

Ao "tudo é sexual" de Freud, Lacan contrapõe "não há relação sexual". Diante disso, o desejo de analista só pode se inscrever falhando quanto a toda veleidade de trazer uma solução, o que o situa na ordem lógica de uma descoberta que o distingue, no entanto, de todo desejo de saber.

Evidentemente, essa disjunção se opera apenas na medida em que o analista não responde à demanda, e não em virtude da frustração, mas porque ele ao menos sabe que o pedido do analisante, pelo fato de se articular em significantes, deixa correr sob ele um resto metonímico.

O ato do analista não é, portanto, uma prática de aplicação de um conhecimento. O critério de sua posição não é que ele compreenda, porque "é na medida em que acreditamos poder responder à demanda que estamos com o sentimento de compreender"[15]. O analista, privado de um

---

[12] Ibid.

[13] M. Safouan, *Jacques Lacan et la question de la formation des analystes*, Paris, Seuil, 1983.

[14] J. Lacan, *Encore*, p. 14.

[15] J. Lacan, *D'un Autre à l'autre*, ob. cit.

gozo de responder ou de compreender, se encontra como resto do que perdeu por causa da inadequação radical do sujeito ao saber.

Mas, então, se torna difícil saber com qual ingrediente é fabricado esse desejo de analista, de que estrutura ele procede.

Aos olhos do analisante, na medida em que o analista não responde ao seu pedido, o desejo de analista vem ocupar uma hiância, correspondendo essa hiância ao desejo do Outro que permaneceu enigmático.

Lembremos que, no início de uma cura psicanalítica, nos primeiros tempos da transferência, que se parecem com uma espécie de "lua-de-mel", o analisante mantém com seu analista uma relação que lhe permite sentir-se satisfeito e amado; o que é dizer que, se ela gravita em torno desse significante privilegiado, que se o nomeie como "Ideal do eu". Entretanto, nem sempre é fácil, mas regularmente muito arriscado, quando se é o suporte de uma tal formação do inconsciente, ter que "decair" dessa idealização para ser o suporte do *a* separador[16].

Afirmamos que é a função do desejo de analista introduzir esse processo de separação. Lacan situa o analista, na medida em que ele consegue decair dessa primeira identificação, como "o hipnotizado por uma hipnose ao avesso"[17].

Com essa fórmula ele faz alusão ao artigo de Freud *Hypnose und Verlibkeit*[18], no qual este analisa as diferentes formas pelas quais um objeto substantificado pode ocupar o lugar do Ideal do eu e os estados amorosos que daí decorrem.

É rapidamente atravessada a distância entre o estado amoroso e a hipnose: mesma submissão, mesma humilhação, mesmo abandono e, acima de tudo, mesma ausência de crítica. Não há nenhuma dúvida, nos diz Freud, de que o hipnotizador tomou o lugar do Ideal do eu. Mas, e é a grande diferença por relação a um outro tipo de amor, "a relação hipnótica consiste numa relação amorosa total, excluindo-se toda satisfação sexual, enquanto, no estado amoroso, essa satisfação se encontra recalcada

[16] J. Lacan, *Les quatre concepts fondamentaux de la psychanalyse*, ob. cit., p. 245.
[17] Ibid.
[18] S. Freud, "État amoureux et hypnose", em *Psychologie colletive et analyse du moi*, em *Essais de psychanalyse*, Paris, Payot, 1989, p. 137.

apenas momentaneamente e sempre figura, no pano de fundo, a título de objetivo possível"[19].

Assim, é pelo amor de transferência que a demanda encontra a identificação: identificação significante com o Ideal do eu, de onde o sujeito se verá mais amável.

Lacan criticou a concepção segundo a qual uma tal identificação poderia marcar o final de uma análise, e é apenas com a noção de desejo de analista que uma ultrapassagem do plano da identificação aparece como possível.

A condução da análise consiste então em deixar vazio o lugar do que era Ideal do eu, em não substituí-lo por nenhum objeto, de tal modo que possa ser instaurada uma distância entre identificação e objeto. Nessa medida, o desejo de analista tende para a direção contrária a toda identificação e assim se exclui de toda satisfação sexual, o que o situa na manutenção da diferença absoluta. Pode-se, portanto, dizer que o desejo de analista visa a obtenção dessa diferença absoluta?

É nesse ponto que reside toda a dificuldade da definição. Com efeito, se facilmente podemos admitir o que Lacan nomeia por desejo X, desejo do analista como desejo não referível ao desejo sexual e, entretanto, desejo simbólico, não resta menos que se poderia então relacioná-lo com o desejo dessexualizado que Freud reconhece na sublimação. Este último ponto merece uma discussão de doutrina, porque, se Freud se agarra a uma definição da sublimação como processo pulsional, Lacan, em contrapartida, no seminário sobre a relação de objeto, define a sublimação como a "maneira pela qual uma certa experiência compõe com esse termo último da relação humana [...] Outro absoluto [...], fechado [...], impenetrável [...], a figura da morte, reintroduzindo aí toda a vida das trocas imaginárias, fazendo que essa alteridade essencial seja habitada por uma relação de miragem"[20].

Então, é na relação com o objeto que se pode apreender qual é a questão na sublimação, e Lacan precisa que se trata "de elevar um objeto, enquanto significante, à dignidade da coisa"[21].

---

[19] Ibid.

[20] J. Lacan, *Le Séminaire, livre IV, La relation d'objet*, Paris, Seuil, 1994, p. 431.

[21] J. Lacan, *L'éthique de la psychanalyse*, ob. cit., p. 132.

O analista seria aquele que cria um objeto na análise? Se fosse esse o caso, isso equivaleria a situá-lo novamente segundo a perspectiva freudiana, isto é, na alternativa entre sublimação e recalque, do lado do primeiro termo, o que assim traria o impasse quanto à pulsão de morte. Não é ele, antes, aquele que, ocupando o lugar de objeto *a*, não pode ceder quanto a seu desejo de analista, o que seria ao preço de uma confrontação com "o Outro absoluto, figura da morte", e isso sem nenhuma acomodação possível, porque o objeto causa do desejo justamente não é nenhum objeto em si? Aparece, portanto, como contraditório que esse desejo de analista seja uma sublimação, na medida em que implicaria, para sua realização, a criação de um objeto, que não pode ser o objeto *a*. A menos, é claro, que se pense que o analista tenha "a psicanálise" como objeto, o que, afinal, é uma via possível da sublimação, mas que, reconheçamos, teria por conseqüência instalar o psicanalista num papel místico.

Assim, como vimos precedentemente, o desejo de analista é um "desejo mais forte" no sentido em que ele não é nada de mais forte que o desejo de morte, o que nada tem a ver com o desejo sexual, ainda menos com a sublimação.

Formularemos, portanto, a hipótese de que o desejo em posição de X[22], que tende para essa "diferença", não é um desejo sexual, mas também não é indiferente ao que "não pode se escrever da relação sexual". É por esse "inomeável" que o analista mantém sua função enquanto "desejo de analista", função cuja conseqüência seria sustentar um discurso tal que possa nomear-se o inomeável, isto é, o real, na medida em que o sujeito, como efeito de significação, é "resposta do real" e é disso que se ocupa o discurso analítico. Poderíamos dizer que se trata de um "para-além" da diferença dos sexos. Em suma, se o analista deve poder decair do lugar que a transferência lhe assinala para (se) introduzir como objeto *a* separador, a direção da análise consiste então em fazê-lo passar do lugar de objeto de desejo para o de objeto causa de desejo, lugar no qual ele pode fazer função de diferença absoluta.

---

[22] "O desejo do psicanalista é sua enunciação, a qual só poderia se operar se ele vier em posição de X" (Proposition du 9 octobre", ob. cit.). Com a passagem citada dos *Quatro conceitos* (cf. acima, nota 11), esta é um dos dois únicos momentos privilegiados nos quais Lacan desenvolve, em algumas linhas, a noção de desejo do analista.

Aqui se apresenta uma nova dificuldade. Ao se encontrar como objeto causa do desejo, o analista encontra seu próprio limite: continuando a causar o desejo do analisante, mesmo se não é mais que o representante representativo do objeto *a*, e persistindo nesse efeito tanto tempo quanto o luto do objeto *a* persiste no próprio analisante, isso de maneira maníaco-depressiva, como observa Lacan[23]. Segue-se que um final de análise só pode ser concebido após um luto exitoso não do objeto, mas do objeto *a* em particular, objeto causa do desejo.

Isso é possível, e não tocamos aqui nos "limites" de uma análise?

Sem dúvida, é nesse ponto que deve intervir o desejo do analista verdadeiramente como função, de tal modo que ele vem operar em posição de X, isto é, efetuar uma verdadeira separação, de maneira a que, mesmo como objeto perdido, o objeto *a* não seja mais causa do desejo do analisante.

Essa última opção manterá de fato a distância entre desejo e identificação e assim permitirá evitar esse falso fim de partida que se pôde designar com a expressão "identificação com o analista".

Mas o que acontece com o sintoma, já que o neurótico tem um desejo que só pode se manter ao preço de seus sintomas, da mesma forma que o analista também tem seu sintoma, a psicanálise? Essa questão não deve ocultar que, se o pedido do Outro é tomado, no neurótico, como causa do desejo, não poderia ser assim para o analista, que sustenta seu desejo apenas por procuração como uma imagem de *a*[24], como faz o neurótico. Nesse sentido, o desejo de analista vem representar a estrutura mesma do desejo, segundo a fórmula: o desejo é o desejo do Outro. É apenas *après-coup* que o desejo entrega sua estrutura; ele ao mesmo tempo já está lá e é produzido pela operação analítica, a qual se paga por uma renunciação* ao gozo, isto

[23] "L'étourdit", em *Scilicet* 4, ob. cit., p. 44.

[24] "É apenas pelo vestir a imagem de si que vem envolver o objeto causa do desejo que se sustenta, com mais freqüência – é a articulação mesma da análise –, a relação objetal", *Encore*, ob. cit., p. 85.

* Em francês, *renoncement* e *renonciation* não têm o mesmo espectro semântico; o *renoncement* se refere à renúncia como "abstinência", "abnegação", "sacrifício", enquanto a *renonciation* está mais ligada a "abandono", "abdicação", além de incluir a "enunciação". (NT)

é, pela renunciação – ou seja, aqui, uma re-enunciação – à função imaginária da imagem fálica.

Toda a problemática da passagem de analisante a analista se condensa, portanto, nessa formulação da "diferença absoluta". Com efeito, na travessia da fantasia, "o que se percebe é que a preensão do desejo é apenas a de um des-ser"[25], de onde a idéia de que, se o analista pode se votar a alguma coisa é ao agalma[26] da essência do desejo, cujo preço é a redução de sua pessoa e mesmo de seu nome ao significante qualquer. Compreenderemos em que, a partir daí, "o des-ser desvela o não-essencial do sujeito suposto saber"[27] e, conseqüentemente, por que não se pode chegar ao fim desse sujeito suposto saber sem ir até esse des-ser.

Essa concepção do desejo de analista como desejo X nos leva assim a considerar sua função como a de "puro desejante"[28] a quem se impõe empurrar a questão de seu desejo até essa possibilidade: que "qualquer sujeito" possa ocupar esse lugar. Isso exige, de sua parte, "abstrair-se, escamotear-se na relação com o outro, de alguma suposição de ser desejável"[29], tal como Sócrates, de quem Alcibíades queria tirar a confissão de seu agalma, simplesmente porque o desejante nada pode dizer dele mesmo, a não ser se abolindo como desejante.

Pode-se observar que essa definição do desejo do analista é perfeitamente adequada à teorização do objeto que Lacan se empenhou em elaborar, considerando o quanto a relação primordial que institui sua ausência na origem o qualifica justamente como "inomeável". Ele não está lá, nunca é plenamente satisfeita a pulsão. Entretanto, é precisamente por causa disso que ele cria a diferença, e a ausência é dela o signo. Quase se pode chegar a dizer que a busca do objeto é mesmo o objeto de que o analista deve dar a razão.

---

25 Proposition du 9 octobre, ob. cit.

26 Ler, a esse respeito, a obra muito interessante de J.-L. Henrion, *La cause du désir, l'agalma de Platon à Lacan*, Paris, Point Hors Ligne, 1993.

27 Sabe-se que Lacan escreveu a relação do sujeito com o objeto como $\$ \lozenge a$, matema da fantasia, a qual sustenta o desejo e rege seu lugar entre o enunciado e a enunciação.

28 Que não deve ser confundido com "desejo puro". Lacan, *Le transfert*, ob. cit., p. 428.

29 Ibid.

Para tornar mais fina essa noção, faremos a hipótese de que o que Lacan enuncia como sendo a "diferença absoluta" e que introduz o desejo de analista tem algo a ver com o que "não pode se escrever da relação sexual", isto é, com a questão da unidade, do UM.

Platão, em seu tempo, evoca esse "um puro", esse verdadeiramente um, não conhecível, isto é, essa unidade pura, cuja conseqüência seria que nenhum nome lhe diz respeito, que ele seja inomeável: "Não há portanto alguém, ninguém que o conheça"[30].

Certo, com Platão o registro é o da categoria mais ôntica do ser, não do sujeito do inconsciente. Entretanto, essa noção do "um puro" só pode nos reter no que ela oferece uma apreensão da idéia segundo a qual é exatamente a diferença que cria as condições do conhecimento. Estamos aí confrontados com a questão da "alteridade" e do "mesmo", que em outros termos sempre levanta o problema do "um" e do "múltiplo". De bom grado definiremos, portanto, o discurso do analista como o discurso que procede das condições do nomeável, ao mesmo tempo tendo como tarefa incessantemente se referir ao não-nomeável. Nisso ele constituiria o discurso da alteridade por excelência – se não fosse preciso desconfiar das formas de idealização possíveis de uma tal definição.

Segundo Platão, o que não existe não tem nome e não pode, por isso, entrar no discurso, a não ser pela introdução da negação. Ora, é precisamente pela negação que pode ser introduzida a diferença e assim constituir a marca da diferença na linguagem.

Mas o que mais interessa ao psicanalista em suas fontes filosóficas é que a negação seja o indicativo mesmo da alteridade. Com efeito, todo o valor dessa concepção é pôr em evidência que "dizer não" de modo algum é apequenador; o "não-grande" simplesmente representa a possibilidade de introduzir coisa diferente do grande, não de anulá-lo. A negação é, portanto, essencialmente, alteridade e cria uma série de relações com o que é negado. Essa concepção da negação verifica toda a sua pertinência no que se refere ao objeto em psicanálise e à relação primordial que sua ausência originária constitui. Pelo único fato de sua não-presença, o objeto negado

---

[30] Platão, *Parménide*, 142 A.

suscita a criação de relações com sua própria negação e permite que sejam fabricados, em seu lugar, outros objetos.

Encontramos essa idéia em Peirce, no qual Lacan amplamente se inspirou[31]. Com efeito, segundo Peirce, não se pode contrapor o "vazio" a "alguma coisa", porque pôr o vazio equivale a inscrevê-lo. Assim, a repetição de uma inexistência não se repete como tal, o que vale para toda inscrição. A negação é, assim, elevada ao nível de função, em relação à qual é o conjunto vazio que inscreve como impossível o conjunto dos elementos pertinentes que a fundam.

Negação significa, portanto, diferença, na medida em que a diferença não implica ruptura, mas, muito pelo contrário, institui a relação com o objeto por relação ao qual a diferença como negação é postulada.

O que interessa a psicanálise nessa "ausência [*ab-sence*]", que podemos escrever, nesse caso, ab-senso [*ab-sens*][32], é que ela não remete nem a um "mais" nem a um "menos", mas a um neutro bem distante da pretensa "neutralidade benevolente" e que procede mais da exceção, mais precisamente desse "um que diz não"[33], expressão a que Lacan recorreu em sua escrita das fórmulas da sexuação. Escrita que permite enunciar um "para-além" das diferenças dos sexos a partir do qual a noção de diferença pode se colocar em termos não mais anatômicos, mas lógicos, e em que feminilidade e masculinidade se tornam mais questão de gramática que de diferença anatômica: "É uma escrita para inventar o real ali onde a relação sexual não pára de não se escrever". As conseqüências dessa concepção do desejo de analista na condução da análise são de primeira importância.

Lacan radicaliza a negação ao aplicá-la à relação sexual e com essa equivalência enuncia o princípio essencial da psicanálise, o que é para ele o "fundamento mesmo": "Não há relação sexual"[34].

---

[31] Particularmente no Seminário ... *Ou pire* (inédito), sessão de 14 de junho de 1972, durante a qual Lacan deixa a palavra a Recanati.

[32] Esse ponto mereceria discussão por sua complexidade contraditória: com esse termo, Lacan designa a forma como Freud induz a idéia do "sexo" como ab-senso, mas também o Ab-senso da relação sexual (em "L'étourdit", ob. cit., p. 8).

[33] *Le savoir du psychanalyste*, sessão de 1 de junho de 1972 (inédito).

[34] "Enunciei, colocando-o no presente, que não há relação sexual. É o fundamento mesmo da psicanálise, pelo menos eu me permiti dizê-lo", *Le moment de conclure*, sessão de 11 de abril de 1978 (inédito).

Esse "um que diz não" deve ser lido como a proposição: existe ao menos um para quem a função fálica não é verificada, ou não é verdadeira; a fórmula é também uma maneira de escrever a função do pai[35].

As fórmulas da sexuação estão organizadas por uma certa lógica da negação. O lugar da negação com relação a um X será determinante quanto à relação de um sujeito com o sexo:

$$\exists x\ \overline{\Phi x} \qquad \overline{\exists x}\ \overline{\Phi x}$$
$$\forall x\ \Phi x \qquad \overline{\forall x}\ \Phi x$$

Nada diferenciaria a parte esquerda (masculinidade) da parte direita (feminilidade) a não ser a negação e seu lugar. Então, a negação determina a diferença.

O X está presente em cada fórmula. Do lado esquerdo, lado masculino, uma contradição importante: é o "um" que se excetua de "todos" que assegura essa totalidade, esse "todos", e confirma a regra – há "ao menos um" que não está submetido a ela. Do lado direito, lado feminino, "Não todas" estão a ela submetidas; ela não se reconhecem como todas submetidas a essa mesma lei.

O recurso ao conceito de falo[36] permite a Freud não ficar mais prisioneiro da formulação anatômica da diferença dos sexos. No entanto, ele não pode se desfazer da idéia de que os sexos se definiriam de maneira simétrica por relação ao falo, ligado que ele fica a esse universal do "ao menos um" da exceção. O fato de que para todo X existe a função fálica, de que todo X a ela está submetido, $\forall x\ \ \Phi x$, é o que mantém o erro na doutrina freudiana, segundo a qual haveria desejo, libido, apenas sob o modelo masculino[37].

Lacan contribui com a precisão bastante "bem-vinda" segundo a qual, do lado feminino, não é a exceção que confirma a regra, é sua negação que

---

[35] J. Lacan, *Le Séminaire, livre XX, Encore*, ob. cit., p. 74.

[36] Para Lacan, o falo é o significante que não tem significado: "Que se apóia, no homem, em seu gozo fálico". A mulher pode ter relação com, mas justamente "não toda", porque ela também tem "relação com S ($\not{A}$), é nisso que ela se desdobra", *Encore*, ob. cit., p. 75.

[37] J. Lacan, *Le savoir du psychanalyste*, ob. cit., sessão de 1 de junho de 1972.

torna, assim, contraditório o universal. A exceção que confirma a regra, "Não há universal [proposição] que não deva conter uma existência que a nega"[38], é substituída por ele, do lado feminino, pela negação mesma dessa exceção, negação que torna o universal contraditório e assim permite sair do impasse. É nessa dissimetria na maneira que o homem e a mulher têm de se referir de modo diferente ao falo, ou, mais exatamente, à função paterna que reside o "não há relação sexual". Inexistência, Ab-senso, que permite pôr um "para-além" da diferença dos sexos, que postulamos como estando muito próximo do desejo de analista.

Por causa desse "não há relação sexual", é preciso que algo faça suplência: no que o falo encontra sua essencial função, sua *Bedeutung*, que é de suplência. Ora, para que essa existência do falo seja possível, é preciso que, num certo ponto do discurso, uma categoria "testemunhe a inexatidão da função fálica para que colocá-la seja possível"[39].

O desejo de analista deve ser situado num "para-além" da diferença dos sexos, na medida em que ele se define numa certa relação com a função fálica que não se enuncia nem como o "ao menos um" nem como o "não-todas" – ainda que essa última ocorrência não deixe de poder oferecer uma vantagem quanto à questão de um "gozo outro"[40].

De fato, o desejo de analista é função bem mais que desejo, a ser nomeada "Função desejo de analista" – mais exatamente, parece-nos correto fazer prevalecer o que esse desejo introduz como função.

Função que, nesse sentido, deve ser distinguida de sua acepção na noção de função fálica, embora, em ambos os casos, Lacan empregue o conceito de função de maneira muito rigorosa, tomando-o do uso lógico-

---

[38] "L'étourdit", loc. cit., p. 7.

[39] Ibid., p. 14.

[40] Essa proximidade tem mais a ver com S (Ⱥ), isto é, com não haver garantia da verdade a não ser com o gozo, porque o analista não goza, "S (Ⱥ), que mais é que a impossibilidade de dizer tudo sobre o verdadeiro?" (*Encore*, ob. cit., p. 87). No entanto, a dificuldade permanece, porque S (Ⱥ) continua um gozo: "Se com esse S (Ⱥ) eu não designo nada mais que o gozo da mulher..." (ibid., p. 78). Fica difícil, então, situar o desejo do analista do lado das mulheres em razão de que o gozo aí permanece.

matemático de Frege[41]. Assim, a função fálica permite definir o falo como significante sem significado e passar do "objeto" causa do desejo ao "falo" como significante da causa do desejo.

A teoria de Frege, que distingue sentido (*Sinn*) e referente (*Bedeutung*) de um signo, permite definir de maneira muito precisa o que são uma "função" e um "argumento" em aritmética e, segundo a lógica dos predicados, uma "função" e um "objeto" num enunciado.

Segundo Frege, o argumento não faz parte, propriamente falando, da função. Esta adquire valores diferentes de acordo com os argumentos que substituem esse não conhecido que é o X, e é saturada se um nome próprio vem no lugar de X.

Seja uma função f(x) tal que $2x^3 + x$: a função é $2\,(\ )^3 + (\ )$; o argumento X não faz parte dela.

A função é, portanto, uma espécie de estrutura fixa com um lugar vazio, um espaço reservado para o argumento.

Parece que o desejo de analista como função corresponde a essa mesma estrutura. Essa escrita oferece a imagem do que Frege chamou furo, o lugar vazio em que deve tomar lugar o X do argumento, necessário para a constituição de uma expressão completa. Parece então justificado falar de "função desejo de analista", no sentido em que aí não se pode tratar de nenhum objeto de desejo, mas de um lugar vazio em que o X vem em lugar de argumento na função. Assim, o desejo de analista é sua enunciação – acrescentemos: sua enunciação por relação ao falo, a qual, como precisa Lacan, "só poderia se operar se ele vier em posição de X"[42] na função em que o espaço vazio do argumento, ( ), lhe é reservado.

---

[41] Cf. acima, I, capítulos 6 (nota 4) e 9 (nota 8).

[42] Loc. cit., acima, nota 22.

2

O desejo de analista: um enigma?

Com essa idéia de que existem sonhos de desejo, decerto, mas de desejo não sexual[1], Lacan nos oferece algo inteiramente novo na condução da análise, algo que encontra sua justificativa nessa hipótese de que o desejo do analista precisamente tem a ver, de muito perto, com essa categoria de desejo: um desejo não sexual, mais forte que o desejo sexual.

Lacan toma o exemplo do sonho da injeção em Irma, que, diz ele, "nada tem a ver com o desejo sexual, mesmo que tenha todas as aplicações de transferência que nos convêm". Ele radicaliza sua proposta: "o único desejo fundamental no sono é o desejo de dormir"[2]. Assim, se Freud pôde dizer que "os sonhos eram sonhos de desejo", ele nunca disse que era desejo sexual. Ele vai ainda um pouco mais longe na provocação, ao afirmar: "O que é que um sonho faz? Não satisfaz o desejo"[3]. "Também não a transferência", acrescentaríamos de bom grado.

Existe, portanto, uma relação estreita entre sono e sonho, nessa interseção da psique e do soma que se revela como o lugar mesmo do desejo, desejo em relação ao qual ambos, o sono e o sonho, assegurariam uma função

---

[1] ... *Ou pire*, ob. cit., sessão de 14 de junho de 1972.

[2] Ibid.

[3] Ibid.

inibidora, oferecendo o sonho, entretanto, a possibilidade de uma inibição ativa, na medida em que oferece esse ponto em que "se aloja o Simbólico"[4].

Cada um a seu modo, sono e sonho permitem, portanto, a "suspensão do gozar".

O sonho segundo Lacan não é mais a satisfação de um desejo, mas a ferramenta "para suspender essa ambigüidade que há na relação do corpo com ele mesmo, e o sono é o que lhe permite, portanto, efetivamente a suspensão, a suspensão do que é "Gozar de Si" no estado de vigília quando o corpo se bate, se faz mal..."[5].

O sono se revela, portanto, como o que suspende a relação do corpo com o gozo, e o sonho é seu instrumento, na medida em que se trata de pôr essa equação do desejo que "é igual a zero"[6].

É preciso que algo se anule, se não o sonho intervém, sonho que é a única forma de entrever o que liga o desejo do sonho com o inconsciente: "É a forma como é preciso trabalhar para resolver o problema de uma equação igual a zero". Lacan chama essa anulação "O que não tem razão de ser"[7], formulação que nos parece a mais apropriada para dar conta dessa categoria de desejo que aparece no sonho no caso em que a fantasia não pode resolvê-la e na qual se toca manifestamente em algo que se produziu e que é o "encontro de onde procede a Neurose, a fenda enquanto ela não tem solução".

"Trata-se aí da questão do desejo na medida em que ela se reporta a bem mais longe, à estrutura graças à qual é o *a* que é a causa da *Spaltung* do sujeito"[8]. É nesse sentido que o sonho é "o ponto onde se aloja o Simbólico, o sonho total é a Morte"[9].

"O que não tem razão de ser": essa fórmula leva a pensar que a diferença sexual não é mais um traço essencial, na medida em que se toca na estrutura mesma do sujeito. É bem sobre esse ponto que age o desejo do

[4] J. Lacan, resposta a uma pergunta de C. Millot, em *L'Âne*, nº 3, 1981, p. 3.

[5] ... *Ou pire*, ob. cit., sessão de 14 de junho de 1972.

[6] Ibid., sessão de 21 de junho de 1972.

[7] Ibid.

[8] Ibid.

[9] Resposta a uma pergunta de C. Millot, ob. cit.

analista, desejo que é "igual a zero", desejo neutro, não por essa escroqueria que se chamou "Neutralidade benevolente", mas por essa "Neutralidade" fundamental que Heidegger evoca a propósito do *dasein*, do ser-aí – e de cuja concepção depende a "atenção flutuante".

A evocação de um desejo do Analista que se define mais como um "ser-aí" que como uma categoria sexuada aparecerá, por relação a nossa abordagem da função-desejo de analista, como das mais pertinentes, desde que a ela se acrescente a seguinte determinação: um "ser-aí" – "sem razão de ser". Com efeito, o termo neutralidade significa que o *dasein* não é de nenhum dos dois sexos (*keines von beiden Geschlechter ist*), o que não significa que o analista seja assexuado, mas que seu desejo não é um desejo sexual no sentido sexuado do termo, desejo de homem ou de mulher. Sua função é, antes, ir no sentido da desligação da bipolaridade sexual em sua manifestação habitual, desligação que, entretanto, não é uma dessexualização, a qual levaria então o desejo do analista na direção de uma sublimação, o que recusamos no capítulo precedente.

A "neutralidade" do desejo de analista, no sentido de um "ser-aí sem razão de ser" o inclina, antes, para se liberar das marcas da diferença no sentido da dualidade sexual. E a apresentar um "desejo mais forte" que é a condição imperativa de toda atenção dita "flutuante".

É nisso que o desejo de Analista está próximo do que Lacan chamou a "pura diferença" e aparece em toda a sua contigüidade e toda a sua analogia com o que não pode se escrever da relação sexual. Essa vizinhança, crucial, nos parece dever ser mantida, porque, se o desejo do Analista não é essa função que impede o recalque da não-relação sexual, não se pode, durante uma análise, entender nada da maneira como a linguagem nega a morte, justamente graças ao recalque da não-relação sexual. Assim, a linguagem permanece ambígua, no que suplementa a ausência dessa relação e, por isso, mascara a morte – exercendo aí, talvez, sua função essencial.

O desejo do Analista, ao introduzir essa função de pura diferença, diz respeito, portanto, a esse ab-senso, esse não-senso do real como constituído pela não-relação sexual: "[Do mesmo modo que] os sonhos, no ser que fala, dizem respeito a esse ab-senso"[10].

---

[10] Ibid.

Enfim, última conseqüência de importância dessa concepção do sonho, lembremos esta preciosa indicação de Lacan: "A chave do sonho deve ser a mesma coisa que a chave da neurose e que a chave da cura psicanalítica"[11].

Nessa perspectiva, é do lado do sonho que se situa a morte e "o que Freud imagina da pulsão de morte, [que] comporta que o despertar do corpo é sua destruição"[12] – sendo o sonho o que permite ao corpo durar. Assim, nunca despertamos completamente...

Entretanto, concluiremos com o fato de que, se o desejo do Analista tem como função "ser-aí sem razão de ser", então essa função só pode suscitar o despertar, tanto no Analista quanto no analisante, e, a partir daí, impedir de colocar o impasse na questão da morte.

Reteremos que a *talking cure*, em virtude da necessidade, mas também da resistência que a linguagem promove no que se refere à morte, tende a encontrar seu limite numa condução de análise que se limitaria apenas à análise da transferência.

Igualmente, a introdução da noção de desejo de analista como função permite reabrir a questão de uma possível *tiquê* com a pulsão de morte, no que o sonho se situa numa contigüidade máxima com a morte.

---

[11] J. Lacan, *Le Séminaire, livre II, Le moi dans la théorie de Freud e dans la technique de la psychanalyse*, Paris, Seuil, 1978, p. 189.

[12] Resposta a uma pergunta de C. Millot, ob. cit.

3

O desejo do analista é formável?

Em 10 de junho de 1964, Lacan introduzia sua conferência de fundação da EFP fazendo notar que o objetivo de seu ensino havia sido e continuava sendo formar analistas.

Eis que, há mais de trinta anos, a formação dos analistas já estava na ordem do dia, em razão do pequeníssimo número de critérios que uma no entanto "longa experiência", já atravessada por muitos, havia permitido estabelecer quanto a sua definição.

Lacan sublinhava que, mesmo não tendo o analista nenhum "além substancial" ao qual relacionar o sentimento pelo qual se sentia fundado em exercer sua função, não resta menos que ele aí obtinha esse "valor inexprimível da confiança de um sujeito como tal".

Então, ele não podia evitar saber o que significava essa confiança para aquele que aí se fiava.

Assim, a formação do psicanalista exigia que ele soubesse em torno de que gravitava sua prática, qual era esse ponto pivô, que Lacan designa com o nome de "desejo do analista".

Hoje as coisas mudaram muito – não obstante o episódico forçamento a propósito da questão de confiança, sempre e ainda relançada? O analista sabe mais sobre o desejo que o funda? Questões que, apesar de parecerem não pertinentes, guardam toda pertinência, e toda oportunidade.

Ao enunciar essa máxima decisiva, "O analista só se autoriza por ele mesmo", Lacan, em 1967, rompia com os padrões de formação estabelecidos pela IPA.

É na segunda escrita de sua proposição sobre o passe que ele indica que esse enunciado concorda com os princípios fundadores de sua escola.

Trata-se, portanto, de um ato cuja enunciação produziria analista. Evidentemente, um tal ato não dá conta, propriamente falando, da formação do analista, mas, antes, de em que o analista é apenas uma formação. A ênfase é colocada no momento em que o analisante engajado numa análise decide "passar a analista" e conduzir "sob sua própria responsabilidade" uma análise. Isso implica que ele seja o único que pode saber alguma coisa dessa decisão, desse desejo, e, talvez, inclusive teorizá-la, na medida em que seja capaz de fazê-la passar a outros.

Até aí, tudo inteiramente coerente com a idéia de que o analista é apenas um "suposto saber" e de que ele retira sua consistência da linguagem, isto é, do significante, mas também de que ele pode ser, pelo fato desse saber eminentemente singular, e totalmente relativo, destituído de sua posição.

Mas, se o inconsciente é a ser lido, a ser decifrado como cadeia significante recalcada e, portanto, a ser interpretada, isto é, a ser deformada, o alcance ético da máxima que quer que "o analista só se autoriza por ele mesmo" parece assim reduzir a formação a uma simples *deformação*, pelo que se registrará, aos olhos de muitos e no curso em vigor, sua desvalorização imediata e considerável. Aceitemos, entretanto, uma tal denominação, com seu caráter aparentemente pejorativo. Essa necessária deformação se contrapunha, à época, às antigas *formações*, que, concedendo um selo, chegavam apenas a um título ou a um rótulo profissional e fechavam o próprio analista a todo questionamento sobre seu desejo, "instalando-o" numa poltrona de pedra.

Que nos seja permitido aqui, à maneira de apólogo, a ocorrência de uma breve vinheta clínica de analista começando análise e supervisão.

No difícil trajeto que leva do divã à poltrona, a supervisão, colocação em jogo de três protagonistas pelo menos, marca uma escansão que permite ao analista não afundar e se fechar nas supostas condições de sua função, inclusive em detrimento de todo suposto saber nele.

A prática nascente de alguém que está se tornando analista por vezes entra por desvios caóticos e inesperados e, por pouco que ele obedeça ao rito da instalação, tão valorizado nas profissões liberais e tão pouco compatível com a função-analista, ele se verá confrontado com imprevistos, freqüentemente desconcertantes, da livre associação, assim como com o saber não suposto de seu paciente, improvisando o revezamento do suposto seu em síncope.

O que se narrará, portanto, é um dos momentos cruciais da confrontação de um jovem analista com o desejo que o havia precipitado nesse ato. Sem com isso subscrever ao conformismo, o analista, nesses começos, pode ter que se balizar por alguns esquemas teóricos ou práticos – não estando excluído que ele se refira, inconscientemente, a alguma imagem ideal, inclusive a alguma representação, que confine com a imageria, do praticante-modelo. Assim, para "fazer analista" não é preciso consultório, gabinete, poltrona e divã, objetos e estatuetas, eminentes insígnias, que trazem consigo o imaginário, dessa prática freudiana com acentos ainda vívidos das reminiscências vienenses. Clichês, todos, aos quais os próprios analistas não escapam muito, a menos que, de maneira inesperada, se vejam confrontados com a escuta de seus primeiros pacientes sem estar ainda "rodados" quanto às suas modalidades práticas.

Basta que crianças inaugurem essa prática nascente e façam a experiência dela, próximas ainda do nascimento como de todo nascimento, e elas remeterão muito rápido, em sua ingenuidade, aquele que as escuta ao seu próprio.

Foi assim que, por ocasião de um primeiro encontro com um menino e sua mãe, não havia ainda consultório para esse jovem analista, mas um cômodo arranjado às pressas para as necessidades da causa.

Tudo, nesse cômodo convertido, lhe parecia apropriado, irretocável – exceto por um detalhe: uma cama levantada e cuidadosamente escondida atrás de uma cortina.

Mas quem sabia disso, exceto nosso analisante impetrante, do qual ela se tornou uma verdadeira obsessão, a ponto de, desde antes do primeiro encontro, toda a sua inquietação se focalizar na seguinte questão: a criança iria ver o que havia atrás da cortina, segredo que ele, o analista, era o único suposto saber?

Como se podia esperar, foi o primeiro ato cometido pela criança nesse consultório no entanto tão bem ajeitado; o que, na duplicação do imaginário pelo real, projeta imediatamente o analista num pedido de supervisão, para saber alguma coisa sobre a angústia suscitada nele por esse acontecimento. Tendo se precipitado para o mais antigo, em quem encontra uma tranqüilidade desconcertante, ele só obtém essas poucas palavras: "Você não acreditava que, de todo modo, cedo ou tarde, esse menino chegaria a ir ver o que havia atrás da cortina do quarto de seus pais?"... Esse impetrante empedrado num drama tão imaginário quanto mítico, esse jovem suposto saber havia acreditado poder desviar o sujeito para não ver isso. O que seu jovem paciente se encarregou de fazê-lo saber, num verdadeiro co-nascimento* ... Agradeçamos hoje a esse antigo por ter também sabido não misturar controle dos conhecimentos e saber suposto.

O postulado de Lacan, "O analista só se autoriza por ele mesmo", vinha, portanto, numa radical novidade e precipitava o analista, por esse enunciado, num questionamento e numa vigilância com relação a seu desejo que fazia função em cada análise.

Ele não dispensa sempre, hoje como há trinta anos, algumas questões primeiras, que lhe são subjacentes. Por exemplo: o que é um analista, ou, mais exatamente, uma função-analista?

Digamos que o analista é alguém que quer prosseguir um certo tipo de operação para outros. A pergunta "de onde vem esse desejo?" parece nos obrigar, num primeiro tempo, à tautologia para toda resposta: um tal desejo viria precisamente desse desejo do analista tão inapreensível, tão difícil de conceitualizar. Esclareçamos, entretanto, que o analista só percebe esse tipo de desejo a partir de sua posição de analisante, a partir da qual ele pode testemunhar sobre a passagem a analista. Desta a formulação de Lacan dá conta da maneira mais próxima, e quase dá o fundamento metapsicológico, se pensarmos, com C. Conté[1], que o torneio pronominal, reforçado pelo reflexivo "por ele mesmo", na fórmula "só se autoriza por ele mesmo", está aí para reenviar, de modo preciso, à reversão da pulsão e ao circuito pulsional colocado em jogo na análise.

---

* Em francês, *co-naissance*. Jogo de palavras com *conaissance*, "conhecimento". (NT).

[1] C. Conté, 1er congrès interassociatif, *L'analyse et l'analyste*.

O que faz a formação de um analista é que ele saiba um pouco mais sobre as "deformações" de sua relação com o objeto; essas deformações o levam a formular demandas ao termo das quais, em nome de seu esgotamento durante a análise, lhe é dado perceber, "para-além", a estrutura fundamental do desejo que intimamente o divide. É nesse ponto, e em nenhum outro, que ele pode fazer função para outros. Nesse sentido, Lacan pôde dizer que nunca havia falado de formação do analista, mas de formações do inconsciente[2] – sendo a essencial entre estas a fantasia fundamental, com a resistência, última defesa que ela suscita. Então, seria inútil situar o analista no quadro de uma formação: não se forma analista, nenhuma disciplina de treinamento é prevista para esse uso e, se, em medicina, a "clínica do olhar" permite identificar síndromes precisas subseqüentemente a numerosas observações, em análise, a clínica, que é a da escuta, deve sua consistência a efeitos de verdade, isto é, de interpretação. "A relação analítica", diz Freud em *A análise terminada e a análise não terminada*, "está fundada no amor pela verdade, isto é, no reconhecimento da realidade"[3]. Nesse mesmo texto, algumas linhas adiante, Freud qualifica como *impossível* a profissão de analista, a mesmo título que as que consistem em governar e educar – ou seja: o discurso do Mestre e do Universitário. É na mesma veia que Lacan anuncia, em 1978[4], à guisa de formação, que "a análise é intransmissível": aí apenas retomando as afirmações de Freud e radicalizando-as, inclusive afirmando que cada analista seria "forçado a reinventar a psicanálise". Nessa fórmula, é preciso entender que a formação, para cada analista, seria uma deformação necessária que consistiria, "um por um", em efetuar a operação de (des)nomear a psicanálise de Freud, de tal modo que os significantes do desejo de cada um façam enunciação por esse mesmo ato. Uma tal enunciação coloca cada um em posição de *se autorizar*, e de só se autorizar por ele mesmo, fazendo assim "passar ao público". Está aí o sentido da expressão "reinventar a psicanálise". Postulado central que situa o sujeito do inconsciente no único campo em que ele pode se fazer conhecer,

---

2 J. Lacan, *Lettres de l'EFP*, nº 15, ob. cit., p. 191.

3 Em *Résultats, idées, problèmes*, Paris, PUF, 1985, p. 263.

4 Loc. cit. acima, I, cap. 7, nota 11.

isto é, como causa da repetição – sabendo que um "forçamento" é necessário para fazer passar a outros essa posição.

A formação do psicanalista se definirá, portanto, como uma clínica, que consiste do desejo de analista como função.

Aparece então como evidente que não há "ser" analista, nenhuma formação podendo trazer o garante dele. E, assim como em matemática o teorema de Gödel introduz um buraco que faz vacilar o *a priori* sobre o qual se funda toda lógica, *a priori* da identidade a si, do A = A como fundamento da verdade, na lógica do inconsciente, o "*Urverdrängt*", o recalque originário vem barrar o lugar do Outro para fazer função apenas de falta. A partir daí, um significante não pode significar a si mesmo[5], ele não é idêntico a si mesmo e, última conseqüência, não há Outro do Outro – não há garantia da verdade: S (Ⱥ). S (Ⱥ), único referente a partir do qual o analista pode ter em vista toda formação, constitui um dos pontos nodais dessa rede em torno da qual se articula toda a dialética do desejo, na medida em que se ela se escava entre enunciado e enunciação[6]. Com efeito, entre os dois se avalia toda a distância entre formação e deformação. O sujeito do enunciado se situa como formação do inconsciente e o da enunciação, como conseqüência da interpretação, isto é, como deformação: deformação que vem do Outro de onde o sujeito recebe sua própria mensagem sob uma forma invertida. Assim se estabelece uma equivalência constitutiva entre deformação e interpretação.

O termo Formação aparece, portanto, como inteiramente impróprio para qualificar o que se produz a partir da enunciação de um desejo. Preferiremos amplamente o termo Deformação, na medida em que o analista, no melhor dos casos, seria um "tornando-se analista", não sendo o "Analista" mais que uma função que se produz eventualmente a cada nova análise, pela atualização do desejo de um sujeito sustentando esse desejo, com as conseqüências de transferência que isso produz.

---

[5] Exceto ao preço de ser uma holófrase, que Lacan situa como o que se produziu nas crianças qualificadas de "débeis" ou na psicose: "... quando não há intervalo entre S_1 e S_2, quando o primeiro par de significantes se solidifica, se holofraseia...", *Les quatre concepts fondamentaux de la psychanalyse*, ob. cit., p. 215.

[6] J. Lacan, *D'un Autre à l'autre*, ob. cit., sessão de 11 d dezembro de 1968.

Mas, hoje, só se autorizar por si mesmo se tornou também *impróprio* – pelo menos se se trata de fazer seu consumo como o de um dos quaisquer e múltiplos objetos da sociedade de mesmo nome. E por duas razões. Com efeito, quando essa proposição foi enunciada, o quadro da escola garantia que "alguns outros" pudessem ouvi-la com bom discernimento. Por outro lado, essa enunciação teve que sofrer a sorte de toda enunciação que se torna enunciado coletivo: ela perde seus efeitos de ato original para se fazer frase, máxima pela qual se se autoriza, em lugar e posto de uma enunciação pessoal.

Num tal contexto, que hoje prevalece, parece-nos de uma certa urgência pôr de novo o acento na importância dos "alguns outros" e de seu papel crucial, contra uma tendência que há algum tempo se desenha, tendência segundo a qual se pode ver um certo número de analistas "desencantados", com razão ou não, pelas instituições posteriores à dissolução se sentirem "autorizados" sozinhos. Assim, não se engajam em nenhuma regra do jogo associativo, o que equivale a recalcar os "alguns outros" em benefício de uma suspensão do ato. Uma tal atitude apenas favorece o retorno ao "eu" forte do analista da maneira mais narcísica possível; também é uma forma de deixar secreta, em silêncio, a única enunciação, absolutamente necessária para cada analista, da única coisa que "faz função" para ele, isto é, a enunciação de seu desejo na relação com o ato que o funda. É nisso que podemos sustentar que a instituição mínima é a análise, com uma única condição, entretanto, de que a atualização que a legitima como tal e que assim a situa numa certa ética seja transmissível e não se baste com ser "inefável". O que então exige:

– que "cada um", um por um, possa fazer passar esse processo a outros, dele testemunhando;

– que uma estrutura de funcionamento com regras do jogo conhecidas por cada um possa ser estabelecida.

Tais procedimentos de modo algum têm por finalidade reunir em coletividade, menos ainda criar algo "como UM". Mas eles são a condição elementar para que se enuncie discurso psicanalítico capaz de produzir esse laço social sobre o qual Lacan fez bem observar que era precisamente o que havia faltado a Freud e permitido à sua Internacional encobrir sua descoberta do inconsciente[7].

[7] Cf. J. Lacan, "L'étourdit", assim como acima, I, capítulo 6, "Fundação do nome próprio – nome próprio de uma Fundação".

Se, portanto, a formação do analista só pode se constituir no prosseguimento permanente de uma atualização do desejo que faz sua função – e de maneira renovada a cada análise –, como considerar essa atualização, essa "passagem ao público"? Como pensar nessas bases a formação do analista hoje?

Se a questão é reinventar a psicanálise, nesse forçamento que para cada analista consiste, vimos, em (des)nomear ou renomear a psicanálise de Freud, de tal modo que os significantes de seu desejo se enunciem por esse mesmo ato que os faz "passar ao público", então o papel de uma instituição psicanálise só pode ser se "votar" a acolher o mais possível toda veleidade de testemunho de uma tal natureza, pondo em jogo esse dito do "desejo do analista".

Mais que nunca se impõe então contar com, ou apoiar-se em "alguns outros", ouvintes daquilo em que um desejo do analista encontrará sua legitimidade essencial. Um tal testemunho, longe de se reduzir à identificação do sujeito com um analista, seja quem for, mesmo que fosse numa transferência de trabalho, consistiria, antes, em relançá-lo como outro, relançá-lo para uma irredutível alteridade[8].

Verifica-se a necessidade de um dispositivo para escutar "o papel daquele que não assume, de modo algum, o do suposto saber, mas o de se arriscar no lugar em que ele falta!"[9]. Lacan, já em 1964, apelava, para ouvi-lo, a uma certa regra do jogo, a fim de que, "para todos os que vêm ouvi-lo, não seja feito uso das palavras que ele emite, o que se chama a falsa moeda"[10].

Retorno aqui da questão de "confiança", não tanto em seu aspecto social quanto julgado pelo "valor" que se é capaz de pôr em esclarecer o que é o desejo do analista, de tal modo que ele não seja feito com o mico.

Nessas condições, não me parece muito atual "nomear" um analista, mas, antes, "atestar" que "alguns outros" entenderam bem o valor que há no fato de testemunhar quanto ao que o funda na produção de seu ato, isto

---

[8] J. Lacan, *Problèmes cruciaux pour la psychanalyse*, sessão de 3 de março de 1965 (inédito).

[9] Ibid., sessão de 9 de dezembro de 1964.

[10] Ibid.

é, quanto ao que o constitui essencialmente como função – isto devendo se desenrolar em toda concordância com a regra do jogo de que a instituição se dotou para esse efeito. Mas ainda é preciso que haja uma e que ela seja enunciada de maneira clara.

Como o analista poderia testemunhar a não ser prosseguindo a invenção de novos dispositivos clínicos, que permitem dar a conhecer a "alguns outros" o que tropeça, ponto de batida no decurso da condução de uma análise, ao mesmo tempo deixando aberta, em um ponto intenso, a colocação em ato do desejo do analista como função?

A análise, o passe, os dispositivos clínicos da prática constituem operadores em que algo da função-analista pode ser dita, ouvida. Sem com isso esquecer que o desejo do analista também está em jogo a cada vez que "o opera", que ele ensina, trabalha a teoria, ou se liga a toda comunicação referente à psicanálise.

Uma instituição psicanalítica permitiria, portanto, aos "alguns outros" que adotaram a mesma regra do jogo institucional, constituírem-se não como júris, mas como cartéis de escutadores, que possam atestar que ouviram claramente alguma coisa procedente desse desejo, em tal membro dessa instituição. Cabe a este último teorizá-lo, o que preveniria as nomeações de analistas puramente formais atribuídas a qualquer um que se declare candidato ao passe. Certamente uma verdadeira teoria do desejo de analista encontraria com o que se elaborar, se, no próprio seio de uma mesma instituição, pudesse ser efetuado esse tipo de trabalho, que no fundo permitiria retomar o que Lacan havia chamado, quando da dissolução, "a necessidade de uma crítica assídua para restaurar a lâmina cortante da obra de Freud".

Parece, portanto, que a única coisa que uma associação de psicanalistas pode garantir é que dispositivos e um protocolo institucionais estejam operando para atestar que alguns membros que a constituem estão numa certa relação com a ética que ela sustenta. Em outros termos, que certos de seus membros se encontram num momento em que pagam o "valor inexprimível da confiança de um sujeito como tal", fazendo-o saber a alguns outros, em nome do engajamento que eles tiveram em fazer "passar ao público" de todas as formas possíveis seu desejo de analista como função.

4

... e por alguns outros

a D. Luis López-Ballestreros y de Torres, Viena, 7 de maio de 1923

"Sendo então jovem estudante, o desejo de ler o imortal 'Dom Quixote' na versão original de Cervantes me permite aprender, sem professor, a bela língua castelhana. Graças a esse gosto de juventude posso agora, com uma idade já avançada, apreciar o êxito de sua versão espanhola de minhas obras, cuja leitura sempre produz em mim um vivo prazer por causa da interpretação tão adequada de meu pensamento e da elegância do estilo".

Freud[1]

Para os analistas, não provoca nenhuma dúvida o fato de o desejo poder mover montanhas...

Estas, no entanto, marcam a delimitação das línguas faladas no mundo. Mas, da mesma forma que nenhum acaso encontraria consistência no discurso analítico, a questão das línguas não resta menos suspensa ao desejo de cada um para além das fronteiras e Freud, na sua relação com as línguas, nos abre a via.

Na volta de uma viagem de trabalho à América Latina, nos vem à mente esse "esquecimento"[2] na biografia de Freud: com seu amigo Silberstein, nascido como ele em Freiberg, ele havia fundado, quando ainda era adolescente, uma espécie de sociedade secreta, a "Academia Espanhola". Eles praticavam a língua espanhola para não serem compreendidos

---

[1] *Obras completas de S. Freud*, Edição Nueva Visión, tradução original em francês para Analyse freudienne Presse por R. Lévy. Essa carta de Freud é dirigida, em espanhol, a Luis López-Ballestreros, autor da tradução de suas obras do alemão para o espanhol. Não é impossível que o próprio Freud tenha escrito essa carta em espanhol, como sugere Jones, ob. cit., t. 1, 1958, p. 181; ver também S. E., VIII, p. 73.

[2] Esse fato é relatado por Juán Rof Carballo, na introdução ao tomo I da nova edição das obras completas em espanhol (1972).

pelos outros. O castelhano lhes servia, portanto, de língua "íntima", reservada aos *aficionados*.

Nessa perspectiva, o que pode fazer um analista correr aos confins da Terra do Fogo: a ambição, a política? Se fosse apenas isso, sua poltrona lhe bastaria, sem a necessidade de uma passagem pela de um jato intercontinental.

Então, de qual outro *fogo* se tratava, se não fosse o chamado de algo que passaria por uma outra língua?

O novo continente acolheu a primeira tradução das obras completas de Freud em espanhol[3].

Curiosamente, a história se repete cerca de meio século depois, com os seminários de Lacan. Com efeito, eles foram todos traduzidos e disponibilizados em espanhol antes mesmo que pudéssemos dispor deles na França...

Em conseqüência do que, nossos colegas sul-americanos possuem uma "leitura corrente" do conjunto da obra escrita de Lacan, de uma precisão e de uma seriedade que teríamos muito a invejar. Na França, anuncia-se a publicação de tal ou tal outro Seminário, enquanto eles lêem "o integral" Lacan há muito tempo, como o Freud em seu tempo.

O mais espantoso é que, assim como o filósofo Ortega y Gasset[4] havia permitido à primeira versão das obras de Freud em espanhol encontrar audiência em meios cultos da época, Lacan foi também introduzido em Buenos Aires por um filósofo, O. Massota, nos anos 1967-1968. Um pequeno grupo de psicólogos, de médicos e de psicanalistas trabalhou com ele. Esse círculo ficou muito tempo como *informal* e não *institucionalizado*. No entanto, isso não impede que todos os participantes desse período, com poucas exceções, se vejam "fundadores" das principais instituições analíticas que mais tarde darão lugar à força de implantação do movimento lacaniano ao qual assistimos hoje em toda a América Latina, inclusive até na América do Norte.

---

[3] Tradução de D. Luis López-Ballestreros y de Torres, Madri, 1923.

[4] José Ortega y Gasset, filósofo de renome internacional nos anos vinte, leva à publicação por Biblioteca Nueva das obras completas de Freud e assina o prólogo da primeira edição.

Uma das escolas fundadas por iniciativa de Massota (mas sem ele)[5] comemorou seus vinte anos de funcionamento durante o mesmo de junho de 1994! E uma outra[6], saída de uma cisão, conta o mesmo número de anos de existência.

Certo, essa expansão não se realiza sem choques, separações diversas – assombradas, talvez, pelo esquema repetitivo da cisão –, atritos e ódios de todos os tipos... A leitura atual de Lacan na Argentina não é menos florescente, e a nossos olhos exemplar, no que ela testemunha que condições de leitura abertas, não hipotecadas por retenções, restrições e reticências de uma herança, tornam possível uma transmissão ativa.

Esse fenômeno, se suscita entusiasmo, não deixa, entretanto, de levantar algumas interrogações, notadamente no que se refere a suas conseqüências na direção da análise, no avanço da teoria e inclusive na concepção de instituição, se pensarmos que a transmissão lacaniana na América do Sul se efetuou em grande parte fora da língua original, apenas pela leitura de um texto traduzido – mesmo que alguns tenham tido acesso aos Seminários em sua versão original.

Eis o que seguramente, em matéria de inaudito, poderia botar *fogo* num analista francês... e convidá-lo a algum requestionamento: que efeitos podem produzir condições de leitura que põem em jogo apenas a transferência do leitor para com o texto, não uma transferência de análise em ato?

A coisa vai parecer ainda mais surpreendente se acrescentarmos que, nessa Terra do Fogo, os kleinianos eram, bem antes de Lacan, os "diretores de cena" privilegiados de toda análise. Entretanto, é forçoso constatar que uma das condições de leitura própria a tornar o texto transmissível foi uma transferência de leitura.

A questão que se apresenta é, portanto, a seguinte: existiria uma ocorrência possível de *transferência de trabalho* sem um *trabalho de transferência* ligado diretamente à pessoa do autor da teoria?

---

[5] Pouco depois da fundação da Escola Freudiana de Buenos Aires, ele emigrará para a Inglaterra, depois para a Espanha, onde, notadamente, fundará a Biblioteca Freudiana de Barcelona, de onde continuará a dar diretivas de fundação de uma escola, nomeando por ele mesmo um certo número de pessoas.

[6] Escola Freudiana da Argentina.

Freud já havia aberto essa via[7], ele, que apelava à transferência do leitor para transmitir "a alguns outros" seu trabalho sobre a ciência dos sonhos. Quanto a Lacan, ele considerava que nada de seu ensino nem de seus seminários poderia ser transmitido de um sujeito a outro, sem que isso passasse por uma transferência de trabalho – transferência de trabalho que, na época, se sustentava por uma transferência direta para com sua pessoa como analista em ato.

Na América Latina, nada disso aconteceu: muito poucos, até mesmo nenhum dos analistas leitores dos seminários estava engajado no divã de Lacan.

Impõe-se uma leitura desse estado de fato: a transmissão da psicanálise por uma *transferência de trabalho de leitura* do texto lacaniano se efetua, e sem nenhum dos avatares ligados à transferência direta tal como os conhecemos na Europa e cujos efeitos não param ainda de se reproduzir.

Uma tal leitura, se é correta, significaria que o texto lacaniano, posto à prova dessa pura transferência de leitura *in absentia* de seu autor, demonstraria sua consistência e sua validade, isto é, sua aptidão para se fazer instaurador de discursividade.

Por outro lado, os seminários, em sua viagem para além do Atlântico, ficaram indenes a toda babelização. Que o texto tenha sido preservado de toda fetichização, ou de alguma "biblização" seria, talvez, um pouco temeroso afirmar, embora só se possa constatar, ainda aí, que o diferencial de liberdade deixado aberto por toda tradução permite temperar tais efeitos desastrosos. Também temos muito a aprender com nossos colegas sul-americanos, bem distantes de toda re-"*conquista*" que certos deles puderam temer.

Uma herança

A diferença de situação entre a psicanálise na França e a psicanálise na América do Sul atualmente se liga a que, para uns e para outros, a herança não é a mesma, ou, antes, não se apresenta da mesma forma. Nossos colegas sul-americanos de algum modo herdaram texto de Lacan antes mesmo da morte dele. Eles nunca ouviram sua voz nos seminá-

---

[7] Ver acima, I, capítulo 2, nota 11.

rios, também não no divã. Apenas um guia de leitura do texto, na pessoa de Massota, pôde torná-la transmissível, por seu ato, introduzindo alguns nessa "via lacaniana". Ora, vinte anos depois, subsiste no trabalho dos psicanalistas do Novo Mundo o desejo de manter a possibilidade de um discurso analítico que esteja isento dos efeitos de prestígio e de vedetismo inerentes ao velho continente, aos quais seus habitantes continuam tão apegados.

A vivacidade desse desejo sem dúvida é devida ao fato de a questão do Mestre tentar se colocar diferentemente: não que ela esteja ausente, mas talvez estando mediatizada por diferentes dispositivos.

Entre estes, citemos o *Lacano-americano de Psicanálise*[8], que reúne, de dois em dois anos, analistas de toda a América Latina, sem distinção de *gradus* nem de notoriedade. Um sorteio estabelece a sucessão das exposições, em tempo, mas também em presidência igual, já que, após sua exposição, cada orador se torna o "presidente" de sessão para a exposição que se segue.

Temos também a aprender com iniciativas tais como a da "Fundação de um campo lacaniano", que se propõe reagrupar os analistas um por um, em seu nome próprio, de maneira independente de sua pertença institucional. E outros empreendimentos ainda, todos também estimulantes e que são abundantes.

Mas nem por isso embelezemos, idealizemos – um outro escolho talvez nos espere, se objetará. Com efeito, no apagamento do Mestre, o dispositivo não fará o serviço em seu lugar? Interrogação que não se refere apenas às terras longínquas da Patagônia, mas também a nossos territórios familiares – o que é hoje o dispositivo como o passe, ou a escola "*in absentia*" de Lacan[9]? Em outros termos, que vale – na perspectiva de uma produção analítica – todo dispositivo se estiver desertado do desejo de analista que deve subtendê-lo? Não haveria contradição entre desejo do analista e dispositivo? É aqui, talvez, que aparece a necessidade de uma diferença radical entre desejo *do* analista e desejo *de* analista, em todo o seu caráter operatório.

---

[8] Do qual Analyse freudienne é uma das associações organizadoras.

[9] Ler, a esse respeito, o artigo de D. Chauvelot, em *Analyse freudienne Presse*, nº 4, março-abril de 1993.

Para que haja descoberta, é necessário manter um certo nível de falta de solução. De onde que o desejo *de* analista só possa se exercer ao preço da renunciação a um saber, que poderia representar o desejo *do* analista. Em outros termos, para que alguma coisa de um dispositivo de transmissão seja (re)inventável, o ser do analista deve cair em proveito de sua função.

Em razão de seu afastamento, nossos colegas não tiveram que se defrontar diretamente com o desejo de Lacan; mas eles continuam desde sempre a "se servir dele" como função de nome de autor, isto é, como desejo de analista, e se encontrarão assim forçados à passagem por seus próprios significantes. (Re)nomeando, por esse ato, a psicanálise de Freud, Lacan... e de alguns outros.

Terceira parte

Clínica ($)

Introdução: Clínica do mito, mito da clínica

Como abordar o originário sem recorrer à verdade histórica – quando esta se furta? Freud volta a essa questão sem parar e sem parar nos conduz, torturado pela preocupação com o passado que forneceria a chave do presente, única possibilidade de explicitar o arcaico – porta para uma psicobiologia genética que foi aberta por Darwin.

Para Freud, médico, "a origem dos distúrbios" se confunde com a anamnese da humanidade – cujo originário, entretanto, só é formulável numa passagem obrigatória por esses forcados caudinos, ficaríamos tentados a dizer, do mito. Estranho desvio durante o qual ele é levado a situar, diante de cada encontro com o fato psicótico, se se trata de realidade psíquica ou de realidade externa. A distinção entre "verdade material" e "verdade histórica" será uma questão abordada por ele num segundo tempo.

Essas afinidades antinômicas entre mito e verdade, essa problemática cerrada entre história e mito constituem interrogações para a prática da análise freudiana. Se a crença que permanece em Freud, verdadeiramente, é a de que a verdade da história nos ensinaria sobre o originário, diremos que a psicanálise de hoje ainda busca "fazer que o paciente diga" "a verdade" sobre sua origem?

1

A etiologia da histeria ou as hesitações de um passante

"Eu lhes indiquei a solução de um problema mil vezes milenar, uma fonte do Nilo"[1].

A questão da transmissão se liga de modo evidente à da origem, tanto da neurose quanto da espécie, conceito ao qual Freud terá recorrido em sua elaboração de uma espécie de *psicanálise da espécie.*

A questão é fazer a análise *passar* de um estatuto de experiência singular a um conjunto de parâmetros universais.

Em torno dessa tentativa de *passe* entre particular e universal se articula toda a problemática da análise como ciência, isto é, como integralmente transmissível. Assim, a questão do passe se torna implícita a todo avanço conceitual. Nessa medida, as hesitações, inclusive os erros de Freud quanto à interrogação das origens da neurose são uma maneira de nos representar hoje a causa, a origem e as conseqüências dessa dimensão específica da psicanálise, que vai de uma experiência de linguagem particular à possibilidade de um discurso universal.

Lacan não escapará a essa vontade de universalização e de cientificidade; sua conceitualização dos quatro discursos, com sua circularidade, é testemunha disso, ao mesmo tempo que o colocar em operação o dispositivo do passe e, mais tardiamente, a tentativa de elaboração de matemas da psicanálise.

---

[1] Carta inédita de Freud a Fliess, citada por Max Schur, *La mort dans la vie de Freud*, Paris, Gallimard, p. 1975.

Freud, de sua parte, introduziu uma concepção filogenética para responder à questão da transmissão. Ele a expõe num escrito tardio como *Moisés e o monoteísmo* (1939), no qual desenvolve a idéia de rastros mnésicos inapagáveis, ou no texto *Para introduzir o narcisismo* (1914), no qual ele lembra que "o indivíduo leva uma dupla existência, como fim nele mesmo e como membro de uma cadeia à qual está submetido contra sua própria vontade, ou, em todo caso, fora dela"[2]. Ele afirma a existência de uma herança específica em vários campos:

– as pulsões: as pulsões gerais (*Alterhaltungenstrieb*)[3], a serviço das necessidades da espécie, são opostas às pulsões que tendem à conservação do indivíduo (*Selbsthaltungenstrieb*)[4];

– as fantasias originárias (*Urphantasien*): a essa fantasia principal que é o complexo de castração se acrescenta a cena originária (*Urszene*) da relação sexual entre os pais. Após algumas hesitações, esses conceitos não serão mais necessariamente referidos a um vivido individual, mas ligados a uma linhagem filogenética;

– nesse modelo, alguns esquemas culturais vão ser dotados de uma extensão universal. Assim a tese de *Totem e tabu*, que postula diversos acontecimentos de tipo arquetípico, entre os quais o principal é o parricídio original. Toda essa abordagem supõe que o fenômeno histórico memoriza o ato e que essa memória se faça seu substituto simbólico.

Nesse ponto da teorização filogenética se desenha uma espécie de bifurcação conceitual quanto à relação do homem com o mundo e com seus objetos. Lacan define essa divergência assim: "Freud distingue duas estruturações da experiência humana totalmente diferentes: a que, com Kierkegaard, chamarei de *antiga*, a da reminiscência – que supõe um acordo, uma harmonia entre o homem e o mundo de seus objetos, que faz com que ele os reconheça, porque, de algum modo, ele os conhece desde sempre –, e, ao contrário, a conquista, a estruturação do mundo num esforço de trabalho, pela via da repetição. Na medida em que o que se apresenta a ele

---

[2] Em *La vie sexuelle*, Paris, PUF, 1969, p. 85.

[3] "Pulsão de conservação da espécie".

[4] "Pulsão de conservação de si".

corresponde apenas parcialmente ao que já lhe havia proporcionado satisfação, o sujeito se põe em busca e repete indefinidamente sua busca até que reencontre esse objeto"[5].

É exatamente nessa medida de uma distância entre sujeito e objeto que se pode considerar a análise como teoria – e experiência de discurso. Ela se faz, de algum modo, o instrumento de medida dessa distância, aí está sua função.

A questão não é reencontrar o objeto, mas apenas considerar os palmos de distância do sujeito em relação a ele. A exaustividade do que pode ser dito desse objeto pode ser considerada como o fim de uma análise. É nisso que, se esse discurso pode ser sustentado, ele só pode fazer teorização e transmissão – desde que um dispositivo o permita. O passe é um de seus possíveis, se por ele se pode transmitir algo da distância do sujeito em sua relação com o objeto.

A Freud faltava esse instrumento de medida, e muito provavelmente foi o que o conduziu para uma concepção do objeto em relação à qual ele se viu devedor de uma justificação filogenética.

Do inato ao de quem*?

Para Freud, embora "saber como se contraíam distúrbios" no neurótico fosse um problema que vinha antes daquele da hereditariedade patógena, não permanecia menos que, se todas as neuroses adquiridas eram verdadeiramente de natureza sexual, igualmente permanecia possível, como ele supunha em torno de 1890, que a "degenerescência hereditária" fosse apenas a herança adquirida de perturbações sexuais anteriores.

Encontramos, por exemplo, no manuscrito A, do fim de 1892[6], as questões seguintes, que Freud levanta na época:

– "existe uma neurastenia inata com fraqueza sexual inata ou ela é adquirida sempre durante a juventude (pelas boas crianças ou pelo onanismo?)", ou, ainda;

---

[5] J. Lacan, *Le Séminaire, livre II, Le moi dans la théorie de Freud et dans la technique de psychanalyse*, ob. cit., p. 124.

* Em francês, *à qui*, homófono a *acquis* ("adquirido"). (NT)

[6] Em *La naissance de la psychanalyse. Lettres à Wilhelm Fliess*, Paris, PUF, 1991, p. 59.

– "a hereditariedade é coisa diferente de um multiplicador?".

Aqui, Freud já expõe as premissas de uma resposta que dará apenas muito mais tarde. Vê-se que ele hesita entre etiologia traumática e etiologia hereditária: testemunha isso essa maneira de aplicar à neurose a oscilação entre o inato e o adquirido, com a hipótese de que o primeiro seria apenas uma maneira de amplificar o segundo.

Já no manuscrito B, em 1893[7], Freud dá o passo da etiologia sexual: "Então afirmamos que toda histeria não hereditária era traumática. Agora sustento que toda neurastenia é sexual".

Assim, o inato e o adquirido convivem bem no mesmo capítulo, reunidos sob o mesmo título "a etiologia das neuroses" (explicitamente dada como sendo de ordem sexual). A título de exemplo:

– a neurastenia no homem "decorre da masturbação, cuja freqüência é absolutamente semelhante à freqüência da neurastenia nos homens";

– nas mulheres: "A neurastenia é relativamente rara em sua forma pura nas mulheres casadas e nas filhas idosas. Quando existe, é preciso considerá-la como *espontaneamente surgida* e da mesma maneira como nos homens"[8].

O mais interessante é que Freud emite aqui a hipótese de um cruzamento de neurastenia homem e de neurastenia mulher, que ele chama "a neurose mista da mulher" e que ele diz "[decorrer] da neurastenia do homem, de tal modo que o neurastênico torna sua mulher mais histérica que neurastênica".

Ele nos coloca diante da "seguinte alternativa: masturbação com neurastenia nos homens e histeroneurastenia nas mulheres, ou sífilis nos homens com hereditariedade sifilítica para a geração seguinte, ou, ainda, gonorréia nos homens e gonorréia e esterilidade nas mulheres"[9].

Essa sombria visão freudiana da época implica a seguinte lógica: a neurastenia aguarda os masturbadores, mas renunciar à masturbação é ser aguardado pela blenorragia e pela sífilis[10]. De onde esse remédio preconi-

---

[7] Ibid., Manuscrit B, 8 de fevereiro de 1893, p. 61.

[8] Ibid., pp. 62 e 63.

[9] Ibid., p. 66.

[10] Ibid.

zado, uma liberdade sexual permitida pela contracepção: "O único sistema diferente seria autorizar livres relações entre rapazes e moças de boa família, mas isso não poderia acontecer se não se dispusesse de métodos anticoncepcionais inofensivos[11]. Ora, evidentemente não era o caso em 1893; e sabia-se que perigos corriam os utilizadores do *coito interrompido* tal como Freud já os havia descrito, de onde essa conclusão muito pessimista do início de 1893: "As neuroses são perfeitamente evitáveis, mas totalmente incuráveis. A tarefa do médico é totalmente de tipo profilático"[12] – como para as doenças venéreas na época, acrescentaremos.

Essa busca de uma contracepção exitosa, que evitaria distúrbios psíquicos, leva Freud a considerar os benefícios da blenorragia para a mulher, a título de método de esterilidade que assim lhe permitiria levar uma vida sexual normal[13]. Avaliemos esse paradoxo das doenças venéreas chamadas a serviço da saúde mental e da família. Freud, afinal, não se limitará às virtudes das DST[14], pretendendo, em 1907, que "a Igreja Católica, quase dissolvida no tempo da Renascença, foi salva pela sífilis e por Lutero" (aqui ele faz alusão ao escritor Paniza, em seu drama *Le concile d'amour*).

Freud, em 1893, raciocina num quadro de pensamento lamarckiano: ele observa que o fracasso permanente da sociedade em proporcionar a seus membros um método inofensivo de contracepção terminará por destruir os laços do casamento e, sobretudo, por *desnaturar a aquisição hereditária da geração anterior*. Ele inclusive considera que "suas especulações audaciosas" possam conduzi-lo a provar que as neuroses sexuais adquiridas são transmitidas por *hereditariedade pura e simples*.

Um ano depois, em 21 de maio de 1894[15], Freud escreve a Fliess que, "em certas pessoas, os afetos sexuais estão hereditariamente perturbados, o que provoca o aparecimento das formas correspondentes das *neuroses hereditárias*".

---

[11] Ibid.

[12] Ibid., p. 65.

[13] *Les premiers psychanalystes. Minutes de la Société psychanalytique de Vienne*, I, 1906-1908, Paris, Gallimard, 1973, sessão de 13 de novembro de 1907, p, 255.

[14] Denominação moderna: "Doenças sexualmente transmissíveis".

[15] Carta de 21 de maio de 1894, ob. cit., p. 77.

Retorno da hereditariedade, portanto. Mas o que Freud entende com esse termo?

É uma causa da neurose um pouco diferente da "degenerescência". Freud o sublinha assim[16]: "Um fato nos choca, quando tentamos explicar o caso de M. K..., é o de sua hereditariedade carregada. Seu pai sofre de melancolia (talvez de melancolia ansiosa), sua irmã, que conheço bem, está atingida por uma neurose de angústia típica, tudo isso nos dá motivo para a reflexão sobre a hereditariedade. Sem dúvida, existe na família de K apenas uma simples predisposição, uma tendência a experimentar distúrbios mais graves que corresponde à etiologia típica, mas nenhuma degenerescência".

Portanto, justamente em 1894, "pega-se" a neurose sob o modo da sífilis adquirida na geração precedente, transmitida à geração seguinte, e que dá lugar, nos casos mais graves, a uma "degenerescência"... Ela inclusive pode se transformar em psicose na geração seguinte.

Entretanto, a noção de "perturbação sexual" vai progressivamente substituir o conceito vago de "degenerescência hereditária", para dar lugar à teoria da "sedução", desenvolvida desde o fim de 1895, e que suplanta, a partir daí, toda teoria das predisposições hereditárias.

A histeria – ação póstuma de um trauma sexual

Assim, se a hipótese da sedução se sustenta, ela substituirá a da hereditariedade por um adquirido em idade precoce[17]. A crença de Freud nessa época – crença que, aliás, não o deixa durante toda a sua vida – reside na idéia inquebrantável de que todos os fenômenos da vida, inclusive os da vida psíquica, são determinados segundo regras inelutáveis pelo princípio de causalidade.

Um dos aspectos maiores da hipótese da sedução infantil, sobre a qual Freud pensa ainda com uma absoluta certeza que realmente teve lugar na história do paciente, é a teoria do *après-coup*, que ela já implica. Com efeito, as seduções sexuais na infância, as estimulações sexuais precoces se manifestavam como sendo as causas exclusivas que provocam um efeito

[16] Ibid., Carta de 28 de agosto de 1894, p. 88.

[17] S. Freud, *Studies on Hysteria*, S. E., II, p. 202.

psicofísico retardado sobre o sistema nervoso humano, enquanto, ao contrário de outras experiências traumáticas, elas não haviam desencadeado nenhuma repercussão psicopatológica no momento em que se produziram. Mas a lembrança do acontecimento se conservava e, com a entrada na puberdade, esse rastro mnésico psíquico esquecido e integrado no inconsciente se reavivava de repente: "A lembrança vai manifestar uma força que estava completamente ausente no próprio acontecimento. A lembrança vai agir como se fosse um acontecimento contemporâneo. O que se produz é, por assim dizer, a ação póstuma de um trauma sexual"[18].

No fim do ano de 1895, Freud modula assim sua etiologia da histeria: "Suspeito do seguinte: a histeria é determinada por um incidente sexual primário sobrevindo antes da puberdade e que foi acompanhado de nojo e de aflição; para o obsedado, esse mesmo incidente foi acompanhado de prazer"[19].

Freud fala aí de "incidente" para não empregar o termo sedução, porque estamos ainda em outubro de 1895 e está aí um conceito um pouquinho prematuro – faltam-lhe algumas semanas; resta que essa "sedução" é pré-sexual[20], tendo ocorrido antes da puberdade: deve-se compreender que não há sexual na criança anteriormente? Por outro lado, se a sedução infantil é a causa da histeria e da neurose obsessiva, isso implica que as causas das neuroses sejam induzidas pelos adultos nas crianças: "Subseqüentemente, os incidentes agem apenas como lembranças"[21].

Com a noção de "sedução infantil", Freud decerto descobre a noção de "*après-coup*", mas ele nega a sexualidade infantil pré-púbere, já que essa sedução é dita "pré-sexual" e os adultos são seus agentes. Antes da puberdade, portanto, a criança seria inocente – ou não é antes Freud quem, nessa época, recusa ainda a sexualidade infantil, inclusive afirmando que a masturbação precoce, atestada pelas lembranças histéricas, é apenas, em si mesma, uma conseqüência de uma sedução anterior[22]?

---

[18] S. Freud, *The Heredity and the Sexual Aetiology of Neurosis*, S. E., III, p. 159, e *Further Remarks on the Neuro-psychoses of Defense*, ibid., pp. 66-67.

[19] Carta de 8 de outubro de 1895, ob. cit., p. 112.

[20] Carta de 15 de outubro de 1895.

[21] S. Freud, *The Aetiology of Hysteria*, S. E., S. E., III, pp. 208-209.

[22] S. Freud, *Further Remarks on the Neuro-psychoses of Defense*, ob. cit., p. 165.

Freud, aqui, está em plena resistência? Suas reticências, seus avanços, suas timidezes e suas hesitações – prelúdio ao abandono da "neurótica" e à ruptura – não são, quanto a essa questão da hereditariedade e da sedução infantil, o efeito de sua relação com Fliess, tal como ela está em jogo na correspondência deles e tal como Freud sofre sua influência, tanto quanto recebe seu aguilhão teórico? O que lhe resta ainda mascarado, não acessível a seu pensamento, é o fato de o pequeno homem, desde sua mais tenra infância, ter uma sexualidade e assim poder ser sujeito de alguma coisa, sujeito de um desejo. Reconhecer que a criança é um sujeito desejante exigiria esmagar violentamente essa resistência que só pode ver nessa última um objeto do desejo do adulto, cujo paradigma Freud repertoria: babás, educadores e, sobretudo, no que se refere às histéricas, pais.

Fazer passar a causa da neurose da *sedução* pelo adulto ao *grande Outro* é operar uma verdadeira revolução conceitual, que não deixa de ter ligação com a relação transferencial de Freud com Fliess em 1895. Com efeito, se Freud defende tão firmemente essa concepção da etiologia das neuroses pela sedução do adulto, é que ele mesmo se agarra a não ser sujeito de sua própria enunciação; nessa época, ele se apega ao enunciado que o garante contra todo comprometimento sexual infantil pessoal. A seguir sua teoria, apenas o pai é incriminado num processo que, no entanto, o implica, ele, Freud, pessoalmente; mas o que ele facilmente chega a considerar para seus irmãos e irmãs permanece ainda para ele mesmo impensado, impensável.

Porque, se alguma vez as crianças tivessem uma sexualidade, isso lhe seria também aplicável.

Ora, em questão de sedução infantil, em 1895, Freud se banha em plena sedução transferencial com Fliess, Wilhelm, e, quanto ao que diz respeito ao infantil originário, ele lhe escreve isto[23]: "Se não vires inconveniente, darei a meu próximo filho o nome de Wilhelm, se for uma menina, ela se chamará Anna".

Em questão de transmissão, não somos ajudados: direto da transferência para a genética...

---

[23] Ibid., Carta de 20 de outubro de 1895, p. 115.

Freud não teve um Wilhelm como filho, mas teve uma Anna, cujo destino se conhece, e, embora não se possa definir se essa transmissão produziu Anna-lise, sabe-se, no entanto, que uma outra Anna, Anna O., transmite, apesar de tudo, algo da transferência e do nome.

É apenas no fim de 1897 que Freud abandona a hipótese da sedução[24]. Ele declara a Fliess que reconhece a inexatidão de sua teoria da sedução e registra conseqüências infelizes de seu erro em sua terapêutica: ele não se sente mais totalmente certo de poder curar neuroses.

Freud dá razões de diversos tipos para esse abandono, razões que vão traçar as premissas de uma nova conceitualização, de uma nova *passagem*.

Uma delas é que o número significativo de neuroses histéricas para as quais a causa determinante da doença seria a sedução de um adulto em relação a uma criança implica uma espécie de generalização de atos perversos para com as crianças por parte de adultos. Ora, esses atos deveriam ser infinitamente mais freqüentes que a histeria, já que é preciso que os incidentes tenham se multiplicado para que a doença apareça; de onde a seguinte dificuldade: não se pode verificar que haja mais perversão que histeria nessa época.

A isso se acrescenta que não existe no inconsciente nenhum "índice de realidade", isto é, que ele não pode fazer a distinção entre uma verdade e uma ficção investidas pelo mesmo afeto. Está aí um dado que conduz à hipótese da fantasia, a qual, não apenas em si mesma agindo, mas também como conceito, torna caduco esse elemento de realidade necessária que vinha do adulto e ao qual Freud se apegava tanto.

Além do mais, como essa fantasia sexual gravita sempre em torno dos pais, ela contém as premissas de uma conceitualização edipiana que, sem ser ainda enunciada como tal, já toma forma e permitirá passar da idéia do pai real incriminado à dos pais representados na fantasia.

Por fim, aparece claramente que, nas psicoses e mesmo nos casos mais delirantes, o incidente não volta à memória e a lembrança suposta permanece no inconsciente, inacessível; essa constatação acabará numa nova elaboração da noção de recalque originário, inclusive, talvez, de foraclusão[25].

---

[24] Ibid., Carta de 21 de setembro de 1897, p. 191.

[25] *Verdrängung* e *Verwerfung*, onde se reconhece o mesmo prefixo (assim como em *Verneinung* e *Verleugnung*, *dénegation* [denegação] e *déni* [renegação, desmentido].

Mas justo agora que podemos pensar, e a justo título, que, ao abandonar a hipótese da sedução, Freud dá um passo considerável, é estranhamente a explicação pela hereditariedade que ressurge com força, tal um sintoma, como para lhe trazer apoio e segurança num momento de dúvida: "O fator de uma predisposição hereditária parece voltar a ganhar terreno no interesse de uma explicação das neuroses"[26]. Entretanto, esse último esclarecimento nos permite, talvez, apreender o que representa então a hereditariedade para Freud: a hipótese alternativa, que substituiria a explicação, enfraquecida, pela sedução real. Porém, se Freud acaba por dar esse passo da lembrança à fantasia, é porque se produziu, em sua auto-análise durante o verão de 1897, um acontecimento próprio a lhe abrir o caminho para essa nova concepção da fantasia, verdadeiro quadro teórico que lhe abrirá a possibilidade de conceber e de reconhecer as manifestações espontâneas da sexualidade infantil que sua teoria da sedução negava até então, e que ele desenvolverá completamente em 1905, nos *Três ensaios sobre a teoria da sexualidade*.

Esse acontecimento do verão de 1897, que faz *passar* da lembrança à fantasia, permite que se possa daí considerar o sujeito como uma *refenda*, refenda "que se deve ter como princípio e como esboço do recalque original"[27].

Entretanto, seria delicado considerar a auto-análise como única causa desse avanço fundamental – com o risco de fazer dela quase que um novo mito.

É com seus sonhos que Freud poderá avançar na análise e na leitura.

Na perspectiva da análise do sonho, dois períodos podem ser destacados muito nitidamente: o primeiro se situa no meio do ano de 1895[28], durante o qual Freud submete seus próprios sonhos à interpretação e des-

[26] Carta de 21 de setembro de 1897, p. 192.

[27] J. Lacan, Resposta a estudantes sobre o objeto da psicanálise. Enunciado retomado pelo Cercle d'épistémologie de l'École normale supérieure, maio-junho de 1960.

[28] Exatamente em 24 de julho de 1895: ver Cartas 28, de 23 de setembro de 1895, em *La naissance de la psychanalyse*, ob. cit., p. 111; e 137, de 12 de junho de 1900, ibid., p. 286. Nesta última, Freud evoca uma desejada, mas pouco provável ainda, segundo ele, comemoração de sua descoberta: "Foi nesta casa que, em 24 de julho de 1895, o mistério do sonho foi revelado ao Doutor Sigmund Freud".

cobre que "o motivo dos sonhos é uma realização de desejo"; o segundo, fazendo seqüência com a decisão da auto-análise, durante o verão de 1897, no qual ele utilizará a interpretação dos sonhos para superar a amnésia que até então atingia as lembranças sexuais de sua própria pequena infância. Desde que abandona essa teoria da sedução, ele pode comunicar a Fliess os progressos efetuados em sua auto-análise[29].

Podemos destacar alguns elementos importantes que precedem essa auto-análise: o pai de Freud morre no final do ano de 1896 e, em 2 de novembro do mesmo ano, Freud escreve a Fliess: "Por causa da morte [de meu pai] todo o passado ressurgiu"[30] – como se esse pai, enquanto era ainda vivo, tivesse podido constituir obstáculo às lembranças. A pregnância da realidade paterna aparece tal, primeiro, que exige de Freud uma teoria capaz de suspender toda dúvida ou ambigüidade, de produzir toda a luz necessária tanto quanto à questão do pai quanto à do acontecimento traumático, e, sobretudo, de chegar ao elemento de realidade que a confirmaria. Entretanto, parece que, com a morte do pai, esse desejo de certeza cede e que Freud se encontra diante de suas lembranças, inclusive de suas fantasias. Assim com esse sonho que ele tem na noite seguinte ao enterro do pai (ou na precedente, segundo a versão da *Interpretação dos sonhos*), durante o qual lhe aparece essa inscrição, "pede-se fechar os olhos": não se deve considerar, antes, que é essa morte que o faz abrir os olhos quanto ao que ele chama as lembranças?

A morte de seu pai atinge profundamente Freud. É, sobretudo, na medida em que sua resistência a sua própria sexualidade infantil, isto é, por relação à sedução agida pela criança, progressivamente diminui que ele pode acusar seu pai de atos de sedução. Mas é apenas subseqüentemente a um sonho de incesto que aparece pela primeira vez, no manuscrito N, a noção de "hostilidade" das crianças "destinadas a serem neuróticas" dirigida ao parental do mesmo sexo. Está aí não apenas o esboço do complexo de Édipo, mas também a manifestação de que Freud, por relação a seu pai, não se

---

29 Cartas 3, 4, 15 de outubro de 1897, ob. cit., pp. 193-199.

30 Ibid., Carta de 2 de novembro de 1896; e também *L'interprétation des rêves*, ob. cit., p. 274.

situa mais como simples objeto de sedução, mas como sujeito desejante – o que parece intensificar nele uma intensa reviravolta emocional, como ele abre para Fliess[31] : "Meu restabelecimento só se realizará por um trabalho no interior do inconsciente". Ele nota nele, nessa época de sua vida, um estado de grande regressão, que ele qualifica de "pensamento nebuloso, dúvida velada, paralisia intelectual"[32] .

Entretanto, é nessa mesma época que são lançadas as premissas do conceito de ambivalência, que Lacan rebatizará como amódio [*hainamoration*].

Todo esse trabalho psíquico tem como resultado, no curso desse famoso verão de 1897, a auto-análise de Freud, durante a qual, *passando* pela interrogação de suas próprias paixões, ele é levado a descobrir uma atração erótica por sua mãe assim como sentimentos de ciúme com relação ao pai, sentimentos que ele vai ampliar ao conjunto da humanidade, o que permite compreender, segundo ele, "o efeito produzido pela lenda de Édipo"[33] .

Passamos, assim, da etiologia hereditária à filogenética. Momento fundador, em diversos sentidos.

Primeiro, Freud realiza aqui, como por antecipação, o conceito de Lacan, uma espécie de *passe*. Com efeito, *passando* de uma experiência particular, a de seu desejo por sua mãe e da agressividade dirigida a seu pai, a um universal aplicável a todo ser humano, e isso sem nenhuma mediação ainda – a expressão "complexo de Édipo" aparecerá apenas em 1910, em *Contribuição à psicologia da vida amorosa*[34] .

Freud de imediato afirma a universalidade desse dado e, a seguir, não fará nenhuma exposição sistemática do complexo de Édipo. Tendo sido bem-sucedido em inocentar seu pai, teria ele querido beneficiar a humanidade inteira com essa reabilitação, culpabilizando todos os filhos? O esco-

---

[31] Ibid., Carta de 2 de novembro de 1896.

[32] Ibid., Carta de 12 de junho de 1897.

[33] Ibid., Carta de 15 de outubro de 1897, p. 198.

[34] G. W, VIII, p. 73. *Über einen besonderen Typus der Objektwahl beim Manne*; S. E., XI, *A special Type of Choice of Objekt made by men*, pp. 163-177; "Contribuitions à la psychologie de la vie amoureuse, D'un type particulier de choix d'objet chez l'homme", em *La vie sexuelle*, Paris, PUF, 1969, p. 52.

lho agora se deslocaria, não seria mais o da passagem ao universal, mas o da hereditariedade mítica, do mito como hereditariedade.

É apenas, parece, a partir do momento em que pode inocentar seu pai de toda responsabilidade pela sedução das crianças que Freud pode conceber, como correlativo – como corretivo? –, a existência de Eros na criança.

Ele, que até então avança com tantas precauções na formulação conceitual, por que se apressa ele aqui em promover sua própria descoberta feita a seu respeito como mito universal?

Essa questão é precisamente aquela que se apresenta para cada analista, a cada vez que ele retoma uma conceitualização para aplicá-la a um analisante.

O que Freud introduz com a universalização do mito de Édipo é que existe "ao menos UM", pai inalcançável, UM que seja perseguido por todos os seus filhos. Assim, ele elabora seu próprio mito, nessa firme crença, que perdurará durante sua vida, de que era preciso que algum drama pré-histórico tivesse se produzido, drama que fosse apto a fundar como verdade universal suas diversas proposições psicanalíticas sobre o recalque, a sexualidade e a neurose – o que vem dar na tese desenvolvida em *Totem e tabu*, em 1912-1913.

Até os anos trinta, Freud mantém essa afirmação de que castração e angústias do édipo retiram seu poder terrífico dos rastros filogenéticos de crimes hediondos que realmente ocorreram. É em *Mal-estar na civilização*[35], em 1930, que ele resume sua reflexão de mais de trinta anos sobre a etiologia sexual das neuroses e atribui ainda ao peso de sua pré-história a sujeição do homem civilizado à neurose.

Das primeiras hipóteses de Freud sobre a origem das neuroses até seu termo, passamos de uma problemática posta em termos de inato ou adquirido à do particular e do universal, em que uma se liga à outra.

Evidentemente, aparece que, num tempo segundo, Freud recorreu ao mito, mito fundador no que transpôs, quase que transferiu a descoberta feita quanto a ele mesmo para um universal, o que seria para todos e desde sempre, como se o horror desse primeiro momento de análise só pudesse

[35] S. Freud, *Civilization and its Discontents*, S. E., XXI, p. 145.

ser assumido pela identificação mítica. Aí, sem dúvida nenhuma, reside sua crença, aí também se ancora a curiosa e apaziguadora maneira de perpetuar esse primeiro corte que a instituição analítica adotará – isto é, essa sutura do ego pelo mesmo para todos, da qual ela se encarregará. Ou seja: o novo mito psicológico, psicologizante, do Édipo.

O Troumatismo*, ou como o saber é inventado

Toda a questão do recalque originário está suspensa em torno desse ponto: reencontrar algo que foi perdido. Ora, com o imaginário, nada mais simples que reconstruir, preencher, colmatar o que constitui buraco – apresentam-se aí todas as significações possíveis, a começar pelas dos mitos.

Numa análise, volta-se invariavelmente ao buraco, ao fora-do-sentido. A menos que se constate que não há dizer verdadeiro, mas que, no discurso analítico em particular, o S_1, isto é, o recalcado originário, o saber como inconsciente nada mais é que um real, um depósito, como o chama Lacan[36], "um sedimento que se produz em cada um, quando ele começa a abordar essa relação sexual à qual, é claro, ele nunca chegará [...]".

Se, portanto, não se alcança nunca esse saber, pelo menos ele se inventa? E, se há buraco no real, o que podemos descobrir do inconsciente? Questões que estamos no direito de nos colocar – e às quais se oferece, por falta de resposta, a melhor maneira de "lidar" com um buraco, isto é, seguir sua borda[37].

Saber o saber da histérica

Saber o saber da histérica, tal foi o projeto freudiano. A questão do saber inconsciente, entretanto, exige alguma circunspecção, o que Lacan

---

* Em francês, *troumatismo*, mistura de *traumatisme*, "traumatismo", "trauma", e *trou*, "furo", "buraco". (NT)

[36] J. Lacan, *Les non-dupes errent*, ob. cit., sessão de 12 de janeiro de 1974.

[37] Ibid., sessão de 19 de fevereiro de 1974.

marca bastante bem quando opõe esses dois enunciados: o quase socrático "é impossível saber o que quer que seja suposto verdadeiro como tal sem o saber, isto é, sem saber que se sabe", por um lado, e esse outro, "o saber que se apoiaria em que não se sabe que se sabe é estritamente inconsistente", onde se evoca o saber insabido da histérica, de fato recusado como verdadeiro saber.

Todo o interesse da proposição de Lacan, "o saber se inventa", é pôr em evidência essa questão: que não se trata de saber o verdadeiro, mas que o saber é uma função, encontrando seu lugar numa lógica de estrutura tal que todos sabemos, porque todos inventamos, algum truque – *gadget*, ficção ou tramóia teórica – para preencher esse buraco no real, que é "não há relação sexual".

Esse buraco é tanto o que não se sabe, enquanto escrita impossível do gozo, quanto o que, ligado à morte e ao engolimento, petrifica o ouvinte e não lhe deixa outra saída que a reconstrução geométrica ou mecânica do que há atrás da porta dos pais. É também aí que pode intervir o racional de uma invenção sadomasoquista, que permite à criança se situar na cena no *après-coup*. *Abrir a porta*, ou seja: ter acesso à irresistível vontade de enfim saber alguma coisa sobre o horror de saber.

Não há outra forma de encarar a relação sexual, e é nesse lugar, designado por Freud como o da *Urszene*, que veio a ser inventado o complexo de Édipo, para preencher a hiância e organizar o binário. Lacan o colocou no discurso do analista em S_2, como saber inconsciente a ser reencontrado por todos – um sentido para todos para o vazio de cada um. Cena primitiva e complexo de Édipo, em sua estreita relação de complementaridade, indicam a mola propulsora profunda do saber: não tanto o desejo, mas o horror.

A questão da relação sexual, sua abordagem pela análise são quanto a isso inteiramente revolucionárias. Nada mais é que demonstrar como a relação sexual não pode ser escrita; o saber da análise se faz ciência dessa não-relação, da maneira pela qual ela não pára de não se escrever – tendo, como conseqüência, que a verdade não pode ser dita toda e que não há garantia da verdade, S ($\not{A}$).

Entretanto, Freud faz da cena sexual a verdade da etiologia das psiconeuroses, como escreve a Fliess em sua carta de 20 de maio de 1896[38]. A noção de "defesa", à qual ele recorre para explicar o recalque, sem dúvida corresponde também a algo do horror que afeta essa cena irrepresentável.

Essa carta é muito surpreendente, porque ela verdadeiramente orienta todas as causas das psiconeuroses, histeria, neurose obsessiva e paranóia, para um único elemento, "A cena sexual", que, segundo a época em que ocorreu na criança, vai determinar as diferentes psiconeuroses. Freud estabeleceu um painel das correspondências entre a idade na qual aparece a cena e o tipo de psiconeurose que ela determina: "Os períodos durante os quais se produz o recalque de modo algum influem na escolha da neurose. Os períodos durante os quais o incidente teve lugar têm uma importância decisiva"[39].

Duas observações se impõem. Primeiro, Freud constata que há algo de "não-traduzido em imagens verbais" no período "1 *a*" (isto é, até quatro anos). Daí deduz que o despertar tardio de uma cena sexual intervinda antes da idade de quatro anos não comporta conseqüências psíquicas, mas físicas, isto é, uma "conversão". Em seguida, ele define o sintoma, que realiza um "compromisso" entre os processos psíquicos de acesso ao consciente "sem entraves" e aqueles que são "perturbados", como um erro de lógica.

Até essa época, tratava-se ainda de cenas sexuais de sedução agidas por um adulto sobre uma criança. Freud, não podendo considerar o gozo como tal, busca sempre inocentar as crianças e colocar o trauma na frente da cena. Ele recorreu a montagens que lidam com colocações em cena que, "insuportáveis", provocam o recalque e a relegação do acontecimento para o inconsciente.

Eu não vi, não entendi. eu não estava ali

Um ano depois, ele retifica um pouquinho o tiro[40] e considera que as fantasias nas histéricas possam apresentar uma relação com coisas que a

[38] Ob. cit., pp. 145-148.

[39] Ibid., p. 146.

[40] Ibid., Carta de 2 de maio de 1897, p. 173.

criança ouviu num momento muito preciso e cujo sentido ela só apreendeu muito tempo depois – aqui já se lê a intuição da noção de *après-coup*. A fantasia é a partir daí considerada como uma nova manifestação dos processos inconscientes.

Nesse mês de maio de 1897, a denominação "cenas sexuais" dá lugar à de "cenas primitivas". Nesse estádio, Freud pensa ter adquirido uma noção exata da etiologia da histeria e ser capaz de aplicar o tratamento que uma tal etiologia exige: este consistirá em reencontrar as cenas não mais na lembrança, mas através das fantasias assim como das coisas "ouvidas pela criança, mas compreendidas apenas muito mais tarde"[41].

A fantasia é compreendida, doravante, como uma defesa contra o ressurgimento de tais lembranças. O objetivo da análise é sempre voltar às cenas primitivas, com um ligeiro deslocamento, entretanto, já que se trata mais das "formações psíquicas submetidas ao recalque", de "pulsões que decorrem das cenas primitivas" que das lembranças em si[42]. Com essa concepção, que se desenvolverá de maneira mais precisa em *A interpretação dos sonhos*, o sintoma não está mais agarrado diretamente às lembranças, mas às fantasias edificadas sobre elas. Apreende-se assim como progressivamente se elabora uma teoria dos efeitos de cadeia e das transposições, que encontraremos como a própria estrutura da linguagem e à qual mesmo o "não-traduzido" de um período precoce, evocado precedentemente, não escapará, não implicando o "não-traduzido" que não se trate de linguagem. A teoria que Freud elabora sobre o sintoma repousa, com efeito, nas diferentes transposições, nas traduções sucessivas às quais são submetidas as lembranças[43]. Ele observa a importância do *Tagestraum*, pequeno romance diurno que a imaginação efetua, ou dos *Fantasiebildung*, que são os representantes imediatos dos sintomas histéricos, "fantasiações" construídas sobre a base das lembranças antigas. Esses sonhos diurnos, leiamos em *A interpretação dos sonhos*, partilham uma grande parte das propriedades do sonho noturno, chegando a ser-lhes, de uma certa forma, análogos[44]. Ora, é claro

[41] Ibid.

[42] Ibid.

[43] Ibid., Manuscrit L, pp. 174-176.

[44] S. Freud, *L'interprétation des rêves*, ob. cit., p. 419.

que é no modo de formação estrutural – deslocamentos, condensações – ao qual Freud se apega que repousa essa analogia, e aqui aparece um Freud "estruturalista", atento à estrutura: "Quando se examina sua estrutura, percebe-se que a maneira como o motivo de desejo que está trabalhando em sua produção misturou os materiais de que são construídos reorganizou-os e formou-os como um novo conjunto. Eles estão, com relação às lembranças de infância nas quais eles se fundam, na mesma relação que muitos palácios romanos de estilo barroco com ruínas antigas: os modilhões e as colunas dos edifícios antigos forneceram o material para a construção dos palácios modernos"[45].

Essa concepção reaparecerá em *Construções em análise* para indicar o papel do analista, semelhante ao do "arqueólogo que escava uma moradia destruída e soterrada" e cuja tarefa consiste então em *construir* o que foi esquecido: comparação que só tem valor se for subentendido que o que está soterrado são restos e que a construção nem sempre leva à lembrança recalcada: "Assim, com muita freqüência não se tem êxito em que o paciente se lembre do recalcado"[46]. Da noção de reconstrução passa-se sem choque à de construção, como definição específica do trabalho do psicanalista: convite explícito a abandonar a busca da lembrança perdida para dar lugar a uma outra leitura. Com efeito, Freud indica claramente que "uma análise bem conduzida convence firmemente [o paciente] da pertinência da construção do analista, o que, do ponto de vista terapêutico, tem o mesmo efeito que uma lembrança reencontrada". Não se poderia ser mais explícito; essa construção que suplementa a lembrança ausente ou que permanece recalcada não se apresenta como a invenção de um modo de escrita? Não é aí que o saber se inventa?

Freud assim deixa entender que o ato analítico tem efeitos que não são redutíveis ao fato de dizer "o verdadeiro sobre o verdadeiro". Certo, ele não afirma que a leitura do analista deve necessariamente produzir um efeito de sentido. Entretanto, ele propõe "ler de outro modo", o que não signi-

---

45 S. E., V, p. 492.

46 "Constructions dans l'analyse", em *Résultats, idées, problèmes*, II, Paris, PUF, 1985, pp. 271, 278.

fica que essa leitura produza automaticamente um efeito de verdade de origem, mas que inscreva rastros ali onde se edifica a construção. A questão não é considerar o saber inconsciente numa oposição entre o verdadeiro e o falso, mas encontrar um modo de escrita que permita escrever de outra maneira a relação do sujeito com sua verdade. Nisso o princípio da "construção" não deixa de evocar o traçado geométrico, que corta no sentido e traça fronteira entre dois domínios. O fato de Freud atribuir à construção os mesmos efeitos, o mesmo poder que à lembrança não encontrada implica que esse ato põe em jogo o que cai justo: isto é, uma escrita cujo traço tem um efeito de real – o que faz da construção freudiana nada mais que o próprio corte significante[47].

Na origem está o recalque

De fato, se a lembrança originária não é encontrada, é que o recalque é primeiro – e está aí o que Lacan denomina "a báscula da segunda tópica"[48]. Assim, é pela construção que Freud é capaz de supor que, para "o homem dos lobos", o recalque está ligado à experiência dita traumática de uma cena de copulação entre os pais numa posição *a tergo*, cena (re)construída pelo próprio Freud sem que o paciente a tenha diretamente evocado ou mesmo rememorado. Ora, nessa construção, a posição da cena sexual só é restituída a partir das conseqüências traumáticas sobre o comportamento do sujeito. No começo está o esquecimento, inclusive o esquecimento do esquecimento, "uma imagem que nunca foi integrada" e onde "se produzem os buracos, os pontos de fratura na unificação, na síntese da história do sujeito"[49]. Mas esse recalque, se fura o simbólico, é também sua condição mesma. Sem recalque, isto é, também sem retorno do recalcado, um e outro sendo o mesmo, todo um lado da experiência, não apenas o núcleo traumático, cairá talvez fora da existência simbólica.

---

[47] É muito exatamente a tese que Lacan desenvolverá, inclusive na lição III de 20 de dezembro de 1977: "O analista corta. O que ele diz é corte, isto é, participa da escrita, excetuando-se que, para ele, ele equivoque pela ortografia".

[48] J. Lacan, *Télévision*, Paris, Seuil, 1974, p. 48.

[49] J. Lacan, *Le Séminaire, livre I, Les écrits techniques de Freud*, ob. cit., p. 222.

Com efeito, o valor traumático só é situado após o acontecimento da *Urszene* e "toma no plano imaginário seu valor de trauma entre dois e três anos e meio depois, por causa da forma particularmente perturbadora da primeira integração simbólica para o sujeito"[50]. A hipótese é, portanto, a de uma espécie de inconsciente não recalcado, por conseguinte não encontrável, *impensável*; Freud, entretanto, continuará a crer, apesar de sua teoria da construção – e é aí que permanece uma dificuldade –, que com o trauma sexual precoce ele descobriu a fonte[51] da psicopatologia.

Assim, a cena originária que faz "voar em pedaços"[52] a libido é a marca característica da idéia científica em Freud, sua marca registrada: a cena originária como começo absoluto. A idéia, o desejo de origem vêm constituir uma espécie de ideal psicanalítico, que abre diretamente para o mito, desde que a questão da sedução precoce não parece mais sustentável.

De uma lógica binária à retroação do significante

Do engendramento da cena originária à instauração do mito, o de Édipo sendo apenas o prelúdio para o da horda primitiva com seu correlato do assassinato do pai, Freud muda de aparelhamento. A análise do *Homem dos lobos* oferece uma espécie de trabalhos práticos, ao mesmo tempo que uma tentativa de conceitualização científica do *sério* da psicanálise, que empurrará Freud a querer dar à cena originária uma data de aparecimento na história da criança. Trata-se de demonstrar que essa questão *verdadeira* tinha que deixar rastros psíquicos tais que sejam inapagáveis e assim determinar toda a série dos atos no futuro do sujeito.

Está aí a contradição freudiana inicial entre a descoberta da análise, que anunciava a vinda de um saber que não se sabe, e a vontade de um

[50] Ibid., p. 215.

[51] Muito exatamente, "uma fonte do Nilo", loc. cit. acima, nota 1. Freud emprega igualmente essa expressão em "L'étiologie de l'histérie", em *Névrose, psychose et perversion*, Paris, PUF, 1973, p. 95.

[52] Literalmente: "A libido da criança foi, por essa cena, como que partida em pedaços", Freud, "L'homme aux loups", em *Cinq psychanalyses*, Paris, PUF, 1954, p. 356.

saber integralmente transmissível, que permitiria à sua descoberta tornar-se discurso científico.

Freud se viu acuado nos impasses lógicos nos quais o enclausura sua escolha binária entre dois absolutos impossíveis: verdadeiro ou falso. Ele hesita, ele erra entre o sujeito no sentido filosófico do termo, isto é, o da existência, o sujeito ôntico, e o sujeito do inconsciente que, este, só existe numa lógica de efeitos de substituição.

A psicanálise toca assim, através da questão da verdade, na identidade do sujeito. Essa lógica binária do verdadeiro ou do falso, instrumento que Freud utiliza para situar o sujeito do inconsciente, não é muito adequada e é por isso que Lacan tenta subsumi-la com a introdução de um terceiro termo: o "eu sei que eu minto", que maltrata um pouco a concepção filosófica tradicional do sujeito, estendendo-o na direção da prevalência do significante e de seus efeitos.

Lacan sugere[53] que algo não se sustenta no "Eu penso, logo, eu sou" cartesiano. "Eu penso" não é um pensamento, porque o "Eu penso" não se sustenta mais que o "eu minto" dos lógicos.

Assim, em lógica formal, se digo "eu minto", isso é verdade, logo, eu não minto. No entanto, eu minto, já que, ao dizer eu minto, eu afirmo o contrário, eu ao mesmo tempo penso mentir e digo em voz alta que eu minto. Essa breve demonstração formal só tem o interesse de fazer entrever essa divisão: ali onde eu penso, eu não estou, e, ali onde estou, eu não penso. A alternativa rígida entre verdadeiro e falso em que Freud se enclausura cede diante de uma distinção mais apropriada entre sujeito do enunciado e sujeito da enunciação. *Passagem*, uma vez mais, que acarreta conseqüências muito importantes para a própria prática da análise. Com efeito, não é mais possível considerar a *talking-cure* a não ser como um "dizer qualquer coisa" que, como tal, suporta, enquanto estrutura de dizer, o sujeito. A histérica, portanto, diz a verdade e não é mais possível mentir para esconder uma qualquer verdade originária.

No entanto, Freud talvez não falhe totalmente em seu enfoque, ele, que introduz a distinção entre a cena em si e o trauma que ela engendra

---

[53] J. Lacan, *L'identification*, sessão de 10 de janeiro de 1962 (inédito).

apenas "*après-coup*". O conceito de *Nachträglich*, que separa o acontecimento do valor traumático do arrombamento imaginário produzido pelo espetáculo, talvez seja sua mais importante invenção. O acontecimento traumático originário opera em dois tempos: em sua batida (*Prägung* = marca, gráfio, impressão) e *Nachträglich*, *après-coup*. Freud constata que essa batida, que vem inscrever um acontecimento no inconsciente não recalcado, de modo que não integrado no sistema verbalizado do sujeito, deixa uma marca, marca sem significação[54]. Só há marca e, por mais forte razão, significação *Nachträglich* (*après-coup*) – e é aí que o recalque começa: a partir do *après-coup*. Esse *après-coup* permite a Freud elidir, na análise que ele faz dos processos inconscientes, "os intervalos de tempo em que o acontecimento permanece latente no sujeito". O *Nachträglich* vem, portanto, inscrever-se como *retro*-ação do significante segundo a qual "o trauma é implicado no sintoma"[55].

"Entre a batida e o recalque simbólico, não há diferença essencial", nota Lacan[56]. O fato de que o conceito de *Nachträglich* surja precisamente da dificuldade de enunciar algo a propósito dessa famosa cena primitiva não é indiferente: com a força traumática de recalque que ele indica, ele marca de uma certa forma um limite da integração simbólica, no entanto já efetuada.

Com efeito, Freud situa esse "*après-coup*", na análise do "Homem dos lobos", como um terceiro tempo, intervindo na própria análise, após esses dois tempos primeiros e sucessivos que são os dois verdadeiros coitos observados na infância. Marquemos essa escansão:

– "a criança recebe com um ano e meio uma impressão à qual é incapaz de reagir como conviria; ela não a compreende;

– só é apreendida quando da revivescência dessa impressão, aos quatro anos;

– e apenas vinte anos mais tarde, durante sua análise, chegará a compreender com seus processos mentais conscientes o que se passa então nela".

---

[54] S. Freud, *The Dream and the Primal Scene*, S. E., XVII, p. 45.

[55] J. Lacan, "Position de l'inconscient", em *Écrits*, ob. cit., p. 839; ver também *Fonction et champ de la parole et du langage*, ibid., p. 256.

[56] J. Lacan, *Les écrits techniques de Freud*, ob. cit., p. 215.

Algumas linhas acima, Freud tinha tomado o cuidado de definir todo o valor e o mecanismo paradoxal do *après-coup*, que restitui apenas o que escapa a toda restituição, que borda simbolicamente sobre o que ficará fora de simbolização para o sujeito: "O paciente analisado, que tem mais de vinte e cinco anos, empresta, às impressões e às aspirações de seus quatro anos, uma expressão verbal que ele nunca teria imaginado então. Se omitirmos essa observação, será fácil achar cômico e inacreditável que uma criança de quatro anos seja capaz de tais julgamentos pragmáticos e de pensamentos tão sábios. Aí há apenas um segundo tempo de efeito *après-coup*"[57].

Em outras palavras, o tempo primeiro, na idade de um ano e meio, é *impensável*. Será pensável apenas no *après-coup*, o que significa que o acontecimento, o real, se repete e que o que não pode se escrever, essa relação sexual impossível, não vai cessar de ser impensável. Não que seja verdadeiro ou falso. Não procede de nenhuma dessas categorias e é inverificável logicamente.

Entretanto, a verdade, no que ela "diz respeito ao real"[58], não está toda na oposição entre verdadeiro e falso. Se se quer que ela subsista, e numa certa independência por relação a essa oposição, é necessário recorrer a uma escrita desse impossível que nada mais é que a condição mesma de existência da linguagem.

Definitivamente, o que Freud permite elaborar com a noção de *après-coup* é uma teoria da estrutura e de seus efeitos, independentemente do tempo e de toda determinação do sentido.

Essa estrutura é uma estrutura de não-relação entre *Prägung* e *Vorstellung*, entre letra e imagem; diante dessa disjunção, cabe ao analista permitir a elaboração e a inscrição desse "traço pelo qual imagem e escrita se ajustam, quando do real de um buraco"[59]. Em outros termos, permitir passar da invenção do saber à escrita do impossível.

---

[57] S. Freud, "L'homme aux loups", ob. cit., p. 356, nota 1.

[58] Segundo a declaração que serve de abertura a *Télévision* (ob. cit., p. 9).

[59] M. Viltard, "Lire autrement que quiconque", em *Littoral*, nº 5, junho de 1982, p. 106.

O sentido e o insensato

A relação sexual, evocada por Freud como "experiência", parece induzir automaticamente uma representação imaginária, representação a dois que acarreta a hipótese de que há, portanto, relação sexual, isto é, de que 1 + 1 = 2, como se adição equivalesse a reunião, isto é, 2, enquanto que o sinal de adição não é homogêneo. Daí que 1 + 1 = 2 seja também a fórmula da representação imaginária, $\$ \lozenge a$ – ou uma de suas variantes.

Esse deslizamento se liga à própria função do imaginário: apelo ao sentido que tira sua consistência de que "o sentido das palavras constitui apenas aparelhamento para o que se conveio chamar coito sexual"[60].

Aliás, a linguagem é feita para isso: para que haja sentido que, pela ambigüidade de cada palavra, possa se multiplicar. Quanto à análise, ela não deve se deixar prender nisso. Mas velar para não confundir as palavras e a letra, porque é a função do imaginário encobrir sua diferença.

Nesse ponto, a questão do saber inconsciente se apresenta com uma particularidade aguda. Esse saber em nada é um saber de sentido, mas uma pura metonímia que se arranca das conexões gramaticais por uma cortina posta no sentido[61]. Não mais confundir palavras e letras dá acesso a um modo de escrita que não leva mais em conta a homofonia nem a proposição. Apenas a partir das letras se pode visar o necessário como o impossível.

A acepção da letra aqui não se reduz ao sentido alfabético do termo. Ela exige que se vá além da fonetização, que se expulse o sentido, que se separe o dizer do traço escrito – porque, quando é escrito, "não se deve mais poder dizer por quem isso foi pensado. É mesmo, em tudo que é escrito, aquilo com o que vocês lidam"[62].

Lacan quis claramente marcá-lo, ele que tomou o cuidado de intitular um de seus textos fundamentais, nos *Escritos,* como *a instância da letra no inconsciente,* e não a instância do significante.

---

[60] J. Lacan, *Les non-dupes errent,* ob. cit., sessão de 8 de janeiro de 1974.
[61] Ibid.
[62] Ibid., sessão de 8 de março de 1974.

O caráter literal da escrita é o que faz passar da invenção do saber ao real, a partir do momento em que se pôde esvaziar as palavras de seu sentido e o escrito, ao final de um esgotamento das significações, vem dar prova de uma combinação perfeitamente determinada, de um jogo de letras.

"O não-traduzido": tal é, lembremos a denominação utilizada por Freud para qualificar a experiência precoce de uma cena primitiva na criancinha. O não-traduzido diz respeito ao traço e, se mesmo assim se o quer traduzir, é-se obrigado a passá-lo para uma outra escrita, uma escrita que não levaria em conta nem a homofonia nem a proposição: que seria o "fora-do-sentido", isto é, uma pura metonímia. Não-traduzido que fica, no entanto, como traço do lugar onde se poderia ler um efeito de linguagem[63].

A cena primitiva não seria algo análogo a isso: uma construção sem equivalência significativa, algo sem relação de similaridade, um truque que para a criança não se parece com coisa alguma? Com a *Urszene*, Freud havia querido dar uma concepção do originário. De fato, o que ele descobre é o real. Entretanto, a partir dessa constatação, somos obrigados a reinterpretar e prolongar o complexo de Édipo e a castração.

Com efeito, a "não relação sexual" implica uma dissimetria. Não há mais possibilidade, portanto, de se identificar com uma ou com outra das metades de um sexo tido como dividido em dois: homem-mulher.

Essa falta-em-sexo nos remete logo à histérica, menos para nos fazermos a pergunta sobre o que ela deseja que para saber o que nela ela deseja.

Ela sem parar enviou Freud a um "não é isso" e o forçou a seguir esse curso no qual "isso", o objeto *a*, peixe-piloto, asseguraria uma continuidade do começo ao fim de uma frase – esse objeto *a*, que se situa apenas como pura metonímia no que uma demanda supõe de vazio.

Afinal, que tenha havido ou não cena primitiva é de pouca importância na perspectiva da dimensão do impossível com o qual a relação sexu-

[63] Lacan põe, para a inscrição memorial primeira, "a exigência original de uma primitiva instauração de simultaneidade", da mesma forma que para o nascimento do significante: "O nascimento do significante é a simultaneidade, e também sua existência é uma coexistência diacrônica", *Le Séminaire, livre III, Les psychoses*, Paris, Seuil, 1981, p. 204.

al confronta os humanos. Essa incessante repetição faz força de lei e obriga a que ela não se ate.

Se Freud encontra fonte na histérica, foi porque ela lhe ensinou que, desde seu nascimento, o ser humano se caracteriza por distinguir o gozo obtido e o gozo que ele espera. Nesse ponto, a cópula não traz nenhuma acomodação e inclusive complica seriamente as coisas, já que não tem existência no dizer. Está aí o insuportável com o qual a histérica se apetrecha no sintoma.

Ela lhe sussurrará no ouvido esses males de amor, a fim de que ele entenda que o amor entretinha as mais estreitas relações com o saber.

Mas o erro de Freud sem dúvida foi crer nela, crer que a histérica lhe diria toda a verdade e que ela a possuía, na origem, escondida.

Para estruturar um saber, é necessário renunciar à questão das origens; e a análise *passa* por esse trabalho que o confronta com esse "não todo", com esse meio-dizer que objeta ao universal.

2

Histeria: estrutura de todos os perigos

O que acontece de novo em 1895? Isto: a histeria põe pacientes e analistas em grande perigo... A novidade é que, antes da descoberta do inconsciente, apenas as histéricas estavam em perigo, já que as fogueiras consumiam seus desejos ao mesmo tempo que seus corpos. Mas, a partir de Freud, poderia parecer que a transferência também inflama os analistas.

Hoje, o que nos traz a histeria como estrutura é um novo tipo de laço social. Lacan, a partir de 1968, a evocou apenas sob esse ângulo.

A histeria como estrutura torna possível a confusão entre pai da teoria e teoria do pai. Ora, esse ponto, em que verdade e saber se enodam, em que o autor de uma descoberta só pode se implicar, se engajar no que ele elabora, interessava particularmente Lacan. Mas, tão logo o analista encarne o pai da teoria, como veremos com Emma[1], a histérica se encarrega de pô-lo a operar para satisfazer o desejo insabido que subtende toda teoria, constante que se verifica num certo tipo de dependência em relação aos diversos contextos históricos nos quais se encontram instalados os protagonistas.

Lacan dá um sentido novo ao termo histeria – chegando a declarar, numa das últimas Lettres da EFP: "Não estou certo de que a histeria ainda

[1] No capítulo seguinte, "Paixões da escravidão: transmissão impossível".

exista". Alguns anos antes, em 1969, no seminário *De um Outro ao outro*, ele constatava que o sujeito do inconsciente não se tomava como uma mulher, apenas era representado por um significante para outro significante: em outros termos, a partir da escrita dos quatro discursos, a histeria nada mais é que um desses quatro discursos, no qual o sujeito em posição de agente produz um laço social, qualificado de "histérico" precisamente e que se vê dependente do contexto histórico do momento.

Desse discurso, lembremos, em que é o objeto *a* que está em posição de verdade, Lacan fará, em *Televisão*, quase que o discurso da ciência; e da histérica, o sujeito da ciência, aquele que interessa particularmente a psicanálise.

Lacan assim procede a uma verdadeira subversão do termo histeria, que ele libera da hipótese neurótica para melhor fundá-lo como estrutura de discurso e lhe assegurar seu estatuto de laço social. Decisão teórica ainda mais notável porque, nos quatro discursos, apenas o da histeria é desanexado da psicopatologia para ocupar esse estatuto, cartas de nobreza que não serão conferidas nem à neurose obsessiva nem à estrutura psicótica.

Esse quadro conceitual nos permite melhor compreender a fala da histérica de hoje, mas também melhor apreender suas diferentes manifestações históricas.

Se a histérica fala seu sintoma, é forçoso constatar que esse sintoma não é mais o mesmo em 1997 que em 1697, nem mesmo que em 1897. A histeria da Idade Média falava seu sintoma num discurso demoníaco em função do contexto dominado por seu mestre religioso. Nos séculos XVII e XVIII, mulher sábia ou Preciosa, matemática, revolucionária ou mulher de letras, pré-feminista, ou, para além, grande amorosa, não sustentava ela, a seus riscos e perigos ainda, o ideal do "honesto homem" ou do filósofo das Luzes, não lhe subscrevia desesperadamente? No fim do último século, é num discurso neurastênico dirigido a seu Mestre Charcot que ela fala seu sintoma. Hoje, como e para quem (o) fala ela? É sempre o mesmo, quanto a isso não há nada de novo: ela o fala para pôr em operação a teoria do pai, para lhe dar corpo, porque ela de modo algum crê nele. Com a seguinte diferença, entretanto, que quanto mais a teoria é forte socialmente, mais ela serve de limites à histérica. Mas, se essa teoria vier a ficar enfraquecida, maior é o perigo para a histérica, que de seus sintomas faz passagens ao ato, em uma supervalorização sem limite em sua devoção à teoria sempre falha do pai, à qual e ao qual ela só pode se votar "sempre mais". Lacan marca com essa fina fala esse comportamento estrutural[2]:

"O objeto mais precioso é aquele que resta e permanece desejável e, por conseqüência, necessita de uma forma inacessível. É por isso que a mulher por vezes se identifica com esse objeto desejável para um homem. É certamente o que a histérica quer que o homem saiba, não que como mulher faz abrir para o gozo, mas que o outro, o homem, saiba que objeto precioso ela se torna no discurso".

Assim, ela pode falar como feiticeira ou como possuída, fazer-se hipnotizável ou racional e, por que não, analisável. São atitudes que, de todo modo, a levam a uma posição que sempre tende para o sacrifício. Sua conduta sexual a faz oscilar entre o imperativo de uma castração absoluta ou o gozo total de uma Santa.

Para a histérica, a verdade é o objeto que ela está "sempre pronta" a encarnar para todo outro, por pouco que esse outro seja digno de estar como "autor"* de uma teoria.

O sonho de uma paciente nos permitirá ilustra o lugar que ocupam a teoria e o saber e, conseqüentemente, o falo na histérica.

Ela sonha que está perto de uma janela através da qual vê um casal. O homem tem um nariz grande. Eles se despem e a grandeza se confirma pela dimensão imponente do sexo do homem. Sexo que é "normal", diz ela, exceto que é em T, e, quando fica ereto, o T desaparece e o sexo fica direito. No momento em que o casal vai se abraçar, ela não vê mais nada. Rapidamente ela associa e percebe que a letra T é a primeira letra de seu sobrenome, isto é, do nome de seu pai, cuja sexo, diz ela, nunca viu, elemento que evoca nela imediatamente uma lembrança durante a qual seu pai havia caído no banheiro porque havia tido um mal-estar. Tendo percebido, ela entrou para socorrê-lo, mas ele havia tido tempo de ajeitar sua roupa, embora, pelo menos quando a lembrança lhe veio, lhe viera nesse instante este pensamento: "Será que alguma vez eu vou ver o sexo dele?".

---

2 J. Lacan, *L'envers de la psychanalyse*, ob. cit., pp. 31-42 (versão datilografada).

* Em francês, *être à la "auteur"*, que equivoca com *être à la hauteur* ("estar à altura"). (NT)

O pai, portanto, só tem sexo desfalecente, detumescente no sonho, e esse sexo desfalecente é portador de um nome, inclusive se confunde com ele. A paciente o vê sem vê-lo – desfalecente igualmente no mal-estar no banheiro, já que teria tido tempo de escondê-lo, de ajeitar a roupa.

Por outro lado, esse sexo só pode estar em ereção, no sonho, perdendo o atributo do nome (ele perde a forma inicial T e se torna "normal"). Quanto a ela, ela não vê mais nada no momento em que essa ereção tem como conseqüência um coito.

A histérica, portanto, leva "até o limite" a idéia de que o falo não a satisfaz completamente e não considera este como um significante, mas como um objeto que se revela insuficiente, incapaz de cumprir suas promessas.

Ela não cai em que o pênis seja a metonímia do falo. Para além, sua demanda visa a questão mesma do desejo do Outro e, tão logo este se apresse a respondê-la, ele se chocará com essa incessante repetição que consiste em não dever oferecer o que ela pede porque não é isso.

A condução da cura psicanalítica exige, mais com a histérica que com qualquer outro paciente, que o analista não tenha outra função a não ser a de estar ali sem razão de ser. Porque toda razão de ser potencial de sua parte se prestaria a que a histérica substitua fantasmaticamente sua identidade de sujeito pela do objeto do desejo e se ofereça em lugar e posto de tudo o que puder substituí-lo. Oferenda enquanto "objeto mais-gozar", cofrinho que contém o agalma, garantia do gozo que falta ao outro e causa seu desejo.

Ela se ofereceria, portanto, no lugar do objeto que a ela mesma falta. Ela se ofereceria no lugar em que ela não é mais que o "eu [*je*]" desta fórmula: "*Eu* te peço que não me ofereças o que *eu* te peço porque não é isso"[3]. Assim, a histérica ao mesmo tempo está na posição de oferecer e de demandar com a esperança de que sua própria divisão subjetiva, sua própria castração seja ultrapassada nessa relação de absoluto.

É por isso que o desejo da histérica de fato é apenas desejo sem objeto e por essência insatisfeito. Seu objeto é a falta no Outro, é o que ela exige

3 J. Lacan, ... *Ou pire*, ob. cit., sessão de 9 de fevereiro de 1972. É nesse seminário que Lacan pela primeira vez introduz o nó borromeano.

sem parar, o que ela consome, o que ela perpetua enquanto, de fato, não pára de dizer a todo outro: "O que me falta é lhe faltar!".

Conseqüentemente, a histérica é essa figura sempre à espera desse Outro ao qual ela se oferecerá como tudo, sabendo que isso jamais aconteceria: "Não seria isso!".

Já que, para a histérica, não existe pai ideal, ela não está toda submetida. Entretanto, é preciso a ela oferecer-se como objeto apto a dissimular a castração do Outro, que então apenas pode aparecer, com esse apêndice postiço que o corpo dela encarna para formar completude com ele, em lugar e posto do mestre e senhor do gozo.

Em conclusão, o que interessa a histérica em caso algum é a ciência, mas o gozo puro, e o fato de que, na fantasia do Outro, ela seja o objeto que assegura o gozo do parceiro, a fim de melhor negar, por meio disso, sua própria castração.

Lacan propôs, no Seminário sobre *A transferência*, uma formulação, que depois não foi retomada, da fantasia histérica,

$$\frac{a}{(-\varphi)} \lozenge \; A$$

a ser lida assim: "*a*, o objeto substituto ou metafórico, sobre alguma coisa que está escondida, a saber, *menos fi*, sua própria castração imaginária, em sua relação com o outro"[4].

Assim, podemos dizer que a histérica é a estrutura de todos os perigos: especificando-se por um reconhecimento traumatizante do Outro.

---

[4] J. Lacan, *Le Séminaire, livre VIII*, ob. cit., p. 289.

3

Paixões da escravidão: transmissão impossível

"Os homens não encontram a verdade: eles a fazem como fazem sua História e ela os torna melhores"[1].

"Quando venho para cá, o trajeto, seu comprimento, suas dificuldades me fazem sofrer. Sua sala de espera é um pouco a antecâmara da morte. As sessões são como esses campos de concentração, que aliás não conheci". Assim falava esse paciente apaixonado por seu sofrimento, pelo qual ele viera se consultar sem acreditar muito nisso...

Ele havia empreendido anteriormente procedimentos terapêuticos sem sucesso. Esse homem não dizia nada em sessão, ou dizia muito pouca coisa além de alguns fragmentos de histórias, durante os quais o mesmo roteiro se repetia: ele espancara sua mãe, depois sua mulher, e se recriminava enormemente...

A visão dos rastros dos golpes que havia aplicado no corpo de sua esposa lhe parecia uma verdadeira tortura; ele a havia *desfigurado*, dizia ele. Era irreparável e digno de um sofrimento eterno, que ele suportava; contra isso ninguém podia nada, menos ainda seu analista que uma pessoa qualquer. No entanto, ele queria fazer uma análise porque seu médico lhe havia aconselhado como sendo o único meio de sair desse circuito infernal, mas ele duvidava muito disso.

---

[1] P. Veyne, *Les Grecs croyaient-ils à leurs mythes?*, Paris, Seuil, 1983.

Freqüentemente dormia no divã para deixar exclusivamente para o analista a carga desse sofrimento apaixonado, por relação ao qual este último ocupava o lugar de carrasco. Aliás, fossem quais fossem as intervenções deste, silêncio ou interpretação, modificação do tempo de sessão ou do pagamento, cada ato lhe confirmava que seu analista era o executor dessa obra de sofrimento[2].

Uma outra paciente tinha vindo se consultar, rompida com um primeiro analista, pelas seguintes razões: esse homem, por outro lado médico de uma grande notoriedade, lhe havia sugerido passar das duas sessões de psicoterapia semanais estabelecidas até então para três sessões, para que isso se tornasse uma "verdadeira análise". De condição modesta, ela durante muito tempo havia hesitado e enfim havia se decidido a financiar essa terceira sessão com a ajuda da venda de seus móveis. Ela enfim anuncia a seu "doutor" que podia pagar e se encontrava tão deprimida que, em lugar de corresponder ao contrato que ele lhe havia proposto, ele decidiu hospitalizá-la. Esta última intervenção permite a essa paciente parar por aí com essas "despesas" e ir procurar outra coisa...

Dois exemplos clínicos para insistir na parte de alienação no outro, de sofrimento e de passividade que toda paixão, como a etimologia da palavra nos indica, comporta, e sejam quais forem as conotações, pejorativas ou valorizadoras.

Eles nos conduzem ao limiar do que se poderia chamar perversão em sua dimensão masoquista. Tratar-se-ia, então, de um elemento estrutural nos pacientes citados? Ou algo do próprio dispositivo da análise se prestaria a esse possível desvio?

Pergunta difícil, já que toda demanda de análise comporta em si mesma a dependência do desejo insabido que a subtende, mas também a colocação em jogo recíproca do desejo do analista.

Com efeito, mesmo se Lacan pôde enunciar, em seu tempo, que com "oferta eu crio demanda", o dilema continua a ser o seguinte: o analista não pode responder à demanda do analisante, porque seria forçosamente

---

2 Exporemos essa análise desse caso mais amplamente no capítulo seguinte, "Um pai é espancado".

decepcioná-lo, já que o que este último pede é "outra coisa"... Portanto, é posto o quiproquó fundamental sobre, e a partir do qual, se engaja toda análise: um, o paciente, espera uma resposta, sem, por outro lado, saber o que demanda; outro, o analista, não sabe o que se demanda a ele, mas marca distância por relação a essa demanda, porque ao menos sabe que, se acreditasse poder respondê-la, ele se enganaria, porque é certo que não seria isso.

Conseqüentemente, não há nenhuma reciprocidade, mas "disjunção", que seria o eixo com relação ao qual toda a direção da análise se organizaria.

A fórmula – o imperativo – famosa, "não ceder em seu desejo", em nada autoriza fazer toda e qualquer coisa. Ela significa, em primeiríssimo lugar, que não há que ceder quanto a essa disjunção.

Segundo essa leitura, o que fazer com o recurso à frustração, do qual não há nenhum rastro na obra de Freud? Dirão que o enquadramento, que se transforma em *dicktat*, promove o analista ao nível de funcionário do desejo.

O mais espantoso dessa severidade, inclusive dessa ferocidade é que elas não forçosamente impedem os pacientes de prosseguirem suas análises. O ponto crítico residiria, antes, em que esse rigor os deixa na absoluta impossibilidade de fazer a mínima distinção entre ato analítico e enquadramento mítico – ou seja, alienação total.

Dar seu corpo ao "Gozociência [*Jouiscience*]"

Peguemos o exemplo de Emma Eckstein, que começa uma análise com Freud com a idade de cerca de vinte e sete anos. Nas passagens de sua correspondência referentes a ela, Freud testemunha as mais apaixonadas relações que ele jamais teria escrito sobre um paciente. Qual foi o custo disso? É o que tentaremos avaliar.

Emma sofria de problemas de menstruação, caminhava com dificuldade e se queixava de gastralgias. Freud, apaixonado por Fliess nessa época (estamos em 1895), não pôde impedi-lo de operar Emma. Com efeito, Fliess, a quem ele se dirigira, lhe havia sugerido deixá-lo curar os sintomas dessa paciente, já que, segundo ele, "as mulheres que se masturbam geralmente sofrem de dismenorréia. Se não renunciam realmente a esse mau hábito, elas só podem ser curadas por uma operação do nariz"[3]. Esclareçamos que até então Fliess havia se contentado simplesmente com intervenções pouco importantes, não sendo ele cirurgião.

Sem dúvida é a razão pela qual Freud, um pouco preocupado, pede além disso a presença do Dr. Gersung, cirurgião de uma grande notoriedade em Viena nessa época, que recusou. Então, Fliess opera Emma Eckstein sozinho.

As seqüelas operatórias foram tão complicadas que, na ausência de Fliess, que já havia partido, Freud pede de novo conselho a Gersung, que, consciente do perigo que representava a persistência das hemorragias, consente então em colocar um dreno para reduzir o edema e aliviar a jovem. Mas os sintomas logo voltaram e, em razão dos sangramentos persistentes do nariz e da boca, foi preciso intervir de novo, o que, afinal, permitiu descobrir que Fliess havia deixado cinqüenta centímetros de gaze na incisão... Esse esquecimento mantinha a infecção e o edema e tornava a presença de Gersung novamente necessária, a fim de quebrar o osso, reabrir e curetar.

O mais surpreendente foi que Freud considerou essa sangrenta seqüela operatória como "anormal" da parte de Emma, que, como boa histérica, pensava ele, pusera-se a sangrar "sem razão". No entanto, ele não percebia nada de "anormal" em ter deixado Emma nas mãos de um Fliess, que ele havia deixado operar sozinho e sabotar essa cirurgia para a qual de modo algum era qualificado. Mas a paixão de Freud por Fliess rápido retoma a proeminência por relação àquela por Emma, e ele se apressa a negar a evidência do erro técnico de seu confrade, para finalmente se agarrar à versão oficial, segundo a qual as hemorragias de Emma eram de natureza histérica, conseqüência de um desejo sexual não apaziguado[4].

---

[3] W. Fliess, *Über den ursächlichen Zusammenhang von Nase und Geschlechtsorgan*, Halle, 1902.

[4] Carta a Fliess de 26 de abril de 1896. Publicada por Max Schur em *Essais in Honor of Hinz Hartmann*, editados por R. M. Loewenstein, Lottie M. Neuman, M. Schur e A. Z. Solmir, New York Universal Press, 1966, pp. 45-85; citada por Jeffrey Masson, em *Le réel escamoté*, Aubier, 1984, p. 117.

Apesar dessas devastações que a deixaram desfigurada – seu osso escavado tendo terminado por afundar –, Emma guarda intacta a estima que tinha por esses dois homens! Não apenas não foi capaz de fazer nenhum juízo sobre essa operação como publicou um livrinho de 38 páginas no qual desenvolve amplamente as teses que demonstram que a masturbação era um inimigo dissimulado da criança: "Escapando assim à atenção, insuspeitada, ela se insinua no quarto das crianças, prossegue seu trabalho, assiduamente, sem encontrar obstáculo para alcançar seu objetivo que é destruir a juventude e a força física e mental de suas vítimas"[5]. Ela inclusive chegará a escrever que aprovava o recurso às roupas de noite especiais ou a certas bandagens para prevenir a masturbação.

Entretanto, todas essas elucubrações teriam apenas um interesse derrisório para nós se não houvessem correspondido exatamente à teoria de Fliess, para o qual a masturbação era a origem "neurótica" de diversos distúrbios – portanto, das gastralgias e da hemorragia uterina funcional: no nariz dessa mulheres, o corneto médio teria ficado, segundo ele, hipertrofiado: "O efeito da masturbação nesse órgão [o nariz] em nenhum caso poderia ser descrita de maneira exaustiva pela afirmação de que o resultado é uma mudança que ocorre nos pontos genitais do nariz, certamente não, se se consideram os pontos genitais do nariz como sendo o corneto inferior e os *tubercula septi*, como havíamos feito até aqui, por boas razões. Uma outra região do nariz sofre uma transformação típica provocada pela masturbação, a saber, o corneto esquerdo médio, essencialmente em seu terço frontal. Se se retira completamente o fragmento do corneto esquerdo médio, o que pode ser facilmente realizado com a ajuda de fórceps adequados, as gastralgias serão curadas de modo permanente"[6].

Mas o mais surpreendente – que nem por isso é anódino – não é que Emma tenha desejado curar as crianças da masturbação, ou que Freud e Fliess tenham querido remediar as conseqüências desta pela cirurgia. É que, em torno de uma teoria que, por outro lado, era contestável, eles tenham, os três, num acordo perfeito, desenvolvido um consenso imagi-

[5] Emma Eckstein, *Die Sexualfrage inder Erznehung des Kindes*, Leipzig, 1904, p. 12.
[6] *Über den ursächlichen Zusammenhang*, ob. cit., p. 108.

nário à revelia deles – conjugando a catástrofe teórica no que se refere à psicanálise com o desastre consecutivo à colocação em ato dessa conjunção recíproca imaginária.

Freud havia verdadeiramente se afastado do que deveria ter sido sua única referência com essa paciente, e que só se pode formular pela emblemática fórmula da histérica: "Eu te peço que recuses o que te ofereço porque não é isso"[7].

Ele não pôde recusar a oferta de Emma porque ela lhe propunha lhe dar, com a ajuda de seu próprio corpo, a confirmação de sua teoria do momento. Ele de bom grado cai na armadilha e não pôde mais recusar a "cura" sugerida por Fliess, que devia lhe trazer também uma confirmação suplementar.

Nisso ele era o discípulo de Fliess, seu "médico aluno". Ora, o analista é colocado à prova precisamente nesse ponto de encontro, de adequação ao qual o convida o analisante, sempre pronto a corresponder apaixonadamente ao desejo que ele supõe a seu analista, embora ao preço de partilhar com ele um gozo teórico.

Infelicidade, pelo menos fracasso analítico para aquele que se deixa prender nessa oferta em espelho, porque esse lugar de encontro imaginário sem dúvida seria a origem de uma grande paixão, mas não haveria mais, ao mesmo tempo, grande coisa a esperar de uma análise em tais condições transferenciais, ou, mais exatamente, passionais[8].

Escravidão ao ato

No entanto, o analista não está isento de toda tentação. Ele pode se deixar impregnar, ainda que por um instante, pela crença gratificante de que ele encarnaria esse pai que o analisante nunca conheceu, essa boa mãe tão ansiada, ou, mais banalmente, esse teórico tão astuto! Os perversos o esperam nessa fraqueza, sem sempre lhe deixar escolha. Com efeito, o código da perversão impõe que todo ato caia irremediavelmente sob o golpe da

---

[7] Loc. cit. no capítulo precedente, nota 3.

[8] Trata-se, nesse exemplo, de obter o reconhecimento traumatizante da Outra demanda. Ao que Freud responde, como se acaba de ver.

lógica do contrato de que o perverso se nutre: a associação livre pode também servir para levantar o véu do pudor e para pôr o analista atrás do buraco da fechadura do *voyeur*. Da mesma forma, o pagamento, o silêncio e as sessões de duração variável podem se transformar no instrumento de um gozo masoquista tão esperado.

O que o analista é suposto saber é que não pode responder à oferta da demanda do paciente. Toda resposta outra, toda instauração e toda aquiescência, ainda que mínimas, a uma qualquer cumplicidade, notória ou outra, irremediavelmente enviaria os dois protagonistas à mitificação, ou mesmo à mistificação. A extraordinária alienação transferencial que por vezes liga o analisante ao analista pode conduzi-lo a todos os sacrifícios: ele está pronto a se votar à teoria suposta de seu analista, a qualquer preço, a esposar apaixonadamente todas as causas dele e, em particular, as que supõe sustentarem o desejo dele. Qualquer uma pode servir de suporte... e também a causa freudiana.

Essas paixões sacrificiais, como todas as outras, implicam uma solidariedade de natureza entre o oficiante, o Deus e a coisa sacrificada.

Em tais paixões transferenciais, o analista ou sua teoria podem se transformar em totem ou em fetiche do sacrifício.

É a partir do momento em que uma atitude que repousa num "confiar antecipadamente" se instaurou no dispositivo de uma análise que um ponto de acordo imaginário pode se fazer a isca de uma paixão na qual se enfeudarão os dois protagonistas. A partir daí, não há mais disjunção e toda invenção – aquela à qual o psicanalista é, no entanto, obrigado – se torna impossível; a análise vira para o simples ritual e só serve para confortar a crença no analista ou em sua teoria.

Confiar antecipadamente equivale a fazer aliança com a Paixão. Em matéria de análise, sem dúvida a posição de aluno é o meio de transmissão mais defeituoso.

4

Um pai é espancado

O enunciado "Uma criança é espancada", com sua forte presença de enunciação (*Ein Kind wird geschlagen*: "Está sendo espancada", forma progressiva), é uma das transformações, como Freud mostrou[1], de um enunciado – uma fantasia – fundamental: "Eu [*Je*] sou a criança espancada". Neste último, o sujeito da enunciação é também o sujeito do enunciado. Nas outras transformações gramaticais, a criança espancada sempre se distingue do sujeito da enunciação: "O pai espanca essa outra criança odiada por mim", ou "Eu assisto como espectador a uma cena na qual uma pessoa depositária de um significante paterno espanca uma outra criança".

O que é importante nessas transformações sucessivas é que o sujeito da enunciação esteja recalcado: o fato de o pai espancar uma outra criança, esse enunciado ambíguo me traz a prova de que, de todo modo, o pai me ama – ele ama apenas a mim, já que espanca o outro que eu detesto, ou então: ele me espanca, logo, ele me ama.

Nessas três versões, a criança permanece como autora da fantasia, seja ou não seu objeto. O fato de que haja maus-tratos na realidade levanta um problema grave, mas em nada impede que esses três tempos da cons-

---

[1] "Un enfant est battu", em *Névrose, psychose et perversion*, ob. cit., pp. 218-243.

tituição da fantasia estejam operando. Inclusive, é provável que seja isso que perturba o adulto, que, como destinatário do enunciado, se vê tomado como testemunha e mesmo participa, de alguma forma, à sua revelia, da realização da fantasia na medida em que se vê reenviado à posição do *voyeur*, cúmplice de uma cena cuja narração pela criança nunca está isenta de um certo gozo. Os protagonistas assim podem se ver implicados, cada um, em suas próprias fantasias, as quais podem se nutrir das diferentes narrações que, tanto uns como outros, se prestam a contar ou a escutar.

A transformação desse enunciado "Um X espanca uma criança e sou testemunha disso" nesse outro, "Eu sou a criança espancada pelo pai", indica uma passagem entre uma posição sádica e uma posição masoquista. Mas também se deve entender aí a maneira mais radical pela qual um sujeito pode se afirmar por meio de um significante, em um processo que petrifica o adulto-testemunha.

Com efeito, o que aí se desvela é que, para além do princípio de prazer, em certas crianças que se caracterizam por terem sido mais, ou menos desejadas, existe uma irresistível propensão a que o desejo de reconhecimento passe pela morte.

É forçoso constatar que, na fantasia de fustigação, o sujeito se afirma com a ajuda de um significante, embora ao preço de esse significante o representar para um outro significante pelo turgimão do porrete ou do chicote que o atinge e de essa repetição, essa batida, vir a liberar para ele um efeito de reconhecimento.

Mais vale ser espancado que não ser desejado! Essa realidade psíquica constitui obstáculo ao estabelecimento de uma verdade objetiva, definida em termos sociológicos, porque para o inconsciente o desejo do Outro é lei: é por isso que as crianças espancadas têm tanta dificuldade de falar das sevícias de que são objeto.

De uma posição perversa em sua dimensão sadomasoquista não se deve concluir precipitadamente, entretanto, pela constituição de uma perversão, como também uma perseguição sofrida na infância não está automaticamente na origem de uma paranóia.

Entretanto, a fantasia "uma criança é espancada" destaca a questão dessa dupla determinação. Freud assim adianta a hipótese de uma forma de paranóia que tem sua fonte na fantasia: "Seres humanos que trazem neles uma tal fantasia dão prova de uma sensibilidade e de uma suscetibilidade particulares com relação a pessoas que eles podem inserir na série paterna; eles facilmente se deixam ofender por essas pessoas e assim proporcionam a realização da situação fantasiada, isto é, que são espancadas pelo pai, para sua grande infelicidade. Eu não ficaria espantado se um dia se chegasse a demonstrar que essa mesma fantasia está na base do delírio querulento dos paranóicos"[2].

Peguemos o exemplo do Senhor X, paciente de quarenta e três anos, casado há vinte e dois anos. Ele tem um filho de vinte e dois anos, uma meia-irmã agora falecida e um meio-irmão, os dois vindos de um primeiro casamento da mãe.

É apenas depois de um certo número de meses de equilíbrio de um tratamento que ele vem se consultar para uma análise. Sua análise se desenvolve por um pouco mais de dois anos. Num certo momento, em razão de alguns indícios, pudemos pensar no caso de uma perversão.

Essa hipótese nos parece de interesse tanto maior porque, tendo sua análise sido suspensa, mais certos elementos iam nesse sentido, mais seu médico (que continuava a tratá-lo) dava elementos que confirmavam a hipótese de uma psicose paranóica.

É o êxito do filho do Senhor X num concurso de altíssimo nível que marca uma virada decisiva em sua vida. Nossa elaboração sobre esse caso só pode ser retomada no momento em que seu médico nos revela que "seu pai era morto sem sepultura, tendo legado seu corpo à ciência".

Os segredos e a extrema reserva em que o Senhor X tinha ficado durante sua análise permaneciam muito enigmáticos, tanto mais que sua posição – tanto na nossa perspectiva quanto na de seu médico – visava à destituição, inclusive a um certo tipo de desafio. Com efeito, a partir do momento em que havíamos acreditado bom responder positivamente à sua demanda de análise, ele se servira dessa "aceitação" para demonstrar que o Outro não era nada e, sobretudo, nada podia fazer por ele – a ponto de arriscar sua própria existência para trazer disso a prova.

[2] Ibid., p. 235.

Ele, portanto, havia se acantonado numa certa suspensão, esperando poder demonstrar a extraordinária impotência de seu analista diante do sofrimento incomensurável que ele vinha testemunhar. Sua visada era destituir o Outro, ao preço de seu próprio aviltamento. Toda intervenção da parte de seu analista vinha trazer uma nova prova suplementar à idéia de que nada lhe permitiria mudar. "Tudo isso não servia pra nada", tanto mais que ele não vinha por ele, dizia, mas porque havia "uma mulher desfigurada", o que constituía a razão de sua demanda de análise. Ele queria "parar de espancá-la e proteger sua família de sua própria violência", que, no entanto, ele apresentava como se ele mesmo fosse o objeto dela.

Sua preocupação principal havia sido, desde as primeiras entrevistas, saber se seu analista ia aceitar sua demanda – dele, que sofria tanto. A análise era "sua última chance".

No entanto, ele com freqüência dormia durante suas sessões, depois acordava testemunhando que estava "contente por vir falar". Entretanto, ele não tinha vontade de dizer tudo o que lhe vinha à cabeça. Achava que, se adormecia no divã, não era porque não respeitava a regra da associação livre nem porque resistia, mas porque queria, simplesmente, guardar um "pouco de privacidade" e, sobretudo, não se sentir "humilhado", situação em que lhe aconteceria, por acaso, dizer alguma coisa "mesquinha". Ele sistematicamente tentará "invalidar" cada elemento do quadro e do suposto desejo de seu analista.

A análise se revelará, muito rápido no decurso das sessões, como uma espécie de técnica de correção de seu mau pendor: no caso, espancar sua mulher. Isso não o impedia, afinal, de reiterar até que ela tivesse "agora seus rastros; até que ela ficasse desfigurada, transformada e definitivamente feia".

Principalmente este último elemento o perturbava, mas não se sentia culpado por ele como se poderia supor. O que mais o preocupava era a constatação de que ela se tornara feia e, assim, ela não o agradava mais. Através disso, as sessões foram vividas como "punições", "purificações" que ele se impunha. A questão era, enfim, "expiar" o que havia feito sua mulher sofrer.

Entretanto, ele estabelece muito rápido uma primeira ligação com *A punição* que, criança, ele se impunha cada noite antes de dormir: "Dizer cerca de quarenta pais-nossos", obrigando-se a não se mexer. Esse ritual de adormecimento era ornado por alguma triturações pessoais tais como: "Que eu seja gentil com minha mãe".

Com efeito, ele achava que tinha uma pesada dívida a pagar: até a idade de quatorze anos, e desde os sete, ele havia espancado e insultado copiosamente sua mãe porque, dizia ele, "ela me culpabilizava em vez de me impedir de qualquer coisa".

Este último elemento lhe permite estabelecer uma novo liame com a lembrança de que "sua mãe havia batido em seu pai". A partir daí, é claro que ele vinha fazer uma análise para sofrer e expiar o fato de haver batido em sua mulher, da mesma forma como se impunha, criança, "pais-nossos" por haver batido na mãe. Soubemos depois de sua análise que ele havia tentado, quando era ainda criança, levar seu pai a se revoltar contra sua mulher, mas este se deixava brutalizar e, ao fazer isso, lhe dizia: "Vês, eu não posso, tua mãe é admirável".

Como entender essa repetição?

– sua mãe espanca o seu pai: ele é testemunha;

– ele espanca sua mãe: quem é testemunha? Não se sabe, a não ser que isso tenha chegado até a intervenção da polícia, pelo menos uma vez;

– ele espanca sua mulher: sem dúvida seu filho é testemunha.

Não esqueçamos o quarto ponto; ele reproduz, no quadro mesmo da análise, um "ser batido", já que ele vem "para sofrer a punição, sofrendo", ao mesmo tempo duvidando de que isso lhe traga alguma coisa. Quem é a testemunha?

Ele evoca significantes importantes referentes a sua mulher: "Ela está apaixonada por mim!". Com efeito, aquilo de que ele se queixava mais, durante sua análise, era de ter marcado o corpo dela e lhe ter deixados rastros como conseqüência dos golpes que aplicava nela. "Ela, no entanto, tentava fazer tudo por mim", dizia ele, "e em troca só recebia meu ódio"; assim evocará ele, em meias palavras, que teria sido bom que ela não respondesse à demanda dele, porque a partir daí ela ficava em posição de falibilidade. Com efeito, toda resposta à sua demanda manifesta, mesmo que se tratasse de um acordo para sua análise, era o sinal e constituía ao mesmo tempo a prova da falibilidade daquele que a ela respondia.

Esse roteiro lhe era imposto pelo imperativo de um supereu que dita evidentemente o gozo. Gozo do corpo do Outro que mais nada tem a ver com o signo de amor. O corpo de sua mulher, no qual ele desesperadamente tentava inscrever uma marca, nada mais era que o lugar de sua tentativa de metaforização paterna.

Tratava-se de deixar um rastro no corpo de uma mulher, um estigma, de escrever uma barra. Não havia o que fazer com o corpo de sua mulher no sentido estético, embora ele tenha se queixado da feiúra dela; o que o interessava era a marca que ele inscrevia e aquilo pelo que ele sofria era, bem mais que com essa feiúra infligida, que não houve nenhum rastro suficiente para estabelecer a prova e, sobretudo, a permanência da inscrição.

No entanto, ele gozava com esse corpo reduzido ao estado de signo! Esse gozar, correlato à castração, estava tomado no imperativo dessa repetição aparentemente sadomasoquista.

É aqui que devemos interrogar o roteiro desse paciente de maneira um pouco mais precisa. Verdadeiramente, não se trata dos três tempos freudianos de "espanca-se uma criança", que lembramos: 1. O pai espanca a criança (odiada por mim); 2. Eu sou espancado pelo pai, 3. Uma outra pessoa espanca uma criança e o autor da fantasia olha.

A transformação entre o tempo 1. e. 2. supõe que a pessoa que espanca seja a mesma, isto é, o Pai, mas a criança espancada, uma outra: o autor do que já é uma fantasia. O tempo 3. realiza a última transformação e torna completa a fantasia, substituindo a pessoa própria do autor e o pai que espanca por um outro adulto, professor ou representante da ordem da Lei, portador de significantes paternos, e uma outra criança.

Duas observações se impõem: primeiro, a propósito do sexo dos atores da fantasia – Em seu artigo, Freud aborda a questão a propósito das meninas, depois especificando que é de fantasia que se trata. O contexto de nosso paciente é completamente diferente dos evocados por Freud. Com efeito, que valor dar aos dois primeiros tempos de seu relato: sua mãe espanca seu pai e ele próprio espanca sua mãe? É uma lembrança, uma fantasia ou um delírio?

Seja qual for a resposta, sublinhemos que o que se diz implicitamente através de seu roteiro repetitivo é um NÃO; ele próprio afirma que, se espanca a mãe, é porque ela não lhe diz não e, em lugar e posto desse não, ela o culpabiliza.

Trata-se, portanto, para ele, de espancar para escrever um NÃO-NOME [*NON-NOM*].

Ora, como Lacan lembra em "Les non-dupes errent", "a mãe está reduzida a traduzir esse nome no mínimo por um não, justamente o não que o pai diz, o que nos introduz no fundamento da negação"[3]. A função paterna repousa, portanto, numa incerteza, e o pai só pode se situar no campo da confiança concedida à fala do Outro; aqui, a mãe. A criança se vê confrontada com a dimensão de um desejo referido ao Nome-do-Pai, isto é, submetido à lei do desejo do Outro.

O reconhecimento do pai simbólico pela criança só acontece na medida em que ele fique dependente da atribuição fálica: mas não é porque a criança sabe que o pai tem um pênis que ela, nessa medida, lhe atribui o falo. Ela só pode supor essa atribuição fálica se sabe que o pai se fez preferir pela mãe, tornando-se o objeto de desejo desta. A partir daí, a criança pode se dar conta também de que o lugar do gozo materno não se situa mais apenas com ela, criança.

Para nosso paciente, tudo isso vacila um pouco. Com efeito, como atribuir o que quer que seja a um pai espancado por sua mulher, e isso ainda mais quando, como ele achava, foram muito raros os momentos em que ele podia ser testemunha da presença de seu pai. Nesse sentido, o Senhor X freqüentemente se queixou de que sua mãe durante muito tempo barrou uma aproximação entre seu pai e ele.

Portanto, se nos referirmos à hipótese lacaniana segundo a qual o pai só está presente por sua lei, que é de fala, e que é apenas na medida em que esta é reconhecida pela mãe que ela tem função de Lei, eis o Senhor X totalmente fora do circuito. Acrescentemos a isso que esse pai era, ao que lhe havia parecido, um homem freqüentemente muito deprimido, que fez algumas estadias em clínicas – razão pela qual sua mulher teria desejado manter seu filho, o Senhor X, à distância?

Se o Pai da lei, portanto, está ausente, e se não se entendem por Pai ou Nome-do-Pai, nem o da procriação nem o do patronímico, o único

---

3 Ob. cit., março de 1974.

significante que representa o pai, para esse paciente, é o significante ESPANCAR como colocação em ato fracassada do desejo de sua mãe. Assim, o Senhor X não pode pertencer a nenhuma família, ele literalmente não é nomeado – elemento que reencontraremos no encontro com o professor com o qual ele fará sua tese de doutorado.

A descrição que ele faz desse acontecimento é muito espantosa. Com efeito, o Senhor X havia encontrado esse professor por diversas vezes durante seus estudos e "soubera logo" que era com aquele "homem ali" que queria fazer seu doutorado: "Ele se sentiu atraído por ele como por uma força de atração". Com vinte e um anos, chega o momento, ele procura esse homem, ao qual pede que aceite orientar sua tese. De início este rejeitou, depois, por fim, aceitou, mas impondo-lhe duas condições redibitórias. Com efeito, ele havia se contentado em inscrever um enunciado no quadro, sem lhe dar mais explicação, a não ser para especificar que ele deveria tratar esse tema em menos de um ano e meio.

O Senhor X evocará que, nesse instante, ele nem mesmo conseguiu decifrar o enunciado e, sobretudo, que ficou paralisado com o fato de que sabia que seu professor já possuía a solução para esse problema cujo título ele nem mesmo era capaz de ler. Foi subseqüentemente a esse acontecimento que, com vinte e um anos, o Senhor X "cai" numa profunda depressão e desaba. E é no mesmo momento em que aquela que devia se tornar sua mulher "cai" grávida para dar nascimento, apesar de algumas tentativas de aborto, a um filho. Com vinte e um anos exatamente, o Senhor X se torna "pai" e, daí, se sente tão mal que nem consegue ler os livros básicos dos brilhantes estudos que, no entanto, até então havia empreendido.

Desse engavetamento entre duas nomeações do pai falhadas – seu impossível encontro tanto com o pai ideal imaginário quanto com a paternidade real – ele guardará a lembrança de uma profunda desvalorização de sua pessoa, de uma intensa "humilhação", e sua vida intelectual se deterá durante os vinte e um anos que se seguirão.

Ele havia escolhido seu orientador de tese em lugar e posto daquele que enfim poderia nomeá-lo, reconhecê-lo no momento em que ele mesmo se tornava pai. Representante representativo a ultrapassar, sobre o qual, entretanto, ele pôde dizer que, se isso tivesse acontecido, ele teria sido destruído.

Era uma tentativa desesperada de pôr para funcionar um referente, que igualmente encontramos operando no ato de espancar. Com efeito, se sua mãe espanca seu pai, isso não pode ser produzido sem dotá-la, "no mesmo tempo" de algum atributo masculino. Assim, podemos nos perguntar se essa lembrança infantil não foi transformada em desígnio.

Com efeito, a fantasia passiva "ser amado pelo pai", transformada em fantasia masoquista, "ser espancado pelo pai", é transformada, como nos lembra Freud, pelo menino: "O menino, ao contrário, muda a pessoa e o sexo daquele que espanca, substituindo o pai pela mãe, e conserva sua própria pessoa, de modo que, no fim, quem espanca e a pessoa espancada são de sexo diferente"[4]. Faremos então a hipótese de que o pai do Senhor X foi tomado por seu filho como objeto de amor, posição que paralisa este último numa ligação incestuosa. O Senhor X. se sente o instrumento, a marionete, postura que reencontraremos durante sua análise sob a forma totalmente passiva do seu dormir durante as sessões. Esse "adormecimento" testemunha uma violência extraordinária, pela qual tratava-se de manter o Outro em fracasso quanto a sua própria resposta, maneira de fazê-lo cair do pedestal no qual, no entanto, o próprio paciente-filho o colocava no mesmo momento.

Ele havia querido ser aceito por seu professor, mas este, por sua resposta, o mergulha numa total impotência. Da mesma forma, ele havia querido ser aceito por seu analista, mas, diante de sua resposta (a aceitação de tomá-lo em análise), tenta colocá-lo/colocar-se na mesma impotência.

Certo, a questão da homossexualidade está fortemente subjacente a esse roteiro. Ela só poderá ser evocada pelo Senhor X a propósito de seu filho, sob a forma de uma preocupação muito obsessiva constituída da idéia de que ele poderia se tornar homossexual, e de que, aliás, ele era muito feminino, etc: deve-se entender aí a projeção de sua própria posição de criança com relação a seu pai.

Durante as sessões, ele passa bastante facilmente, no registro da fantasia, do sadismo com relação a sua mulher – que ele imagina cortar em pedaços com uma faca – ao masoquismo. Num sonho, ele se vê cair de uma

---

4 "Un enfant est battu", ob. cit., p. 238.

janela e chegar embaixo num choque muito direto e doloroso; aconteceu-lhe acrescentar, durante esse sonho transformado em fantasia, um refrão de sadismo destinado a sua mulher, que ele descreve se precipitando para seu leito, muito infeliz por descobri-lo assim; é então que, num primeiro alento, ela lhe diz para não se inquietar, mas é muito tarde, ele já está morto: "Ele estava morto e ela não sabia". Observamos aqui a encenação de uma fantasia durante a qual, no momento em que sua mulher lhe diz essas palavras ternas que ele tanto esperava, ele não poderá ouvi-las, porque já está morto. Roteiro conhecido em que novamente o outro lhe traz a prova de seu desfalecimento, desde que responde à sua demanda.

Esses elementos muito perturbadores deixarão em suspenso, portanto, a questão da perversão, o que não deixa de ter uma certa relação com o fato de seu pai ser, como soubemos subseqüentemente, "morto sem sepultura". Seu pai havia terminado por se suicidar com gás, tinha falhado e havia morrido alguns anos mais tarde, após uma demência, seqüela de sua intoxicação com óxido de carbono. Mas o mais importante é que esse pai, morto, tenha ficado sem sepultura, sem estela, sem superfície alguma na qual se possa inscrever um nome, já que ele havia "legado seu corpo à ciência".

Nesse ponto, temos o direito de perguntar sobre o grau de realidade que afeta a lembrança que ele tem de sua mãe espancando seu pai. Com efeito, a fantasia consciente ou capaz de consciência que tem como conteúdo "ser espancado pela mãe" não é primária. Há um estádio preliminar, que regularmente é inconsciente, e que tem como conteúdo "Eu sou espancado pelo pai", nos lembra Freud[5].

Encontramos, no momento em que o Senhor X espanca sua mãe, depois sua mulher, essa "criatura sadicizada" como objeto infame, tanto melhor votada aos maus-tratos porque é possível gozar com seu caráter repugnante. Lembremos: "Espanquei-a tanto que ela ficou desprezível, ela me enoja", dizia ele.

Esse elemento corresponde à necessidade da instauração de uma mãe "toda-poderosa" no reino do desejo, capaz de barrar um pai e, talvez, até de apagar seu nome. Espancar sua mulher é, aqui, equivalente invertido de uma construção: a de uma mãe à qual não falta nada e que neutraliza todo acesso

---

[5] Ibid., p. 237.

ao pai, construção que passa por um verdadeiro esmagamento do significante e do significado da Lei, resistindo à metáfora mesma que ele tenta realizar.

Com efeito, espancar sua mãe, depois sua mulher, equivalente por transformação de "ser espancado pela mãe", isto é, primordialmente pelo pai, representa a última tentativa desesperada de (r)estabelecer uma inscrição paterna. Essa operação no simbólico só pode fracassar, porque o ato de espancar na realidade não pode servir como referência à lei, sobretudo se faz a si mesmo como único agente, auto-referente.

Essa mãe fálica por excelência encarna a lei para a criança, na medida em que ela se encontra em posição de embaixatriz. Mas ela está também fora-da-lei, já que nega a castração e sem dúvida alguma é na grande desordem dessa ordem nova que o Senhor X tenta restabelecer uma lei por ocasião de suas passagens ao ato com a mãe, depois com sua mulher.

Ele ali efetua uma tentativa desesperada de restaurar um imperativo tal que os sexos confessem uma diferença e seja enfim marcados por um lugar. Mas é esforço perdido: por esse ato, o Senhor X invalida essa lei mesma que ele tenta reinstituir, já que ele se torna seu único referente; de onde a impossibilidade de toda simbolização tão logo ele também escapa à submissão ao desejo do Outro.

O significante ESPANCAR é, para o Senhor X, Nome-do-Pai significado no desejo da mãe, mas sem metáfora possível. É pelo que ele não cessará de repeti-lo, de colocá-lo em atos e assim tentar inscrevê-lo como real no corpo de uma mulher.

Notemos que, no momento em que uma metaforização teria sido possível com a ajuda do famoso professor, o Senhor X não pode suportar e desaba. É um momento crucial, já que foi a possibilidade de que ele fosse enfim nomeado; em outros termos, de que ele não estivesse mais na auto-referência. No entanto, é aí que começa essa tão profunda depressão, que ainda se amplificou depois que ele se tornou pai, com vinte e um anos.

Voltemos a esse momento iniciático do encontro imaginário com esse sucedâneo do pai na pessoa do professor, pelo qual ele havia experimentado essa atração "amorosa* ". Esclareçamos que, depois de ter feito sua

* Em francês, *aimant*, que, como substantivo, significa "ímã", "força de atração" e, como adjetivo, significa "terno", "afetuoso", "amoroso". Aqui, o autor usa *attraction "d'aimant"*. (NT)

tese em cinco anos ao invés de no um ano e meio previsto, ele não abrirá mais livro durante vinte e um anos e alguns meses. Essa cifra é capital sob muitos aspectos, já que ele foi pai com vinte e um anos e alguns meses e que seu filho entrou para uma grande escola na idade de vinte e um anos e alguns meses.

Essa escola para a qual seu filho entrou "lhe dará dignidade", dirá ele; e, no entanto, esse fracasso da metáfora paterna se concluirá, um pouco mais de um ano e meio após a entrada de seu filho nessa grande escola, isto é, após a inscrição de seu nome de pai como tendo sido julgado "digno de sê-lo", com um delírio com temas hipocondríacos e, sobretudo, com a idéia delirante segundo a qual ele se tornaria a mulher do famoso professor, depois, de seu médico.

É nesse ponto da querulência do Senhor X que a discussão entre perversão e paranóia se torna mais cerrada. Essa querulência consiste em argumentar com seu próprio corpo como perseguido por diversas doenças, das quais nenhum médico quer se ocupar. Pode-se juntar a isso a feminilização vivida no delírio.

Deve-se constatar que não se trata mais de uma fantasia, mas, antes, de um delírio, como Freud havia pressentido ao emitir a hipótese de que a fantasia estaria também na base do delírio querulento dos paranóicos. Portanto, devemos ter em vista uma passagem da fantasia ao delírio, com um aspecto que confunde, porque, quanto à fantasia masoquista nos homens, estes, faz notar Freud, "nas encenações que permitem sua realização, adotam regularmente papéis de mulheres, ou seja, seu masoquismo corresponde a uma posição *feminina*[6]. Impõe-se então uma pergunta no que se refere ao paranóico: *seu delírio seria uma fantasia masoquista exitosa? Teria ele êxito onde o masoquista fracassa?*

No Senhor X, passa-se de sua mãe que espanca seu pai a ele mesmo que espanca sua mulher e, por fim, em seu delírio, ele se torna a mulher daquele que ele colocou em posição de significante do Nome-do-Pai, professor e médico. Há, portanto, inversão, como no masoquista, ele se põe no lugar da mulher, mas sob forma delirante e não mais fantasmada.

---

[6] Ibid.

Seu delírio é também uma maneira de dizer algo sobre sua ligação incestuosa com o pai. Nesse sentido, Freud precisa que ser espancado, na fantasia masculina, é também ser amado no *sentido genital* do termo e que, originariamente, a fantasia inconsciente masculina não teve como fórmula "eu sou espancado pelo pai", mas, antes, "eu sou amado pelo pai". Ela foi transformada, pelos processos conhecidos, em uma fantasia consciente, "eu sou espancado pela mãe"[7].

No caso do Senhor X, a mãe espanca o pai, mas, sobretudo, ele mesmo espanca sua mãe e sua mulher; isto é, ele põe em ato sua própria fantasia, "eu sou espancado pela mãe", mas sob sua forma invertida, já que ele é aquele que espanca.

Entretanto, para que haja realização da posição feminina, é preciso, no mínimo, que uma função paterna "apare o golpe". Não é o caso para o Senhor X, que deve ao mesmo tempo realizar o amor do pai por ele mesmo instalando-se na colocação em ato da fantasia, mas, além disso, sendo seu agente, sendo aquele que espanca, numa última tentativa auto-referente, já que a metáfora paterna não se agüenta. É esse último ponto que o precipita numa passagem ao ato relançada que, de outro modo, o teria deixado na simples posição masoquista.

---

[7] Ibid., p. 238.

5

Nascido de mãe não conhecida

"O que nos perturba aqui é manifestamente uma dificuldade no desenvolvimento de nossa teoria das pulsões".
Freud

Afirmar a existência de um objeto para uma criança é afirmar que o mundo exterior existe para ela, consiste como tal. Ora, a criança recém-nascida não pode se encontrar numa relação objetal com relação ao mundo: seu nascimento, nos diz Freud, "não é vivido subjetivamente como separação da mãe porque esta é, como objeto, completamente não conhecida pelo feto absolutamente narcísico"[1].

Não está aí o único dado a partir do qual se deve encarar toda idéia de relação com qualquer objeto, parcial ou não, objeto *a* ou Grande Outro?

Nesse sentido, a criança é "nascida de mãe não conhecida". Está aí sua situação inicial quando chega ao mundo, chegada marcada primordialmente pela angústia. Esta, longe de ser o resultado de uma qualquer operação, funda, antes de qualquer outra coisa, o lugar da existência do outro para todo ser falante.

No que se refere à mãe, Freud faz uma constatação idêntica: "A primeira experiência de angústia, no homem pelo menos, é o nascimento, que significa objetivamente a separação da mãe e poderia ser comparada a uma castração da mãe (segundo a equação criança = pênis)"[2]. O nascimento da

---

1 S. Freud, *Inhibition, symptôme et angoisse*, Paris, PUF, 1951, p. 54.

2 Ibid.

criança é, portanto, antes de tudo, uma castração, e um outro modo da angústia para uma mãe.

Segundo essa concepção, a criança não é separada da mãe no nascimento porque não existe como tal, enquanto a mãe está bem separada (castrada) da criança. A criança nasce, portanto, sob o signo de uma separação geradora de angústia para sua mãe enquanto ela é o "objeto-pênis" perdido. Assim a criança é, de saída, marcada com o signo da decepção por sua mãe, mesmo que as idílicas aparências com freqüência nos enganem. O que se chama a "depressão *post partum*" é sua prova e sua lembrança.

Talvez a ambigüidade em torno desse suposto maravilhoso nascimento se deva a que se confunda objeto de amor e objeto da pulsão: confusão devida ao equívoco mantido em torno da palavra "luto", que é empregada para designar tanto uma mudança de objeto (a substituição do objeto perdido por um outro) quanto uma modificação da relação com o objeto.

Inicialmente, embora haja dissimetria quanto à relação com o objeto, o que no entanto liga os dois protagonistas, mãe e criança, é a angústia. Para a criança, o exterior é impensável, já que é totalmente narcísica. Para a mãe, essa criança saída dela mesma só é pensável enquanto toma o lugar de algo outro que ela mesma, que Freud qualificou de "pênis".

A criança de imediato se encontra perdida para a mãe. Se é objeto para ela, é o objeto de uma perda, antes mesmo que chegue ao mundo. Perdida para ela, a criança poderá, portanto, faltar-lhe, já que não tem esse pênis do qual era o objeto substitutivo. Mas ela, a mãe, como pode ela faltar à criança, que ainda não tem objeto? Como pode essa criança reconhecer algo fora da angústia que experimenta, e do que a deixa suspensa?

Respondemos: é a angústia que para os dois cria o objeto, e podemos inclusive chegar a dizer que não há outro objeto além daquele que toma consistência pelo fato de tornar a angústia menos forte.

O que equivale a dizer que o objeto não existe como tal, mas apenas em função do desenvolvimento do sujeito, a cada etapa do qual encontramos uma certa forma de fazer uso do objeto para se proteger da angústia.

Portanto, a mãe só pode estar presente ou ausente para a criança de maneira secundária, quase contingente, isto é, como servindo tanto como a presença que suspende a angústia quanto como ausência que a reaviva.

É por isso que a dialética presença/ausência só poderá ser objeto de uma simbolização se tiver êxito em seu trabalho de acomodação à perda fundamental. Essa noção de "perda fundamental" (que devemos a Lacan e a essa idéia, totalmente nova, pela qual ele subverteu o pós-freudismo, sobre não haver objeto que satisfaça a pulsão) tem como conseqüência que a perda de um objeto, seja qual for, resta como uma modalidade secundária e que nossa interrogação deve se dirigir, doravante, para a maneira como é possível acomodar-se a uma perda fundamental. Assim, o que Freud havia podido enfocar com a denominação "objeto perdido da primeira satisfação" cai sob o golpe da crítica de Lacan, que o restitui em seu valor mítico. A perspectiva deve ser invertida: todo objeto é apenas o substituto daquele que precisamente nunca satisfez a pulsão, não o sucedâneo do inicial precursor do gozo total.

Conseqüência dessa perda fundamental: o mundo só tem existência para a criança como ilusão. É o que Freud sugere quando faz notar que "o objeto materno psíquico substitui para a criança a situação fetal biológica", acrescentado logo: "Isso não é uma razão para esquecer que, na vida intrauterina, a mãe não era um objeto para o feto e que não havia então objetos"[3].

Portanto, é com "a ilusão" que a criança apreende o mundo, e o único meio que se oferece a ela para distingui-la da realidade é o que Winnicott chamou de "desilusionamento"*, isto é, esse exercício ou esse processo ao final do qual a realidade verifica sua não-adequação à alucinação surgida do desejo.

Esse processo implica também a mãe: esse "desilusionamento" também se impõe a ela, se ela quer que seu filho tome uma consistência real.

De alguma forma, ele constitui o avesso desse outro processo que chegou, de modo bastante problemático, deve-se reconhecer, à equação pênis = criança. Com efeito, a existência de uma angústia de castração nas mulheres levanta alguma interrogação, como Freud não deixa de fazer sobressair: "Está estabelecido que a angústia de castração é o único motor do

[3] Ibid., p. 63.

* Em francês, o *desillusionnement* guarda o sentido de ação de desiludir, ou seja, algo que inclui uma certa "atividade", o que não acontece com *desillusion*, "desilusão". (NT)

recalque (ou da defesa)? Se pensarmos nas neuroses das mulheres, deve-se colocar em dúvida esse ponto, porque, se com certeza se pode constatar a existência do complexo de castração nelas, não se poderia, entretanto, falar de uma angústia de castração no caso em que a castração já está efetivada"[4].

Como Freud acaba de sugerir, como se poderia ficar angustiado com isso se já se está castrado? No entanto, a angústia é fundamental, já que é ela que cria o recalque, não o inverso, como ele primeiro havia exposto. Agora, em que consiste essa primeira experiência de angústia, a não ser nessa perda fundamental que é a ausência inaugural de todo objeto? Falta fundadora única a traçar o lugar para a construção de um possível objeto que venha aliviar ou anular essa mesma angústia.

No que se refere à constituição do objeto primeiro, Freud manifesta certas hesitações. Pode-se ler primeiro que o seio é uma elaboração psíquica progressiva do lactente: "O seio nutridor de sua mãe é, para a criança, o primeiro objeto erótico, o amor aparece apoiando-se na satisfação da necessidade do lactente. No início, certamente a criança não diferencia o seio que lhe é oferecido e seu próprio corpo. É porque percebe que o seio com freqüência lhe falta que a criança se situa 'fora' e o considera, a partir de então, como um 'objeto', um objeto carregado com uma parte do investimento narcísico primitivo e que se completa em seguida, tornando-se a pessoa materna"[5].

No entanto, algumas linhas adiante, Freud recorre ainda, agora que estamos em 1938, à necessidade do filogenético: "O fundamento filogenético predomina a tal ponto em relação aos fatores pessoais, acidentais, que pouco importa que a criança realmente tenha mamado em sua mãe ou que tenha sido nutrida com mamadeira sem jamais conhecer os ternos cuidados maternos. O desenvolvimento é semelhante nos dois casos"[6].

Ocorre o mesmo para a castração, "mais intenso trauma d[a] jovem existência" do menino, ela também remetida à filogênese: "É possível que o extraordinário terror provocado por essa ameaça se deva em parte a um rastro mnemônico filogenético, lembrança de uma época pré-histórica em que o

---

[4] Ibid. p. 45.

[5] S. Freud, *Abrégé de psychanalyse*, Paris, PUF, 1949, p. 59.

[6] Ibid.

pai ciumento realmente arrancava os órgãos genitais de seu filho quando o considerava como um rival em relação a uma mulher"[7]. Angústia de separação e angústia de castração estão numa seqüência lógica: "O Eu [*Moi*] foi preparado para a castração pelas perdas do objeto regularmente repetidas"[8].

O que significa que Freud está embrulhado com uma teorização da relação com o objeto, com sua constituição e com a dificuldade de nela introduzir um pai.

Retenhamos que, paradoxalmente, é a ausência do objeto que é correlativa a sua constituição: algo ocorreu para a criança, na medida em que ela sente a ausência do que satisfazia todas as suas necessidades sem demora e reagia a elas, não o inverso.

O único elemento sólido no qual podemos nos apoiar é a idéia de que esse filhote do homem se encontra, desde seu nascimento, numa total alienação no outro e ele mesmo como objeto da angústia de separação de sua mãe. Essa criança "totalmente narcísica" só tem relação com o outro na medida em que é totalmente dependente dele. A conseqüência disso é que ela só amará sob o modo do mais absoluto narcisismo. Amamos, diz Freud, segundo quatro tipos narcísicos:

a) *was man selbst ist (sich selbst)* → o que se é;

b) *was man selbst war* → o que se foi;

c) *was man selbst sein möchte* → o que se gostaria de ser;

d) *die person, die ein Teil eigenen selbst war* → a pessoa que foi uma parte de seu próprio corpo.

Nessas diferentes escolhas de objetos, é a primeira que se resume a si mesmo (*sich selbst*: ama-se a si mesmo). Reencontramos aí o *sich selbst* (si mesmo) originário do narcisismo. *Sich selbst* (si mesmo) nada mais é que esse estado de tensão levado a zero pela intervenção do outro: a mãe, para Freud, a boa ou má mãe, para Melanie Klein, ou a mãe suficientemente comum, *good enough mother*, para Winnicott, que rebatiza assim esse outro de quem a criança é totalmente dependente[9]. A questão não é, Winnicott

---

[7] Ibid., p. 61, nota 1.

[8] *Inhibition, symptôme et angoisse*, ob. cit., p. 54.

[9] Preferimos a tradução do inglês *good enough* por "suffisamment quelconque", como muito corretamente estabeleceu M. C. Panzani.

delimita, qualificar assim as mães reais, como se elas devessem ser verdadeiramente boas... Ele introduz esse *enough*, "suficientemente", para mudar a perspectiva e deixar à capacidade das mães ou de seus substitutos a liberdade de não serem nem bons ou maus, mas simplesmente desfalecentes, isto é: comuns. Com uma mãe suficientemente boa, comum, o bebê terá que se adaptar, se virar com o que faz falta, precisamente, nesta; por conseqüência, haverá como recurso apenas a tolerância à frustração.

Mas a resistência dos analistas de criança fez que esse *good enough mother* infelizmente virasse ao avesso no uso psicanalítico. Com efeito, esse "suficientemente" é naturalmente ambíguo: ele indica ao mesmo tempo uma satisfação e um limite a não ultrapassar, isto é, um "suficientemente comum" que, entretanto, permitirá levar a criança à "ilusão de que essa mãe suficientemente boa é o bom seio", como diz Winnicott, que situa o lugar do analista exatamente nesse ponto: "De uma maneira análoga na análise, o analista só pode ser sempre desfalecente"[10]. A questão, para Winnicott, é acabar com o sentimentalismo e a idealização, ou seu avesso, o denegrimento e a "megerização" da figura materna, que o díptico kleiniano da boa o da má mãe[11] oferece e, acima de tudo, tornar "pensável" o que permite à criança passar do estado de união narcísica com sua mãe a um outro estado, no qual ela possa estar "em relação" com o mundo exterior. Assim: "Não é o objeto, é claro, que é transicional. O objeto representa a transição da criancinha que passa do estado de união com a mãe para o estado em que está em relação com ela como algo exterior e separado"[12]. Esse espaço de transição é essa área de ilusão que implica que "o indivíduo só se comunique com um mundo que ele criou, e as pessoas do meio só se comuniquem com o indivíduo na medida em que podem criá-lo"[13].

Assim, para Winnicott, uma relação com o mundo só é possível na medida em que ele passe por essa dimensão de ilusão saída da adaptação da criancinha a que sua mãe não seja nem boa nem má, isto é, que ela não possa preenchê-la permanentemente.

---

[10] D. W. Winnicott, *Lettres vives*, Paris, Gallimard, 1989.

[11] Ibid., p. 261.

[12] D. W. Winnicott, *Jeu et réalité*, Paris, Gallimard, 1975, p. 26.

[13] D. W. Winnicott, *Lettres vives*, ob. cit., p. 80.

É forçoso constatar, nesse quadro em que nos esforçamos por definir a relação entre a mãe e a criança, assim como a que eles entretêm com seus objetos, que pai não há muito. É que introduzi-lo só é concebível sob a forma da trilogia: frustração-privação-castração... Quer dizer que só pode existir pai como função, e no exercício de um corte, de uma ruptura, de uma separação da tendência materna à unificação e ao narcisismo primário.

Isso não impede que o pai esteja implícito na equação freudiana de partida pênis = criança, que refere ao pai e ao falo o desejo da mãe em relação à criança. Nessa dimensão, a mãe só deseja uma criança na medida em que, menina, "ela esperou esse filho do pai". Mas, uma vez mãe, aparece o mal-entendido, porque o falo continua a faltar. De onde esse momento maravilhoso de plenitude de que falam as mulheres grávidas, momento durante o qual nada ainda está decidido, já que, essa criança, "elas verdadeiramente a têm no ventre" por nove meses, antes de serem confrontadas com o real do nascimento, que faz desabar esse belo edifício de completude imaginária, precipitando-as novamente na perda.

Portanto, o que essa díade mãe-filho partilha nada mais é que um logro. Logro da criança objeto fálico para mãe e logro da mãe dispensadora de satisfação total para a criança. Mas essa criança se exercitará ainda mais nessa função de logro porque terá a impressão de satisfazê-la e, por essa ilusão, obterá novamente sua presença, sob o modo de um: dando... dando...

Um processo de ilusão-desilusão é necessário, porque o objeto transicional que está no centro desse trabalho que permite passar do estado de união à separação é "virtualmente um falo materno"[14] – que é dispensado dizer que falta à mãe – e obstrui materialmente a falta que a ausência deixa. Esse objeto, nesse trabalho de ilusão-desilusão, procede tanto da criatividade da criança quanto se beneficia da caução do meio. Mas, se houver recusa [*déni*] da separação, esse processo é interrompido, para precisamente evitar a desilusão. Essa recusa inicial toma consistência primeiro pelo desejo da mãe, que mantém seu filho em lugar de falo a fim de que ele permaneça esse "tudo" de que ela foi desde a origem castrada.

---

[14] D. W. Winnicott, *De la pédiatrie à la psychanalyse*, Paris, Payot, 1989, p. 185.

Essa recusa sem dúvida constitui as premissas desse acordo perfeito, desse contrato imaginário, que já tende a fazer crer que uma, a criança, possa dar à outra, a mãe, o que esta não tem. Porque é nesse mesmo lugar de logro por excelência que o objeto fetiche pode vir mais tarde selar, em termos de contrato perverso, a eleição de um objeto-esconderijo do sexo que essa mãe não tem. Fetiche ou objeto-esconderijo, objeto imaginário que passa à representação real num segundo tempo: é o tempo necessário do encontro com a eleição do objeto-fetiche como exclusivo. Existem outros acasos do objeto na construção do sintoma em relação com o Falo. É a fobia, ou, mais exatamente, o objeto fóbico. Este, talvez mais que qualquer outro, situa o lugar do objeto como visado pela angústia e dá a demonstração de que sua função é sustentar a relação com o desejo sob a forma da angústia. Com Lacan, sustentamos que "a angústia é o último modo, modo radical, pelo qual o sujeito continua a sustentar, mesmo que de uma maneira insustentável, a relação com o desejo"[15].

Essa mantida constância da angústia, essa confrontação não eludida com ela esboçam, talvez, em última instância, o lugar e a responsabilidade do analista, incluindo-se o analista de crianças. Mas, se pensarmos que a função deste último é permitir à criança sair de seu estatuto de objeto para advir como sujeito, alguns não avaliarão, talvez, todas as implicações desse trabalho, em particular no que procede dessa concepção da angústia como componente essencial do sujeito. O lugar do analista poderia então deixar crer na impostura, aos olhos de uma certa caridade social e de um hedonismo lenitivo, enquanto que esse analista só pode lidar com a angústia, e não sem ela, já que ela é o modo radical pelo qual é mantida a relação com o desejo.

É impostura apenas enquanto a própria criança e o social permanentemente convidam o analista a se converter em figura parental ideal, o que por obrigação exclui esse "lidar com a angústia" – essa manutenção da angústia que especifica sua posição. A análise de criança só pode, portanto, inscrever-se como fracassando em relação ao discurso médico que, como tal, tem como objetivo anular toda angústia em benefício – suposto – de

[15] J. Lacan, *Le transfert*, ob. cit., p. 424.

uma felicidade enfim (re)encontrada, sobre a qual o analista sabe que o preço a pagar seria a proibição de pensar. Situemos, por fim, que "lidar com a angústia" também não pode ser do tipo de um desejo de saber que leva, antes, à observação, e se Freud em seu tempo pôde encorajar seus alunos a "observar" as crianças diretamente, ele entretanto conclui que isso não podia servir de guia para uma análise e que, no fundo, Hans não lhe havia ensinado nada de novo por relação ao que já havia ouvido de seus pacientes adultos. Não há analistas de crianças, há analistas.

6

A guerra do fogo: mal-estar na significação

"Mas como podemos relacionar o pênis com a proteção do fogo?"[1].

Não se tira impunemente a sineta do universal sem que um pedaço de cordão nos fique nas mãos. Freud não marcará com o adiamento seu desejo de enraizar no real a etiologia sexual da neurose. Em *Mal-estar na civilização*, obra na qual ele tenta resumir sua reflexão de mais de trinta anos, ele mostra que o homem civilizado ainda sofre com o peso de sua pré-história e fica, por isso, sujeito à neurose. Dá uma versão audaciosa, pouco idílica em sua crueza, das origens da humanidade, lembrando que o homem primitivo caminhava a quatro patas. A (in)apetência sexual do *homo sapiens*, solicitado por estímulos olfativos estreitamente ligados ao estro, estava submetida a essa periodicidade: o macho, atraído pelo odor, buscava a fêmea apenas durante essa fase.

A adoção da posição ereta acarreta uma perturbação considerável dessas relações sexuais até então muito instintuais. Os estímulos visuais, contínuos, progressivamente substituíram os estímulos olfativos intermitentes que tinham regulado a vida sexual. Essa continuidade de excitação visual foi um poderoso motivo para que o macho quisesse manter a fêmea constantemente junto dele.

---

[1] S. Freud, "Sur la prise de possession du feu", em *Résultats, idées, problèmes*, Paris, PUF, 1985, II, p. 192, S. E., XXII, p. 188.

Assim, segundo Freud, se constituíram a horda primitiva e a família. A faculdade de experimentar vergonha aumentou, ao ficarem os órgãos genitais permanentemente visíveis; do recalque olfativo dos odores genitais e dos excrementos nascera o nojo. Esse "recalque orgânico" então abre caminho para a evolução na direção da propriedade e da higiene assim como para as sublimações – e Freud conclui: "[...] As raízes mais profundas do recalque sexual, que se desenvolve com a civilização, residem nos mecanismos orgânicos de defesa aos quais a natureza humana recorreu, no estádio da estação e da marcha ereta, a fim de proteger o modo de vida estabelecido por essa nova posição de um retorno do modo precedente de existência animal"[2].

A causalidade freudiana é dialética: cronológica e retroativa. A filogênese dá conta da ontogênese, enquanto, no sentido contrário, a ontogênese verifica a filogênese. Assim:

– certas hipóteses filogenéticas oferecem um quadro teórico para certas constatações clínicas. Por exemplo, o complexo de Édipo e a pulsão olfativa, ambos submetidos ao recalque durante a evolução da humanidade, se encontram sistematicamente no quadro da vida atual de todo ser humano. Última tentativa de ligar o recalque original às origens da humanidade;

– *a contrario*, as descobertas clínicas confirmam as hipóteses filogenéticas da neurose. Por exemplo, o menininho recalca suas tendências olfativas e coprofílicas porque, ao crescer, sempre se afasta mais do chão e perde a utilização de seu sentido do odor, assim como a humanidade, ao passar à posição de quatro patas à posição ereta.

O complexo de Édipo é universal e marca a origem de uma conduta da humanidade. Pai da horda, assassinato do pai são referência: "É preciso se perguntar se todo o mundo não passou por uma espécie de neurose simples durante os anos de infância"[3].

A prática da análise é um ato sensato? A análise freudiana teria saído de uma teoria que teria dado sentido à existência? Esses enunciados univer-

---

[2] S. Freud, *Malaise dans la civilisation*, Paris, PUF, 1971, pp. 58-59, nota 1. S. E., XXI, p. 50, nota 1, e 106, nota 1.

[3] Nota de Freud de 17 de novembro de 1909, em E. Jones, *La vie et l'oeuvre de Sigmund Freud*, ob. cit., t. 2, p. 467.

sais dão conta da presença do sujeito em sua enunciação? Em outros termos, qual é o rastro praticável no campo freudiano?

Um sonho que queima

Com essa presença do universal, Maud, menina de dez anos, vem nos falar, acompanhada por sua mãe. Depois do filme *La guerre du feu*, ela não conseguia mais dormir: "Eles faziam amor como animais", diz ela. "Ela, a moça, não concordava, não se perguntava sua opinião; depois fiquei com medo de dormir". E como que para insistir no fato de que o sujeito do inconsciente permanecia presente em seu discurso, ela pedia, angustiada: "Será que vou [*me*] chegar a [*me*] dormir?".

Quase poderíamos nos contentar com esse primeiro enunciado, se tivéssemos sido limitativamente freudianos, para entender o que Maud acabava de testemunhar. Acontece que tínhamos visto o filme e que nos lembramos de que a cena sobre a qual ela falava era, com efeito, uma cena de amor *a tergo* muito crua, durante a qual Maud sem dúvida havia "revivido" algo do tipo de uma "cena primitiva", que se poderia ter podido interpretar "classicamente".

Mas, guardando para nós esse tipo de interpretação, lhe perguntamos se, antes desse filme, ela dormia bem. Ela diz que não, porque em sua turma uma colega havia perdido a mãe "queimada" em sua casa durante um incêndio: foi antes de *La guerre du feu* e, "quando eu pensava nisso, tinha medo de perder meus pais", diz ela! Então, interrompemos essa primeira sessão nesse ponto. Deve-se dizer que o fogo também produziu grande efeito em mim.

Cerca de quinze dias depois, Maud retorna e diz que agora se sentia melhor, dormia bem, mas acordava às três horas da manhã, angustiada com a idéia de que seus pais estavam no quarto deles, e ela se sentia então muito sozinha. "Foi depois da *Guerre du feu*, eu tinha medo da casa pegar fogo, medo de perder alguém da família".

Observemos que o título e o acontecimento haviam se reunido; o fogo da guerra havia iluminado o incêndio da casa no qual a mãe de sua colega havia perecido. Mas, se "fogo" e "incêndio" pareciam um deslocamento lógico, metonímico, o que fazer com "a guerra"?

"Guerra", em leitura consonântica, correspondia exatamente ao patronímico dessa menina.

A guerra do fogo tornava-se sua forma de escrever o nome do pai e a morte de uma mãe.

Na sessão seguinte, a mãe pede para nos falar sozinha e conta que, há dois anos, quando a pessoa que vinha habitualmente buscar Maud na saída da escola não viera, um homem a havia então abordado e lhe havia proposto ir com ele de carro, proposta que ela aceitou. Ele se despira algumas ruas adiante e lhe havia pedido para acariciá-lo; ela recusara e fugira. História que, segundo a mãe, não podia me ser dita por Maud. Entretanto, quando Maud entra, nós lhe relatamos o que sua mãe acabava de revelar. Maud nada acrescenta, a não ser para esclarecer que havia se sentido, naquele momento, "forçada a algo que não havia escolhido", termos que já havia usado para descrever o que se passara na cena de amor do filme, o que a fizemos observar.

Passam-se alguns dias, Maud retorna e diz com um grande sorriso que atualmente dormia bem e não tinha mais angústias desde que sonhara o seguinte, depois de sua última sessão:

"Num país estrangeiro em que fazia muito calor, sua mãe lhe diz, ao ver furos e pontos brancos que ela tem no seu *tee-shirt*: você está com o vírus da Aids, não poderemos cuidar de você, você vai morrer. Depois, ela procura o doutor e não encontra a cabine dele".

Nós a convidamos a comentar esse sonho e ela faz uma associação com esse país quente: "É na África, por causa das roupas de *chiffon* das mulheres". Vem-nos então à mente *La guerre du feu* e a origem manifestamente africana da moça da cena do filme. O que lhe comunicamos.

Como o significante "Cabine" nos intrigava muito, nós lhe perguntamos se isso lhe evocava alguma coisa. Ela responde que, à parte a "cabine telefônica", nada mais lhe vinha, mas que, na semana anterior, justamente havia acompanhado seu pai a uma "cabine telefônica" para que ele telefonasse para um casal de amigos idosos, para saber se estavam bem. O que é que pode acontecer com pessoas idosas a não ser morrer?...

Precisamente, durante seu sonho, Maud arrisca a morte e essa "cabine" em que ela busca o doutor nada mais é que o lugar em que o pai, seu pai, podia estar presente e salvá-la – ao mesmo tempo o daquele risco do anúncio possível da morte da mãe dela. No entanto, no sonho ela não encontra o pai nem o médico. Há, aqui, remanejamento dos conflitos psíquicos: Maud está no lugar daquele que morre, e desta vez a mãe lho diz, enquanto que até então era ela que via sua mãe morta.

Nós a convidamos a associar com relação à Aids: "Isso se pega numa relação sexual entre homens". Ora, no sonho, é ela quem "pega", e por qual mistério se não for essa mesma posição *a tergo* que liga a cadeia Aids-homossexualidade e guerra do fogo, posição idêntica à da cena do filme?

Nesse sonho, Maud está no lugar dessa moça africana. O preço é a morte que sua mãe lhe significa, numa inversão completa da posição subjetiva que até então se enunciava como "Tenho medo de que alguém morra com o fogo" e cuja mensagem invertida se enuncia nas espécies desse vírus do desejo, do qual ela enfim pode morrer, como sua mãe. Maud pode assim se identificar com uma mulher, mesmo que o risco incorrido na cena seja a morte.

Teremos a confirmação dessa hipótese na última sessão. Maud virá nos contar um último sonho: "Em equipe, na África, cada um pega a Aids. Um, depois dois, depois três, quatro, cinco e, por fim, todos, inclusive ela, que, como que aliviada, diz: 'Agora eu estou no jogo como todo mundo, tranqüilamente'".

Nesse sonho, não se morre mais, embora alguns tenham morrido no início. "Não é mais um sonho inquietante". Maud agora se sente bem, mesmo percebendo que, quando seus pais trepavam e todo mundo dormia, "a coisa ia menos bem".

Ela então se lembra de outros elementos desse sonho: "Duas senhoras discutiam, elas se pareciam, mas uma dizia que todo mundo ia pegar a Aids e a outra que se ia ficar curado. Entre os que foram atingidos, havia uma moça que se parece com a da cena de *La guerre du feu*. Essa moça havia morrido e havia uma grande casa cinza que parecia com aquela em que a mãe de sua colega havia perecido* pelo fogo... curada no fogo".

"Tudo começa e acaba por um sonho", e a anedota que se segue, relatada por Jones, nos esclarece sobre a relação de Freud com a questão do

---

* Em francês, *péri*, que tanto pode se referir à forma verbal "perecido" como a *Péri*, gênio ou fada na mitologia árabe-persa. (NT)

Édipo. Freud, jovem médico na universidade de Viena, tinha o costume de vagar pelo grande pátio ladeado de arcadas entre os bustos de todos os professores eminentes que ali haviam ensinado. Segundo Jones, Freud sempre imaginava não apenas que seu busto figuraria um dia entre os outros, mas, além disso, ele via a inscrição tirada de *Édipo rei* de Sófocles: "Freud, que adivinhou o enigma célebre e foi um homem muito poderoso". Ora, seus companheiros o fizeram gravar, em 1906, por ocasião de seu qüinquagésimo aniversário, uma medalha na qual se podia ler o seguinte: "Àquele que adivinhou o célebre enigma". Segundo o testemunho de Jones, esse presente produziu um efeito muito inesperado: "Freud ficou pálido e agitado e com uma voz estrangulada pergunta quem havia tido essa idéia; como se tivesse visto um fantasma!"[4] .

Lembremos o enigma da esfinge: o que é que anda com quatro, dois, depois com três pés? E lembremos que a solução é a que Freud acreditou trazer ao enigma das origens da humanidade em *Mal-estar na civilização.*

Ao qualificar "de Édipo" o que entende como fantasia com relação aos pais, Freud não apenas permite introduzir a fantasia como conceito, mas também abandonar os pais como referência genética da neurose. O estabelecimento da universalidade do Édipo acarreta a transposição da transmissão biológica como teoria mitológica, como vimos[5] . Mas essa inversão conceitual que apontamos é também portadora de uma outra pista, de uma outra abordagem: Édipo é, antes de tudo, um nome. Com efeito, o mito trata, antes de tudo, das relações entre os descendentes da linhagem de Laio e de Labdacos, isto é, da nomeação: a castração se transmite de pai a filho, pelo nome, é isso que Freud nos anuncia.

Gramática de uma filiação

É sobre o assassinato do pai – não como tentativa de dar conta do "deitar com a mãe", mas como "chave do gozo", e enquanto funda "a interdição desse gozo como sendo primeiro" – que se edifica a psicanálise: Lacan assim restitui, rigorosamente, pela leitura que faz, a função desse mito na

---

[4] Ibid., pp. 14-15.

[5] Ver acima, III, capítulo 1, "A etiologia da histeria ou as hesitações de um passante".

doutrina freudiana e seu lugar na estrutura – a de um "operador" que marca o lugar do real[6]. O mito de Édipo, sublinha Lacan, tal como aparece na tragédia e tal como Freud dele se apropria, é um "conteúdo manifesto", como o de um sonho, sonho de Freud, e se deve tratá-lo assim. Ele representa a figurabilidade necessária para que, da morte de seu próprio pai, como o próprio Freud disse, "surja *A interpretação dos sonhos*"[7].

O mito de Édipo é, de fato, uma questão de nome, que lida com o insubstituível. Freud não nos diz nada além disso quando nos mostra que ao Édipo ninguém escapa.

Édipo, "de pés inchados" – por ter tido, em seu nascimento, os maléolos furados, Édipo, da linhagem dos labdacidas, encarna "os que não andam direito": nome próprio que sugere a falta, o buraco. Nisso, falsa aparência de sutura. Diante do buraco que se produz, produz-se uma metáfora de substituição[8]: Édipo *é* a metáfora paterna por excelência.

Esse exemplo clínico da "guerra do fogo" atrai a atenção para a seguinte hipótese: algo do nome está em *jogo de letras* no que se conveio chamar de complexo de Édipo. *Jogo do Ser*, que, se não for incitação para o analista seguir a sucessão dos traços que marcam sua diferença, não terá nenhum sentido, ou, antes, ficará sempre prisioneiro da mitificação da teoria, ou da teorização do mito produzidas pela analogia simbólica. Como os sonhos, os mitos põem em operação uma pluralidade de elementos, os quais, tomados isoladamente, não significam nada. Só há significação na medida em que entre os diferentes elementos se estabelecem relações – não há significação absoluta, mas apenas "posição", segundo o princípio estruturalista. Assim, o sintagma "guerra do fogo" só é pregnante na medida em que o significante "guerra" é aí determinado por relação ao "fogo", acontecimento "traumático". A visão sexual *a tergo* do filme é apenas o pré-texto de um texto em letras, "Curado no fogo", ou "pelo fogo", que reencontramos no primeiro sonho: Maud vai buscar o doutor em sua cabine, ali onde o pai telefona, para poder "sarar da Aids", doença que a mãe lhe anuncia no

---

6 J. Lacan, *L'envers de la psychanalyse*, ob. cit., pp. 137-153 (versão datilografada).

7 Ibid., pp. 139, 141.

8 J. Lacan, *Problèmes cruciaux pour la psychanalyse*, ob. cit., sessão de 6 de janeiro de 1965.

sonho. Uma leitura consonântica possível dessa holófrase, "curada no fogo" – que infelizmente não podemos revelar aqui –, inscreve essa letra.

Indiquemos apenas que reconhecemos aí um procedimento de escrita que utiliza o inconsciente e que é particularmente apropriado ao nome. Esse procedimento é um "princípio de posição" que pode conferir um valor diferente a um signo segundo a maneira como este é colocado. Por exemplo, os signos "3" e "2" tomarão uma significação diferente segundo sirvam para formar "32" ou "23", em função, portanto, de sua posição. A separação "não indicada" na sucessão das palavras é uma outra aplicação importante do princípio de posição nas mais antigas escritas[9].

No *Édipo rei*, o problema central é descobrir quem matou Laio. Um indivíduo qualquer estará envolvido, desde que preencha as condições enunciadas através das alusões de Tirésias. *Édipo rei* levanta o problema da relação entre o estado civil real de Édipo e seu estado civil suposto: é a nomeação de Édipo que está em jogo.

Édipo toma conhecimento das circunstâncias da morte de Laio por sua esposa Jocasta. Fica sabendo, pelo mensageiro que vem anunciar a morte do rei de Corinto, que ele não é o filho deste, mas um *filho achado* e recolhido por ele. Enfim, o pastor testemunha do assassinato de Laio, que é também aquele que teve como missão expor Édipo ao perigo em seu nascimento, lhe revela que essa criança encontrada ninguém mais é que o filho de Laio e de Jocasta, isto é, ele mesmo, Édipo.

Édipo rei é, portanto, uma história de nome: desvio de uma palavra ou de uma locução de uma cadeia sintagmática para uma outra. Além do mais, esse nome próprio não é anódino: ele veicula, em sua significação, o que Lacan chama "uma função volante"; isto é, uma propriedade que roça o real tão de perto que alcança o indivíduo no que ele tem de singular. Isto é dizer que esse nome tanto é capaz de sugerir o que pode faltar como preenchê-lo, fabricá-lo, por meio dessa "parte pessoal da língua que é volante"[10].

---

[9] Por exemplo: see the meat, see them eat, cf. I. J. Gelb, *Pour une théorie de l'écriture*, Flammarion, 1973.

[10] J. Lacan, *Problèmes cruciaux pour la psychanalyse*, ob. cit., loc. cit.

Essa hipótese muito interessante que Lacan assim efetua poderia encontrar seu correspondente, por exemplo, nas escritas maia e asteca, que apenas muito raramente recorreram ao princípio fonético e o reservam exclusivamente para a expressão de nomes próprios: como se a necessidade de uma representação adequada destes tivesse conduzido ao desenvolvimento da fonetização. Encontramos, com relação aos nomes próprios, e tão longe quanto se busque, essa necessidade de uma escrita: é a necessidade de encontrar maneiras de comunicar que não sejam limitadas no tempo ou no espaço que conduz ao desenvolvimento de métodos que empregam seja objetos, seja marcas nos objetos ou outros materiais sólidos[11].

Outros signos que têm curso na mais antiga escrita uruk[12] são manifestamente signos de palavras limitadas à expressão de números, de objetos e de nomes de pessoas: pertencendo ao estádio logográfico[13]. Mas a fonetização nasceu, segundo Gelb, da necessidade de significar palavras e sons que não podiam sê-lo de forma adequada por figuras ou combinações de figuras. Os nomes próprios parecem, segundo essa hipótese, um dos vetores essenciais dessa "passagem à fonetização da escrita".

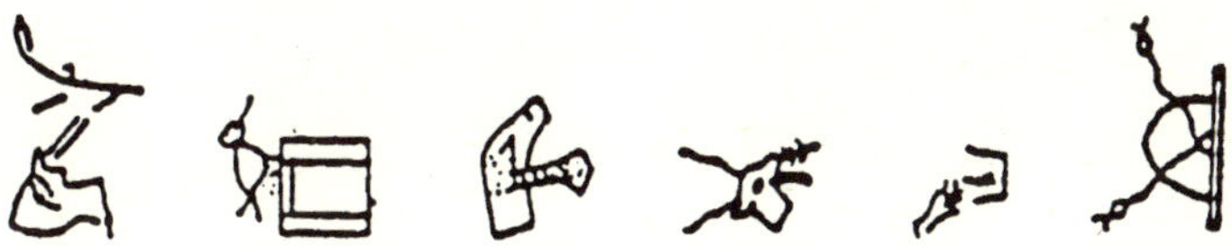

Escrita de nomes próprios, período uruk
Extraído de Falkenstein, *Archaische Texte aus Uruk*, p. 24

A fonetização da escrita é o princípio que permite associar palavras difíceis de transpor para a escrita com signos que lembram essas palavras pelo som e fáceis de desenhar. Assim, podemos chegar a uma transferência

[11] I. J. Gelb, ob. cit., p. 77.

[12] Antiga escrita sumeriana (– 3300 – 3100) que consistia em dois mil signos (pictogramas).

[13] Estágio da escrita em que um signo vale em geral para uma ou várias palavras de uma língua.

fonética completa: pegando, por exemplo, uma imagem de joelho e juntando com a do sol para escrever o nome próprio "Neilson":

joelho	*knee*	
		Neilson
genoux	*sun*	

Do mesmo modo temos "ox ford": um boi atravessando a vau, nos brasões da cidade, para Oxford.

Esse procedimento nada mais é que o do rébus. Os nomes próprios da palheta Narmer, assim como os de várias outras provenientes de Hieraconpolis são escritos graças a esse mesmo procedimento[14].

A palheta Narmer
Extraído de J. E. Quibell, em *Zeitschrift für ägyptische Sprache*, XXXVI, 1898, pls. XII s.

Arrancar a letra

Lembremos que desde a *Traumdeutung* Freud propõe considerar a leitura do sonho como a de um rébus: "O conteúdo do sonho é, de algum modo (*gleichsam*), dado numa escrita figurativa (*Bilderschrift*) pela qual se

[14] I. J. Gelb, ob. cit.

deve *transferir* (*übertragen*) um a um os signos para a língua dos pensamentos do sonho"[15].

Único entre todos os vocábulos, o nome próprio tem o seguinte em comum com o sonho, que ele levanta a mesma questão da passagem do escrito à fonetização – essa passagem que é uma intermediação obrigatória, uma ferramenta de trabalho fundamental para a interpretação dos sonhos, como Freud e depois Lacan mostraram. Nós nos enganaremos, evidentemente, se quisermos ler esses signos segundo seu valor de imagem (*Bilderwert*) e não segundo sua significação convencional (valor de signos, *Zeichnenbeziehung*). O sonho é um rébus (enigma figurativo, *Bilderrätsel*). Nossos predecessores cometeram o erro de querer interpretá-lo como composto de desenhos simples.

Função volante, transferência fonética e princípio de posição são muito particularmente bem postos em operação no sonho do Homem dos lobos[16].

Ele sonha que um homem arrancava a uma ESPE suas asas. Releiamos esse sonho, à luz de que *Édipo* só se dá a ler como um nome. Não é ESPE, mas WESPE, "vespa", que o Homem dos lobos queria dizer, segundo Freud; Freud fonetiza, para ele, uma WESPE: o significante que designa "esse inseto de riscos amarelos que pica". Mas o Homem dos lobos parece duvidar dessa interpretação e, por duas vezes, volta a lançar Freud em ESPE, S.P.: as iniciais de seu nome.

1. "Foi dito WESPE? Achava que verdadeiramente tinha dito ESPE" (ESPE em alemão: choupo).
2. "Mas ESPE sou eu, S.P.".

E Freud esclarece: "ESPE naturalmente é uma WESPE mutilada"; o que lhe permite avançar que o sonho significa que o Homem dos lobos se vingava de Grouscha por sua ameaça de castração.

Freud não destaca a letra dessa interpretação, que entretanto ele sugere: que a castração se situa antes de tudo no nome. É a criação do sonho que apaga, das iniciais S.P., esse W, traço não fonetizado pelo Homem dos lobos e restabelecido pela interpretação de Freud, que marca no nome,

---

[15] F.T.V., p. 132.

[16] S. Freud, "L'homme aux loups", ob. cit., p. 397; S. E., XVII, p. 94.

como traço de escrita, a castração. A castração se situa estruturalmente em ato no nome próprio do Homem dos lobos, sob a metonímia que corre do V das asas de borboleta ao das pernas das mulheres e ao W ausente, não fonetizado. Por duas vezes, portanto, o Homem dos lobos convida Freud a ouvir isso. Mas Freud não pode fazê-lo, muito ocupado que está em dar clinicamente corpo ao mito edipiano e a sua colocação em "cena primitiva"[17]. Entretanto, ele observa, entre parênteses no texto, que são "as iniciais de seu nome". Esse sonho poderia ser escrito assim:

1º – ESPE
Interpretação de Freud
2º – WESPE (w)S.P.

Porque, se acompanharmos de perto esse texto, é apenas depois de Freud ter estabelecido a fonetização do W que o Homem dos lobos se dá conta de que se trata do S.P. em leitura consonântica, isto é, dele mesmo: seu próprio nome. *O recalque não age sobre um significante, mas sobre a presença/ausência de uma letra arrancada ao nome.*

Seria audacioso reler esse sonho como um rébus e/ou um hieróglifo, no qual o W teria lugar de corte que barra o nome? Presente/ausente, ele assim fixaria a estrutura. Determinativo semântico[18] ou traço não fonetizado no sonho contado pelo Homem dos lobos, quando ele é fonetizado por Freud, suspende a ambigüidade e dá um sentido. Pelo que ele dá a ilusão de um desejo significado, a vespa do sentido, WESPE, fascina, fazendo esquecer o próprio aparelho do significante e o que está em jogo na sua relação com a letra: uma operação feita sobre o NOME que é, à letra, uma obliteração, uma marcação da ausência.

Um arrancamento de letra

"A função do Eu [*Moi*] é nomeadamente designada em Freud como totalmente análoga ao que se chama na teoria da escrita um determinativo"[19].

---

[17] Poderemos ler no capítulo seguinte a forma como Freud reproduz esses mesmos avatares referentes à carta de seu "Brother physician".

[18] Isto é, na escrita hieroglífica, signo não fonético, que exprime um elemento semântico acrescentado ao signo de base.

[19] J. Lacan, *Les psychoses*, ob. cit.

Essa definição do eu proposta por Lacan à nossa atenção aparece claramente no artigo de Freud "O interesse da psicanálise", que foi publicado em 1913 na *Revue scientifique*[20].

A comparação do sonho com um sistema de escrita parece mais conveniente que com uma língua falada (*Sprache*). Com efeito, a interpretação de um sonho é completamente análoga à decifração (*Entzifferung*) de uma escrita ideográfica (*Bilderschrift*) antiga, como a dos hieróglifos egípcios. Há, aqui como lá, elementos que não estão destinados a serem interpretados, nem respectivamente a serem lidos, *que devem assegurar, como simples determinativos*[21], a compreensão de outros elementos. A polissemia (*Vieldeutigkeit*)[22] dos diferentes elementos do sonho encontra sua contrapartida nas antigas escritas, *assim como a omissão de diferentes relações que*, aqui como lá, *devem ser acabadas pelo contexto* (*Zusammenhang*)".

A origem-erro*

Duas observações se impõem. A primeira diz respeito ao traço unário, essa "marca" posta pela identificação da segunda espécie, *enziger Zug*, que Lacan, no Seminário *A identificação*, designa ainda como "esconderijo [*cache*] do guerreiro primitivo" e que nada mais é que a maneira de se balizar na sucessão[23].

Aqui, Lacan também faz pré-história, de uma maneira muito diferente daquela de Freud, sem dúvida, mas que, como acontece com seu predecessor, surge num ponto determinado: no momento em que é preciso "dizer alguma coisa" sobre a questão da série e da repetição (das gerações).

Para isso, deve-se isolar esse UM enquanto marca a diferença pura, e não se encontrou melhor forma que situá-lo na pré-história numa série de

---

20 *Psychological Interest, The Claims of Psychoanalysis to Scientific Interest*, S. E., XIII, p. 177.

21 Existem pelo menos dois determinativos diferentes: um, complemento fonético e não semântico, outro, semântico e não fonético, podendo ser acrescentados ao signo de base.

22 Na tradução inglesa, menos claro: *ambiguity* e não *polysemia*.

* Em francês, *originerre*, em homofonia com *originaire* ("originário"). (NT)

23 J. Lacan, *L'identification*, ob. cit., sessão de 20 de dezembro de 1961.

riscos, traçados na costela de um cervídeo: que função tinham eles a não ser a de inscrever a morte e sua sucessão no intervalo das vidas? De contar a aventura do caçador que mata um animal, depois um outro, depois uma série? Foi preciso inventar um meio de nomear as diversas aventuras e os diferentes animais, de guardar o "entalhe" ao mesmo tempo distinguindo-o dos outros, o que pode ser escrito F (S, S', S") – o S não significando aqui significantes, mas algo mais próximo da letra em sua "função repetição". No segundo sonho de Maud, por exemplo, "nem todos morriam, mas todos estavam atingidos"; na equipe 1 – 2 – 3 – 4 - 5, todos estavam marcados pela Aids. Essa marca da morte, "pontos brancos" que sua mãe nomeia", finalmente a tranqüiliza, já que todos são atingidos por ela. Afinal, *nomear nada mais é que uma forma de dominar a ausência, vocalizar uma lembrança e, para além das gerações, "deixar rastro".*

O traço unário, esse pequeno comum/diferente denominador, está aí apenas para assegurar o automatismo de repetição daquilo cujo sentido ele apagou. Traço do *Ideal-Ich* com o qual o sujeito se identifica, ele é tanto o que se encontra no nome próprio, enquanto "figurativo apagado", quanto o que subsiste no ideograma, essa "alguma coisa do tipo desse traço unário enquanto funciona como distintivo e que pode, no caso, ter o papel de marcas"[24]. Nele, mais nada da origem é reconhecível. Essa reta, esse UM, esse signo de base fez muitos especularem, como se o traço houvesse engendrado todas as outras letras de nosso alfabeto[25], espécie de genitor inicial. Dante, na *Divina comédia*[26], nos lembra que esse UM é o nome original de Deus.

Nossa segunda observação se refere a *Totem e tabu*. Se Freud se interessa tanto pelos totens, é porque estes marcam e representam a transmissão hereditária, a linhagem, de algum modo – mas uma linhagem que transcende a do sangue, na medida em que, por um lado, subordina a tribo e, por outro, recalca o parentesco biológico[27]. Aí se encontra um dos únicos desenvolvimentos exaustivos que Freud nos dá no que se refere ao interdito do incesto, a propósito do qual ele sublinha: "Os mem-

---

[24] Ibid.

[25] G. Genette, *Mimologiques*, Paris, Seuil, 1976.

[26] Dante, *Paradis*, Canto XXVI, v. 134-136.

[27] S. Freud, *Totem et tabou*, ob. cit., e S. E., XIII, pp. 1-17.

bros de um único e mesmo totem não devem ter relações sexuais entre eles, conseqüentemente, não devem se casar entre eles. É a lei da exogamia inseparável do sistema totêmico"[28].

No centro desse interdito totêmico, reencontramos a importância do nome, ponto de referência central para o clã, que identifica sua descendência a um nome de animal ou de planta: totem e brasão podem ser considerados como signos de identificação equivalentes a nomes[29].

Entretanto, Freud aí não se engana e, ao seguir Frazer, nos lembra que "na Nova Caledônia, o menino deve se guardar de pronunciar uma palavra da linguagem corrente quando essa palavra faz parte do nome de sua irmã, ou que na Península das Gazelas, na Nova Bretanha, uma irmã casada não deve mais dirigir a palavra a seu irmão e, ao invés de pronunciar seu nome, deve designá-lo por uma perífrase. Enfim, ele nota que, entre os zulus, um homem casado não deve pronunciar o nome de sua cunhada, e vice-versa"[30].

Retenhamos do totemismo que ele nada mais é que uma tentativa de classificação que vem, por um tempo, organizar o espaço social e o do sujeito, ali onde o Nome-do-Pai ainda não adveio propriamente falando. Sem dúvida, é isso que Freud já discerne e a que ele se prende, já que a esta classificação heteróclita que tem função de Nome-do-Pai está ligado um interdito sexual fundamental. Mas o essencial não é tanto o sexual quanto o universal, isto é, a existência de uma referência que, a partir do nome e de seu poder classificatório, implica o mesmo interdito para todos. Com efeito, pode haver Nomes-do-Pai de todo tipo, inclusive certos que nada tenham de humano: daremos como prova apenas que em Aurara, na Nova Caledônia, a mãe, durante sua gravidez, pode pensar, por meio de um incidente banal, que seu filho tem uma relação privilegiada com uma planta ou um animal. Ficará estabelecido, a partir daí, que sua progenitura será o reflexo muito semelhante dele. A essa descoberta de uma filiação paterna se liga então um conjunto de proibições alimentares, sendo a principal a in-

---

[28] Ibid., S. E., p. 12.

[29] Ver Lévi-Strauss, *Structures élémentaires de la parenté*, Mouton, 1967, e *Le totémisme aujourd'hui*, Paris, PUF, 1962.

[30] S. Freud, *Totem et tabou*, ob. cit.; S. E., XIII, p. 20.

terdição de consumir aquilo a que se se identificou – "não há nomeação sem perda". O que muito simplesmente o Nome-do-Pai engendra é a diferença, e esse pequeno exemplo mostra bem que esse nome não tem necessidade de ser o do genitor, mas o lugar para o qual se dirige o desejo da mãe[31] .

Represente ou não o genitor, o Nome-do-Pai não deixa de ser a condição de entrada na linguagem. Operação que tem como conseqüência imediata a possibilidade de formação da fantasia, $\$ \lozenge a$, dimensão do inconsciente que permite reencontrar um gozo perdido. Apenas nessa medida pode ter lugar o recalque *nachträglich.*

Assim Freud busca poder responder, com *Totem e tabu*, à pergunta "o que é um pai?", pergunta última à qual ele responderá no final de sua obra por um mito: o da horda primitiva[32] .

Seja qual for a verdade do fato na história, Freud traça um campo: o do pai primitivo, pai *real* no sentido mais forte, já que é em si mesmo "impossível". Através desse mito, deve-se reler essa escrita, que é invenção da escrita e assegura entre pai e filho o contar e não contar com as coisas, única maneira de apagar as brumas e a sentimentalidade da fábula. Nessa perspectiva, acrescentemos que o mito de Édipo deve ser retomado como mito do nome próprio. O que mais ele assegura a não ser a leitura desse UM contável, distinto de um outro, e não do traço de exemplar único?

Reler o Édipo como mito de um ou do nome próprio exige que se tenha em conta esta característica: o nome próprio, mais que qualquer outro nome, está ligado, antes de toda fonetização, à *letra como traço distintivo*. Também não se traduz, mas se transfere tal qual. Para se realizar, lhe é preciso se fragmentar em elementos literais. A leitura do nome próprio Édipo e do pai suposto da horda primitiva nos traz uma mensagem: *a insistência do universal nada mais é que a da invariância de um enunciado*. Esses dois mitos, que são apenas um, devem ser relidos segundo a questão da filiação entre elementos cujas diferentes substituições elaboram um referente.

---

[31] Em chinês, o termo "nome próprio" é composto por dois signos: Mulher + Nascer = nome de família.

[32] Ver abaixo, IV, capítulo 5, "Um gozo outro não é de natureza a acarretar algumas guerras?", a nova leitura que propomos desse mito.

Entendamos uma tal proposição no sentido mais matemático: "O inconsciente é estruturado (*como* uma linguagem), como os agrupamentos em jogo na teoria dos conjuntos são como letras"[33]. Assim, a invariância do enunciado assegura a reescrita da letra (ou sua fragmentação). Por exemplo, podemos escrever:

x + 0 = X ou também y + 0 = Y;

onde se constata que o enunciado não se modificou.

No entanto, houve substituição de letra: a invariância do enunciado não está fundada na letra, mas nas possibilidades de substituição desta. Observemos, em contraponto, essa dificuldade do automatismo de repetição, que, por força de haver substituído, fragmentado as letras, não tem mais sentido para o sujeito que repete nem para o analista que o escuta – se ele se ocupar com algo diferente da operação em jogo.

O nome próprio, como intraduzível, nos parece muito próximo desse invariante. Como tal, ele perdeu seu significado; nada mais resta que se transferir, ao mesmo tempo guardando seu invariante, embora ele esteja então fragmentado.

É exatamente o que opera no sonho do Autodidasker[34] (Auto........r). Este neologismo se apresenta a Freud em seu sonho. Ele encontrará LASKER, ao qual se liga LASSALE, dois nomes próprios de *personagens mortos* – um por sífilis, o outro em duelo – que têm a particularidade de ter desaparecido *por causa de uma mulher*. "Chercher la femme" que leva Freud a pensar no nome de seu irmão, que não casou ainda.

ALEXANDER, anagrama de LASKE/R/-ALEKS. A esses elementos se acrescenta a alusão de Freud ao romance de Zola, *L'oeuvre*. Ele nos indica que um dos personagens, SANDOZ, é uma criação desse "AUTOR", de tipo anacíclico. ALOZ-ZOLA, escrita ao avesso, palíndromo, inversão do significante que conserva, como lembrança, o rastro em espelho de seu duplo literal. Mas, "estando essa inversão ainda clara demais, para figurar no sonho ele substituiu a sílaba AL, que é também a primeira sílaba do

[33] Loc. cit. acima, I, capítulo 7, "Que coletivo permitiria a persistência do desejo contrariado?".

[34] S. Freud, *L'interprétation des rêves*, ob. cit., pp. 259-261.

nome AL/EXANDER, por SAND, que é a terceira; é da mesma maneira que é formada a palavra AUTODIDASKER"[35].

Nesse exemplo, Freud sublinha que é seu "desejo" ver seu irmão feliz com a família, como Sandoz, personagem do romance, que o leva a associações e, conseqüentemente, à criação de AUTODIDASKER. Mas, se esse desejo era simples, por que uma tal censura no centro da qual encontramos novamente essas operações sobre o nome de seu irmão: anagrama, anacíclico, substituição de sílaba...? Todas cortes. Retenhamos que essas operações se produziram "sem nenhuma consideração quanto ao sentido e à delimitação acústica das sílabas"[36]. Os nomes foram tratados como o são as imagens escritas de uma frase; as duas letras KS persistem em toda operação, invariavelmente em espera* sob o princípio da "Carta roubada".

Mas esse tipo de operação sobre o nome não é exclusividade dos processos do sonho: nós o reencontramos no esquecimento dos nomes próprios.

Lembremos o de Signorelli: a mancada (*Unbewusst*) de Freud, em viagem, faz que ele esqueça o nome desse pintor. O inconsciente então engendra substituições: Botticelli, Boltraffio. Depois, conclusão de Freud, ele chega a "Herr Signor Signorelli", que não é uma *tradução* italiana, como Freud pretende, mas, verdadeiramente, a transferência (*Übertragung*) SIG/mund-SIG/norelli, no seio da qual as três letras SIG estão latentes.

O que é notável, aqui, é o modo como a assinatura de Freud está em jogo, esse Ideal do eu que põe o falo numa certa relação com o Nome-do-Pai. Nesse sentido, uma operação estrutural ocorre sobre o nome próprio, operação que estabelece todo um referente, ainda que o *Unbewusst* tente neutralizá-lo.

Em se tratando do sonho do *Autodidasker*, do esquecimento de "Signorelli" ou de *La guerre du feu*, a Morte e a Sexualidade são as razões de uma modificação da letra de um nome próprio. A mensagem de Édipo parece a questão estrutural que suporta a Letra e seus arranjos no inconsciente.

---

[35] Ibid., p. 260.

[36] Termos utilizados por Freud em "Oubli de noms propres", em *Psychopathologie de la vie quotidienne*, Paris, Gallimard, 1997, p. 41.

* Em francês, *en souffrance*: em sofrimento, em espera, não-realizado. (NT)

Mas, por vezes, o processo de metáfora fracassa. Sem dúvida, é a razão pela qual certas *fobias* se agarram a letras do Nome-do-Pai; como essa fobia de cachorros cujo medo se estabelecia em letras da onomatopéia do rosnar do cão, consoantes do patronímico da paciente.

Certas *rajadas delirantes* surgem, para um sujeito, do encontro com um personagem em posição de mestre, cujo patronímico comporta as mesmas letras, numa posição idêntica à do nome de seu pai ou de um de seus *Ersatznamen.*

Outros *delírios de tema religioso* se articulam a partir da iniciais do patronímico do sujeito delirante, que então se toma como o personagem bíblico do qual porta as iniciais.

Por fim, uma parte ou o todo de um nome próprio pode, por sua homofonia, retornar de maneira delirante como a parte do corpo da qual ele toma o lugar de significado.

7

Do Édipo à metáfora paterna, uma clínica do nome

"O fato de que é Shakespeare quem brinca com o fantasma em Hamlet talvez seja o único capaz de refutar o enunciado de Borges: que Shakespeare foi, como ele diz, ninguém (nobody, niemand)"[1].

Todo analista teve um dia que se confrontar com UM dizer, interpretação ou o que ele acreditasse sê-lo que, emitido por sua boca, não deixava de ter vindo de alhures.

Ainda que esse alhures seja teoria, nem sempre ele constitui ensino; tal apanágio pode ser, em contrapartida, o da palavra de um paciente, ao preço de deixar o analista de boca aberta, como a anedota seguinte vai mostrar.

Na oportunidade da cura psicanalítica de uma criança fóbica, o analista teve que intervir depois que, por várias vezes, a criança fingiu, depois realmente tentou cortar o fio do telefone que estava em sua mesa. Esse ato, que a criança se apressava a realizar de maneira iminente, angustiava consideravelmente a criança, e era habitual que, se o analista não interviesse antes do *acting*, a criança agisse e saísse da sala com perdas e fracassos, muito angustiada e devastando tudo em sua passagem. A repetição desses momentos de *acting* era movida por um duplo pedido, de interdição de destruir o meio e de balizamento do espaço da cura psicanalítica por uma verbalização da parte do analista: que se desse nome às coisas.

---

[1] J. Lacan, Introdução de *Scilicet*, em *Scilicet* 1, ob. cit., p. 9.

Dar nome às coisas era precisamente o que a mãe dessa criança não podia fazer. Ela mesma se colocava numa situação de transgressão, guardando sua criança em seu leito desde que seu marido partia, marido que trabalhava à noite. Tudo estava, portanto, no lugar para que o analista interviesse quanto a essa criança no sentido edipiano clássico e, no momento dessa tentativa de corte do fio do telefone, ele pôde lhe significar que o que ela queria cortar ali tinha traço do que ela tinha medo, isto é, que se a cortasse; conseqüência natural desses momentos incestuosos no leito da mãe, onde se realizava a evicção do pai.

Qual não foi o pasmo do analista quando a criança o olha com um olhar muito divertido e lhe diz isto: "Você verdadeiramente está corrompido por suas histórias de pipi".

Qual dos dois, analista ou criança, havia interpretado o outro?

"Dar nome às coisas" não é apenas traduzir estas em palavras; e nomear não consiste em redizer pela mesma invenção o que um outro enunciou, ainda que a coisa seja suposta universal.

No entanto, não é por conjugar à escuta do singular a formulação – a enunciação – do universal que o estrutura que a psicanálise toma consistência e razão de ser – e se separa da troca intersubjetiva corrente, em que prevalecem as opiniões, que valem tanto quanto as opiniões diferentes de cada um?

Foi o que Freud sustentou, a partir da premissa do que iam constituir mais tarde os desenvolvimentos do complexo de Édipo e sua relação com a castração.

O fato de haver universal no discurso é o que ele tenta anunciar com a introdução do mito edipiano como canevas de uma fantasia, inclusive de um desejo "para todos", algo constitutivo para todo ser falante.

Lembremos: é em maio de 1897 que Freud escreve, dirigido a Fliess, o seguinte: "Parece que, nos filhos, os desejos de morte estão dirigidos contra o pai e, nas filhas, contra a mãe": primeiro esboço – no qual a questão do desejo já é prevalecente – do que vai constituir o complexo de Édipo[2].

Freud precisa sua concepção no fim do mesmo ano, muito precisamente a partir de sua auto-análise. É essa auto-análise que o leva a essa

[2] Ms. N. *Naissance de la psychanalyse*, ob. cit., p. 184.

descoberta, cujo comunicado a Fliess ficou célebre[3]: "Encontrei em mim, como em todos, sentimentos de amor para com minha mãe e de ciúme para com meu pai, sentimentos que são, penso, comuns a todas as criancinhas, mesmo quando a aparição deles não é tão específica quanto nas crianças que se tornaram histéricas". Nessa mesma carta, Freud nomeia "o efeito espantoso de *Édipo rei*, que põe cada ouvinte da peça grega diante da realização de seu sonho transposto na realidade, de acordo com a medida do recalque que separa seu estado infantil de seu estado atual".

É em sua própria "cura psicanalítica" que Freud encontra o que vai lhe servir como universal – num verdadeiro corte, que será, por sua vez, suturado por essa estandardização do ego para a qual concorrerá uma certa utilização do novo mito psicológico de Édipo.

Essa instauração rápida do universal, que de nossa parte consideramos como um verdadeiro *passe*, como já desenvolvemos, mas cujas incidências sobre a interpretação na cura psicanalítica, surpreendente, evocaremos aqui mais especificamente. O que Freud pôde encontrar de tão importante em sua auto-análise, ao que ele quis tão rapidamente dar um nome diferente do seu: Édipo? Por que essa necessidade de um teorizável universal para nele reconhecer e situar seu próprio caso? A seqüência da carta nos esclarece: ao lado do nome Édipo figura também o de Hamlet, através de quem Freud, de fato, fala dele mesmo.

Com efeito, nessa carta crucial de 15 de outubro de 1897, Freud atribui a um "acontecimento real" a escrita, por Shakespeare, de *Hamlet*: "O próprio inconsciente [do autor] lhe tendo permitido compreender o inconsciente de seu herói". Aqui, Freud faz alusão a um fato que só evocará em *A interpretação dos sonhos*[4], isto é, que Hamlet foi escrito por Shakespeare logo após a morte de seu pai e que, ademais, o filho do autor "morto antes da hora, se chamava Hamnet".

---

3 Carta de 15 de outubro de 1897, loc. cit. acima, III, capítulo 1, "A etiologia da histeria ou as hesitações de um passante", nota 33. Ver todo esse capítulo para a constituição do mito de Édipo em Freud como universal e sua função por relação ao recalque originário. Para sua função de operador de leitura e de escrita do nome próprio, ligado à letra e não ao significado, e sobre o nome como gerador da diferença ver o capítulo precedente.

4 Ob. cit., p. 231; S. E., IV e F.T.V., *Die Traumdeutung*, pp. 225-226.

Ora, está aí a analogia com Shakespeare, Freud empreende sua autoanálise e formula sua descoberta do complexo de Édipo pouquíssimo tempo após a morte de seu pai, morte a partir da qual, escreve ele a Fliess, "todo o passado ressurgiu"[5].

A partir daí tudo caminha muito rápido, contrariamente às habituais precauções conceituais de Freud: ele interpreta seus sonhos, supera a amnésia que atingia as lembranças sexuais de sua própria primeira infância – como se apenas o pai morto pudesse permitir uma suspensão do recalque. Ao que acaba de reconhecer nele mesmo ele se apressa em dar a referência do mito – inocenta seu pai, culpa todos os filhos.

Ponto crucial, que oferece em recorrido a passagem do particular da descoberta do inconsciente de cada um à universalidade de uma teoria transmissível a todos.

Ponto de *passe* que devemos claramente voltar a situar também por relação ao praticável da interpretação. Freud não hesita em interpretar seus próprios sentimentos para com sua mãe e seu pai e, através disso, funda essa interpretação em termos transmissíveis e, de algum modo, operatórios para todos.

A interpretação também põe em jogo o universal: com efeito, ela põe a relação de um sujeito com sua verdade de maneira tal que o que se trata de visar é o objeto causa do desejo.

É nessa direção que Freud nos engaja, pela nítida distinção por ele estabelecida entre os sentimentos e o desejo. Se, com efeito, em *A interpretação dos sonhos*, ele evoca uma projeção dos "próprios sentimentos" do poeta sobre seu herói, na carta a Fliess de 15 de outubro de 1897, ele põe a existência do inconsciente, inclusive de dois inconscientes, na criação da obra e do personagem: "Sem pensar nas intenções conscientes de Shakespeare, suponho que um acontecimento real impeliu o poeta a escrever esse drama, tendo seu próprio inconsciente lhe permitido compreender o inconsciente de seu herói" – *the unconscious in him understood the unconscious in his heroe*, é o inconsciente nele que compreende o inconsciente de seu herói[6].

---

[5] Carta de 2 de novembro de 1896, loc. cit. Ver acima, III, capítulo 1, nota 30.

[6] Carta de 15 de outubro de 1897, ob. cit.; S. E., I, p. 266.

Desejo e sentimentos não devem ser confundidos: estes mudam, aquele é invariante e determina a estrutura.

Freud sublinha a diferença entre *Édipo* e *Hamlet.* Em *Édipo rei*, "as fantasias-desejos da criança que estavam por baixo (*that underlies, zugrunde liegende*) são expostas e realizadas como o seriam num sonho. Em *Hamlet*, elas ficam recalcadas (*repressed, verdrängt*) e, como no caso da neurose, depreende-se sua existência apenas por suas conseqüências inibidoras"[7].

Num caso, as fantasias-desejos (*Wunschphantasien*) se realizam diretamente, em condições de pensamento análogas às do sonho, sem nenhum obstáculo de censura nem de recalque. No segundo caso, ficando o desejo recalcado, tem-se conhecimento dele apenas pela suposição de que ele tem a ver com o estado de inibição que ele cria: censura, deslocamento e transposição total. O desejo é causa da inibição, que se torna uma espécie de sintoma.

Essa distinção operada por Freud levanta toda a questão da relação do saber com o desejo e, para além, a própria questão da relação do analista com o analisante no plano da transferência, da interpretação e da transmissão. Com efeito, o que Freud diz de Shakespeare é capital: "é o inconsciente nele que compreende o inconsciente de seu herói" e não o autor que teria feito de seu herói a imagem de seu próprio inconsciente. Sobre essa fórmula poderíamos dizer que ela define toda a posição do analista e, conseqüentemente, sua interpretação, por relação a esse saber inconsciente que é um saber intransitivo, que funciona por ele mesmo, um saber que não se sabe. Um saber tal que exclui o ato, ou que o ato exclui: Édipo não sabe que o pai está morto e pode agir – Hamlet sabe que o pai está morto e não pode agir.

Oscilação que, de ambos os lados, situa o ato numa ignorância do desejo. Édipo pode cumprir seu desejo porque ignora; Hamlet não o pode porque esse desejo fica recalcado. Nos dois casos, o desejo é insabido, nos dois casos, determina a estrutura.

Avancemos mais ainda na distinção entre desejo que se ignora e desejo recalcado:

– o desejo não se sabe como desejo, o que implica um primeiro nível de interpretação de tipo semântico[8];

---

[7] S. Freud, *L'interprétation des rêves*, ob. cit., p. 240; S. E., IV, p. 264; F.T.V., ob. cit., p. 224.

[8] Que desenvolvemos no capítulo seguinte.

– o desejo não se sabe como causado por um objeto, o que impõe um tipo e um nível completamente diferentes de interpretação.

A dimensão de sonho que Freud confere a *Édipo*, "as fantasias-desejos são realizadas como no sonho", é muito importante. Nesse tipo de sonho, há apenas duas razões que operam no cumprimento do ato: uma diz respeito a que o desejo parece dos mais distantes do sonhador, mesmo em sonho ele não poderia ter uma semelhante idéia, e o desejo não chega, portanto, à consciência; outra está ligada a que vão se apresentar no inconsciente do sonhador restos diurnos sob a forma de preocupação, de inquietação que lhe é inspirada quanto à vida de uma pessoa amada – o desejo pode aparecer no sonho apenas com a cor da preocupação, por meio de uma representação acessória, e também aí fica recalcado.

Para Hamlet, são os escrúpulos de consciência e a inibição que, como sintoma, permitem o deslocamento necessário, subtendido pelo desejo que fica recalcado.

Trata-se, portanto, de definir o quadro no qual se situa o desejo, pelo qual o homem se encontra possuído, e que ele tem como tarefa descobrir, às suas expensas e não sem o mais pesado penar: em uma palavra, ele tem que determinar o que quer dizer um desejo no inconsciente, o que não poderia ser efetuado sem introduzir essa pedra de toque que é o objeto.

É nesse ponto do objeto que pulsão e desejo se encontram intimamente ligados: ponto nodal que articula a pulsação do inconsciente com a realidade sexual, ponto nodal que se chama desejo[9].

É porque há impossível de satisfazer a pulsão que esta executa uma volta no objeto. E é, como Freud indica[10], porque o objeto é o que há de mais variável na pulsão que esta dá a volta no objeto.

É aqui também "que o caminho do sujeito se enterra", nos diz Lacan, esse caminho "que passa entre duas muralhas do impossível"[11]. O sujeito segue o caminho da satisfação impossível da pulsão. É nesse impossível de satisfazer a pulsão que o desejo toma todo o seu interesse, porque o objeto é sua causa: $\$ \lozenge a$. O seio, objeto problemático, vai se inscrever em oco.

---

[9] J. Lacan, *Les quatre concepts*, ob. cit., p. 141.

[10] S. Freud, "Pulsions et destins des pulsions", em *Métapsychologie*, Gallimard, 1940, p. 19.

[11] J. Lacan, *Les quatre concepts*, pp. 151-152..

Esse objeto não adequado, não predeterminado é em torno do que gira a pulsão em seu trajeto que, como traçado, vai definir o que é a estrutura cujas variações, representáveis por um vetor, vão se inscrever numa superfície tal que ela define uma estrutura de borda. O desejo é, portanto, essencialmente insatisfeito e descoberto por Freud no sonho sob o nome de *Wunsch*, que introduz essa suspensão da satisfação. Ele é tomado na cadeia significante e seu deslizamento é infinito, de modo que Lacan o identifica à própria conexão do significante ao significante. A função do desejo é coordenada a uma falta.

O drama de *Hamlet* se apresenta como uma placa giratória onde se situa um desejo[12]. O que coloca Hamlet numa relação particular com seu ato não é tanto o desejo por sua mãe, mas o desejo *de* sua mãe. É este que o inquieta, é isso que ele tenta dominar, é sem dúvida nisso que ele difere de Édipo. Mas também se pode dizer, literalmente, que ele pede à sua mãe que domine seu desejo. Algo inelutável faz que o desejo do homem seja o desejo do Outro, o que o anula totalmente como sujeito. Hamlet se dirige ao outro, à sua mãe, para além dela mesma[13].

Vê-se nele uma persistência em assegurar o falo da mãe, que tem como correlato a recusa da castração do outro: é o que diz a invocação famosa, *to be or not to be, that is the question*, que podemos traduzir por: "Ser ou não ser o falo da mãe". Está aí a "verdadeira questão", tal como Lacan a comenta. Hamlet é culpado no que quer ser esse falo e através disso manter o falo de sua mãe: "Sua mãe é essa turgescência vital que ignora o luto"[14].

É apenas a partir de um luto, daquele de um outro, mais exatamente, o irmão que no cemitério chora Ofélia que veio a pôr fim a seus dias, que Hamlet vai se ver, bruscamente, capaz de enfim agir. A via do luto, da renúncia ao falo, abre-se como única possibilidade da ação.

Com efeito, talvez esteja aí a verdadeira castração – que não tem muito a ver com essas "histórias de pipi". "É na medida em que o sujeito barrado $\$$ está numa certa relação com o objeto *a* que ele faz bruscamente uma identificação pela qual ele encontra pela primeira vez seu desejo em

[12] J. Lacan, "Hamlet", em *Ornicar?* nº 25, p. 25.

[13] Ver, sobre isso, J. Lacan, *Le désir et son interprétation*, ob. cit.

[14] J. Lacan, "Hamlet", ob. cit.

sua integralidade"[15]. O objeto é como tela de fundo perdida para um outro com o qual Hamlet se identifica para enfim ter acesso ao luto.

É pela relação que cada um dos dois heróis entretém com a castração que se inscreve a diferença em sua posição desejante. E é o que Freud desnuda para nós.

O inconsciente é estruturado como uma linguagem: lá é inscrito um código, que determina a relação que o sujeito nutre com sua própria demanda, $ ◊ D. É nesse registro que o sujeito pode perceber a prevalência de sua própria demanda.

Demanda à qual o analista não responde, mas que ele interpreta para além, no registro do desejo.

Assim, para Freud, qualificar de mito universal seus próprios "sentimentos" representa a tentativa de tornar pensável o impossível, esse impossível que ele descobre no horror da relação sexual dos pais, desvelado pela análise de seus sonhos. É nesse sentido que há aí impossível de escrever e, portanto, verdade que não se pode dizer toda.

Esse mito se escreve, então, no lugar do impossível de escrever a relação sexual e é assim que o mito de Édipo se torna o mito central do discurso psicanalítico. Mas que consiste em coisa completamente diferente que saber se se deitou ou não com sua mãe ou seu pai.

Lacan não hesita em dizer que esse mito de nada serve para o psicanalista e volta ao que o próprio Freud havia dito sobre ele, a saber, que essa história de Édipo devia ser tratada como sonho, como um sonho de Freud[16]. O problema é que o mito é contraditório com o princípio do sonho. Com efeito, o mito não condensa, explica, não desloca, fixa. Ele não opera nem metáfora nem metonímia. O que o analisante S sabe sem saber é o S_2, isto é, o conteúdo latente; o mito, "conteúdo manifesto", vê-se então contraditório em relação a tudo o que se pode analisar de um sonho. É por isso que Lacan fez do "complexo de Édipo" uma das realizações da metáfora paterna[17].

---

[15] Ibid., p. 31.

[16] J. Lacan, *L'envers de la psychanalyse*, loc. cit. acima, III, capítulo 6, "A guerra do fogo: mal-estar na significação", notas 6 e 7 (versão datilografada).

[17] J. Lacan, *L'envers de la psychanalyse*, pp. 117-135 e 137-153 (versão datilografada).

Mas sua instauração, a edificação desse complexo de Édipo, instituiu uma espécie de tradição, que seria a partir daí a ser reencontrada em cada cura psicanalítica como se fosse preciso justificar por aí a tradição coletiva dos psicanalistas.

Assim, Freud não preserva um pai ao conservar o mito – um pai ao qual dá uma forma idealizada, como que para mascarar que esse pai é, desde a origem, ou desde quando ele entra no discurso do mestre, castrado[18]?

O mito representa algo para alguém: ele não é, portanto, um significante, o qual representa o sujeito para um outro significante.

Entretanto, a busca de Freud, no que se refere ao mito, põe em evidência a função de significante que este tem para a criança, significante "pai" como núcleo do Ideal do eu, na medida em que este houver funcionado como instância de interdição.

É a partir do Outro todo-poderoso, ou, mais exatamente, de seu significante que se opera a identificação primária do sujeito. É a distância entre necessidade e amor que dá a razão do que Freud descobriu no sonho sob o nome de *Wunsch* e que nada mais é que o desejo.

Nessa primeiríssima identificação do sujeito, a questão é essa distância entre necessidade e amor, isto é, a ausência da mãe e a metáfora paterna; é a metáfora que substitui pelo nome o lugar primeiramente simbolizado pela operação da ausência da mãe[19]. O que põe o Nome-do-Pai, o Desejo da mãe, o Falo e o Significado do sujeito numa relação de estrutura que se estabelece a partir da lógica do significante:

$$\frac{S}{\$'} \cdot \frac{\$'}{X} \rightarrow S\left(\frac{I}{s}\right)$$

$$\frac{\text{Nome-do-pai}}{\text{Desejo da mãe}} \cdot \frac{\text{Desejo da mãe}}{\text{Significado do sujeito}} \rightarrow \text{Nome-do-Pai}\left(\frac{\text{A}}{\text{Falo}}\right)$$

Os S são significantes, significante do Nome-do-Pai que substitui o significante materno, x a significação não conhecida do desejo da mãe que

[18] Ibid., pp. 99-114, e tudo o que se refere aos quatro discursos.

[19] J. Lacan, "Du traitement possible de la psychose", em *Écrits*, ob. cit., p. 557.

a substituição pelo Nome-do-Pai virá referir ao falo, s o significado recalcado do significante original, que a metáfora induz como inconsciente (I), sendo a condição de êxito da metáfora a elisão de S', o significante original, representada por sua rasura, $'.

É essa mesma lógica que, antes mesmo da aprendizagem da linguagem, permite que haja, desde as primeiras relações da criança com o objeto materno, um processo de simbolização. A metáfora não deve ser entendida como uma comparação, mas como o que permite uma identificação[20].

"Desde que a criança começa a poder opor dois fonemas, há bastante com os quatro elementos introduzidos – os dois vocábulos, aquele que os pronuncia e aquele aos quais eles se dirigem – para conter virtualmente em si toda a combinatória de onde vai surgir a organização do significante[21].

A metáfora, em geral, se realiza por uma substituição, numa relação de significante a significado, por um outro significante: o significante S' é substituído por um outro, S, pelo que o primeiro cai para o nível de significado:

$$\frac{S}{S'}$$

Essa barra (—) é, no algoritmo de Lacan, o que separa o significante e o significado: marca do *non-sens*.

De fato, toda a teoria da metáfora é uma teoria do sujeito como metáfora, sujeito que se apreende apenas como faltando (a) ele mesmo, isto é, pelo viés da metáfora. O fato de que o sujeito seja significado por um significante, é nisso precisamente que ele só está presente no discurso metaforicamente, que só pode estar aí se perdendo, faltando. Essa falta-em-ser na linguagem é inteiramente situável no algoritmo lacaniano, no qual, contrariamente ao algoritmo saussureano, o S e o s, significante e significado, não estão no mesmo plano.

A brincadeira do *fort-da*, que se tornou famosa, é o estopim sur-

---

[20] Ver o desenvolvimento que disso dá J. Lacan em *Les psychoses*, ob. cit., pp. 258-261.

[21] J. Lacan, *Les formations de l'inconscient*, sessão de janeiro de 1978 (inédito).

preendente da metáfora paterna, na medida em que essa oposição significante, *fort-da*, está diretamente conectada, como vivido imaginário do desejo da mãe, ao vivido alternativo de suas presenças e ausências. Primeiro esboço aqui da metáfora paterna, que põe a criança no dever de refratar seus desejos pelo desfiladeiro do significante.

O carretel simboliza a ausência da mãe, e os dois fonemas "Ó" e "A" acompanham, representando-as, a aparição e a desaparição do carretel. Essa brincadeira esboça a experiência inaugural de toda metáfora como estrutura. Sob essa simples oposição fonemática, *fort-da* opera e marca a diferença como nada que mantém distantes os dois momentos da presença – ou, ainda, a descontinuidade entre sintagma nominal e sintagma predicativo.

Pela metáfora paterna, a criança nomeia seu desejo e a ele renuncia. Seu verdadeiro desejo é expulso para o inconsciente: é o recalque originário que determina a possibilidade de acesso à linguagem, pela substituição do real da existência por um símbolo e por uma lei.

O pai está presente apenas por sua lei, que é fala, e é apenas na medida em que sua fala é reconhecida pela mãe que ela toma valor de lei[22].

O Nome-do-Pai não designa o pai da procriação, assim como também não é redutível ao patronímico; ele é o significante de uma operação de linguagem que alivia o sujeito de ter que se fazer significado do desejo da mãe. Conseqüentemente, a ausência do significante "pai" de jeito nenhum está ligada à ausência do pai real: "Certamente não há necessidade alguma de um significante para ser pai, não mais que para estar morto, mas, sem significante, ninguém jamais saberá nada sobre um ou sobre outro desses estados de ser"[23].

Assim, o nome da lei é o nome do pai, suporte da função simbólica[24]. Para que isso aconteça basta, e inclusive é necessário, que o pai seja reconhecido pela mãe como homem e representante da lei – desse modo o sujeito terá acesso ao Nome-do-Pai, ou metáfora paterna.

Se a criança não aceita lei, ou se a mãe não reconhece ao pai essa posição, o sujeito ficará identificado ao falo e assujeitado ao desejo de sua

---

22 Ibid.

23 J. Lacan, "Du traitement possible de la psychose", em *Écrits*, ob. cit., p. 556.

24 J. Lacan, "Fonction et champ de la parole et du langage", em *Écrits*, ob. cit., p. 278.

mãe: é precisamente o que Freud põe em evidência no primeiro tempo da peça de Shakespeare, regido pela inibição de Hamlet.

Renunciar ao desejo de "ser" o falo que falta à mãe é essa passagem que a metáfora paterna nomeia. O Nome-do-Pai preenche essa função de simbolizar o desejo, o falo é reinstaurado, pelo pai, como objeto desejado pela mãe e não mais como criança complemento de sua falta.

Há, então, luto e identificação. É o segundo tempo de Hamlet, tempo da castração simbólica que, nesse "tornar-se pai", vai doravante substituir o desejo inconsciente de fusão e de alienação.

A fantasia da cena primitiva é como a impressão sobre a qual virá se estruturar o édipo: sendo essa fantasia nada mais que o desejo da mãe.

Portanto, a contribuição de Freud com a introdução do édipo é a constatação dessa operação lógica do significante que, pela passagem do ser ao ter, marca a *Spaltung* do sujeito – tomando ali o recalque originário todo o seu lugar de barra sobre o desejo.

Como conseqüência, é durante o processo edipiano que a criança, ao simbolizar a realidade paterna, tem acesso à metáfora paterna: o Nome-do-Pai, ou poder de nomear como tal, é capaz de exercer a função do interdito e de "castrar" o sujeito. Esse acesso à lei pelo nome instala o sujeito no registro do simbólico.

8

A análise freudiana, teoria clínica: uma questão de analogia?

A oposição entre Édipo e Hamlet, que acabamos de destacar como sendo aquela entre interdição e inibição, ou seja, dois modos do insabido do desejo, levanta a questão da interpretação de uma maneira crucial para a clínica. Se, com efeito, esta se define como uma maneira de situar o saber numa certa perspectiva com relação ao desejo – o que não caminha naturalmente, porque, de um sujeito que é apenas suposto, como saber algo? –, ela só pode ter em conta esses dois modos do insabido vistos precedentemente, o de um desejo que se ignora como tal e o de um desejo que se ignora como causado por um objeto, e operar diferentemente em função de cada um deles.

Isso não deixa de levantar algumas dificuldades clínicas. Se se considera o desejo como a instância da transferência, a interpretação é então essa enunciação que aponta o desejo ao qual, num certo sentido, ela é idêntica. O desejo, nesse caso, seria a própria interpretação, o que nos levaria ao primeiro modo do insabido do desejo, "não se sabe como desejo". Entretanto, a outra modalidade de insabido do desejo, "não se sabe como objeto que causa o desejo", convoca, antes, uma interpretação que se dirige a esse objeto: o que torna todo o seu caráter problemático, na medida em que esse objeto conduz à presença de um oco.

Com esse oco a pulsão pode se satisfazer sem, nessa medida, alcançar seu objetivo. Com efeito, no que tange ao objeto, em si indiferente, a pulsão se contenta em "dar a volta nele"[1]. E é esse objeto, nomeado por Lacan objeto *a*, que causa o desejo.

É porque não há alimento primitivo que tenha satisfeito a pulsão oral, nem objeto primordial que tenha satisfeito alguma pulsão, parcial ou outra, que Lacan introduz a noção de objeto *a*, que não é totalmente superponível ao objeto oral.

Essa não-coincidência introduz uma ruptura radical com relação a toda a literatura psicanalítica dita "de crianças" precedente, prolixa em mães de todos os tipos, diversamente predicadas – "boas, más, todo-poderosas, devoradoras" e outras. É no momento em que Lacan "inventa" seu objeto *a*, objeto oco, espécie de negativo ou de antinomia da plenitude habitualmente recebida, plenitude do seio, plenitude de sentido, que ele pode elaborar conjuntamente uma primeira teorização do real, "o real como impossível", vindo constituir obstáculo ao princípio de prazer. Não há alimento que satisfaça alguma boca que seja, é nisso que consiste o real.

O objeto *a*, nessas condições, é o que vem constituir alternância com o real na medida em que essa falta de objeto adequado que, porém, a pulsão cerca, na medida em que objeto eternamente em falta que ela se empregará em contornar, na medida em que "nenhum alimento jamais satisfará a pulsão oral"[2].

Nessa abordagem, há lugar para saber, encarado como estrutura de borda que define uma hiância: alguma coisa se inscreve que nada mais é que "o lugar do real, que vai do trauma à fantasia – na medida em que a fantasia nunca é mais que a tela que dissimula algo totalmente primeiro, determinante na função da repetição"[3].

Processo circular, a pulsão é um processo de borda. Lacan abre uma brecha numa certa beatitude teórica, teoria da plenitude, mito do "pleno de seios, pleno de sentidos* ", ao mostrar que há fora-do-sentido, fora-do-eu [*je*]. "Ali onde eu penso, eu não sou e, ali onde eu sou, eu não penso":

---

[1] J. Lacan, *Les quatre concepts*, ob. cit., p. 153.

[2] Ibid., 164.

[3] Ibid., p. 58.

* Em francês, jogo de palavras: *plein de seins, plein de sens.* (NT)

esse enunciado aforístico da divisão do sujeito, paráfrase irônica do *cogito* cartesiano, leva consigo toda tentação fenomenológica. Mas sua contribuição é sobretudo sublinhar que o objeto do desejo é o objeto causa do desejo, isto é, o próprio objeto da pulsão.

O desejo em seus objetos aparece então como metonímia, o que dá conta da alienação do sujeito num significante distante do significante original, graças a uma série de laços associativos que não estão necessariamente em conexão de sentido e cuja deriva se vê então responsável por uma resistência à significação, por um "fora-do-sentido". Assim se marca a estrutura, de tal modo que:

"O sujeito sabe que não querer desejar tem em si algo de tão irrefutável quanto essa banda de Moebius que não tem avesso; isto é, que, ao percorrê-la, se retornará matematicamente à superfície que supostamente a reduplicaria. É nesse ponto de encontro que o analista é esperado. Na medida em que suposto saber, ele também é suposto partir ao encontro do desejo inconsciente"[4].

Quanto a esse ponto da atitude do analista, Freud é muito claro e lembra com firmeza: "Recusamos com determinação fazer do paciente que, buscando ajuda, se coloca em nossas mãos nossa criatura (*Leibgut*), forjar seu destino para ele, inculcar-lhe nossos ideais, etc, com o orgulho do criador (*Hochmut des Schöpfers*), formá-lo à nossa imagem (*zu unserem Ebenbild*), na qual devemos ter nosso bom prazer [...] o doente não deve ser educado à nossa semelhança (*zur Ähnlichkeit mit uns*), mas para a liberação e o cumprimento de seu próprio ser"[5].

Acrescentaremos: ao preço, ao risco de que cada paciente possa nos fazer cair de nossa própria teoria.

Entretanto, o exemplo seguinte, retirado do próprio Freud, poderia servir de demonstração e de ilustração *a contrario* desse princípio. Nele vemos Freud apanhado na armadilha desse mito de Édipo que é seu próprio mito, inclusive com toda a genialidade de seu erro. É um artigo curto, publicado em 1928, *Événement de la vie religieuse*[6], no qual ele interpreta

---

[4] Ibid., p. 213.

[5] S. Freud, *La technique psychanalytique*, ob. cit., p. 138.

[6] Revue *Imago*, "Un événement de la vie religieuse", em *L'avenir d'une illusion*, Paris, PUF, 1971; S. E., XII, p. 168.

uma conversão religiosa segundo o esquema imaginário e preconcebido do complexo de Édipo. A leitura rigorosa dessa interpretação, tal como Freud a conduz, ou tal como é conduzido, faz aparecer que, embora seja questão de "saber", para ele analista e para a análise freudiana tal como ele a entende, esse saber, entretanto, "está já lá": não como *non-sens* ao qual dar um sentido, por uma construção singular, mas enquanto saber já constituído, e a encontrar em toda análise, demonstração que ele se aferra a fazer.

Para isso, Freud recorre mais à analogia que à estrutura, as quais divergem, no registro da interpretação, de maneira patente: com efeito, segundo se utilize ou se vise uma ou outra, esse texto do qual se extrai todo saber, no colocar em operação a interpretação, será texto a encontrar, ou a inventar.

Esse artigo considera uma carta recebida após uma entrevista com um jornalista. Nessa entrevista, publicada nos EEUU, Freud declarava sua "falta de fé religiosa" e sua "indiferença quanto a uma sobrevivência após a morte", o que lhe valeu a resposta de um "confrade" americano, *a brother physician*, "irmão médico"[7].

Este último nela evoca os acontecimentos que nele constituíram "revelação" – o que leva Freud, após a leitura, a uma interpretação que será, por sua vez, objeto de nosso próprio comentário.

Eis o que havia acontecido a esse infeliz "irmão médico" quando, jovem estudante, se encontrava numa sala de dissecção. Havia diante dele o cadáver de uma mulher nua "de expressão tão doce" (*sweet faced woman*) que ele perdeu "a fé" (*faith*), ao pensar que, "se houvesse um Deus, ele não teria permitido que uma tão cara velha senhora (*dear old woman*) se encontrasse ali naquele instante!". Ele ficou com essa desagradável impressão. Na tarde que se seguiu, ele ouviu uma voz lhe pedindo que reconsiderasse sua decisão e então pensa que, "se ele estivesse certo de que a Bíblia era a palavra de Deus, aceitaria mudar de opinião". O que devia acontecer acontece, ele evidentemente encontra outros elementos que lhe permitem sustentar sua certeza.

---

[7] Digamos "confrade". *Brother* comporta a mesma ambigüidade semântica que "irmão" em francês [e em português. (NT)]: significante "irmão" tanto no sentido religioso quanto familiar.

É sob a forma desse enunciado que voltará freqüentemente em sua carta, "considerar que a Bíblia era a palavra de Deus e que, assim, Deus lhe havia respondido", que as palavras lhe vinham do Outro. Desde então, Deus se revelou a ele por provas infalíveis[8], precisava ele a Freud.

Notemos imediatamente que se passa facilmente da voz interior à palavra de Deus, da dúvida à certeza ou revelação, e, sem colocar em questão no momento o diagnóstico de Freud, observemos simplesmente que ele chama isso de: "Psicose alucinatória".

O "irmão médico" então convida Freud a se deixar "tentar" também por sua demonstração. Seguem-se algumas trocas epistolares às quais Freud, pouco convencido, responde que, de sua parte, nunca ouvira voz e se sentia "um Judeu ímpio"; em outros termos, ele lhe responde que tinha uma certeza de origem nomeada, que lhe evita assim recorrer a um outro nome, mesmo que fosse o de Deus.

A partir desse momento, as coisas se tornam mais delicadas. Com efeito, o confrade convida Freud a segui-lo e conhecer também a fé (*faith to believe*) graças a essa *sweet faced woman*, essa mulher de expressão doce. Lembremos que ele havia perdido a *faith*, a fé, ao encontrar *this sweet faced woman – faith, faced...*

Não é essa homofonia que retém a atenção de Freud. É o fato, diz ele, de que "o acontecimento está mal fundado do ponto de vista lógico". Ele então arrasta o leitor para uma tentativa surpreendente de racionalização, segundo a qual esse médico iniciante não podia deixar de saber que há maiores infelicidades no mundo que aquelas que são encontradas numa sala de dissecção que são suscetíveis de alterar a fé de qualquer um em relação a Deus.

Esse "erro de lógica", prossegue ele, vem de que "o afeto despertado pela lembrança de sua mãe o impede de ter um julgamento correto". No entanto, até ali, nada assinala nas cartas do confrade que se trate da "lembrança de uma mãe".

---

[8] "Deus é inconsciente", J. Lacan, *Les quatre concepts*, ob. cit., p. 58.

De fato, e de maneira própria a nos interessar aqui, Freud encontra a "solução"[9] do desejo inconsciente de seu confrade no recurso a sua própria lembrança, a de sua mãe, à qual as palavras *sweet faced* o remetem, e daí propõe para este último uma interpretação.

Mas isso só lhe pode aparecer subseqüentemente a uma passagem do escrito à fonetização, e através de seu próprio lapso, oportunamente produzido. Com efeito, ele só entende o que lhe escreve seu confrade a partir de dois elementos que estão numa relação de complementaridade.

O primeiro elemento é que Freud, ao evocar com uma terceira pessoa o conteúdo dessa carta, declara que o que o confrade lhe havia escrito a propósito do rosto do cadáver dessa mulher lhe havia lembrado sua própria mãe. No entanto, o "irmão médico" tinha sido bem-sucedido em induzir, pela expressão *sweet faced woman*, essa "mulher de expressão doce", a lembrança associativa de Freud com uma mãe.

O que se deve notar é que Freud volta a passar pela linguagem e interpreta a partir dessa (re)formulação, como veremos. Daí, há transferência e sublinharemos que essa instância pontua o que até aqui era apenas "insabido". A transferência entra em jogo no sentido em que desejo de analista suporta a enunciação, representada por uma invenção. Com efeito, Freud reconhecia haver pensado em palavras que não figuravam na carta e não teriam podido se encontrar nela. Ele inclusive valoriza o fato de que está convencido de que o confrade não teria podido, por outro lado, escrever que poderia se tratar de sua mãe no corpo da velha senhora na sala de dissecção.

Tudo isso não deixa de surpreender: Freud enuncia que as palavras *sweet faced woman* o arrastaram para essa associação com sua mãe, para quase que ao mesmo tempo negar que elas teriam podido conduzi-lo a isso, na ausência de alguma menção desse tipo na carta do confrade. Freud, portanto, distingue claramente a enunciação – "É a velha senhora que é a mãe" – e o enunciado – "A velha senhora de expressão tão doce" – e, quase que se desculpando, declara que se vê forçado a ter em vista essa interpretação não por causa das palavras, mas pelo conteúdo afetivo da descrição

[9] No sentido etimológico: grego *analuein*, liberar, resolver.

terna que lhe impõe *sweet faced dear old woman*, "a doce expressão da cara velha senhora".

Essa passagem ao afeto leva Freud a enunciar o segundo elemento no qual funda sua interpretação.

A observação a propósito de *brother physician*, "irmão médico", cuja ambigüidade já sublinhamos, toma sentido no *après-coup*: como falsa lembrança[10] de Freud, porém presente no texto desde o início.

Graças à transferência de Freud, que se sente médico, *physician*, e que não deixa de ser "irmão", a partir do momento em que ele enuncia numa invenção que esse rosto lhe evoca sua mãe, há produção de uma enunciação específica. Nesse instante, portanto, os dois protagonistas são irmãos, na medida em que se trata da mesma mãe. Eles são *brother physician*, "irmãos médicos", porque a transferência os liga como pás de uma mesma hélice; falsa lembrança e interpretação se vêm confundidas no mesmo enunciado. Sente-se que, nesse ponto, o desejo é o que vem qualificar a instância da transferência e lhe imprime sua função.

Freud é "irmão" quando se trata de uma mãe e "confrade" quando crê que a nudez de uma mulher lembra a "nostalgia materna que emana do complexo de Édipo"[11].

Daí, Freud se torna... freudiano. Ele não pode se impedir de acrescentar a analogia entre "duvidar de Deus" e "revolta contra o pai" – esta última se apresentando sob a forma da dúvida consciente da existência de Deus, dúvida que não seria mais que uma forma desviada da vontade de aniquilar Deus-pai. O todo vem constituir a seus olhos o deslocamento e a repetição de uma situação edipiana no domínio religioso.

Assim, ao querer ser freudiano, Freud obstrui algo. Com efeito, se ele marca bem o lugar do desejo nesse lapso relativo a "sua mãe", ele se reduz a um sentido edipiano, barrando a metonímia que corre sob *sweet faced... true faith*. Ele conduz os laços associativos a uma significação original, de desejo pela mãe e de eliminação do pai, sem deixar a menor chance ao significante original de ser apontado como em falta, já que o significado

---

[10] Quase erro de memória no sentido de Kraepelin.

[11] S. Freud, *L'avenir d'une illusion*, ob. cit., p. 99.

"desejo pela mãe" vem preencher a significação do "desejo da mãe". A diferença entre "desejo por" e "desejo de" fica neutralizada, a passagem da operação 2 à operação 3 do algoritmo, o falo fazendo função de 3º tempo, não se efetua[12].

A maneira como Freud interpreta o desejo do confrade aparece, portanto, como metáfora e não mais como metonímia pura. Inventando palavras que faltam na carta, Freud nos entrega aqui uma interpretação de um certo gênero.

Ele interpreta o desejo inconsciente do confrade, mas não seu objeto-causa: ao aproximar por analogia esse desejo do complexo de Édipo, e ao ligá-lo a "uma mãe", ele fica no nível da fantasia à qual ele dá um sentido unívoco, portanto mítico.

Tudo o que então permanece da repetição, e que no entanto ele sublinha como ponto essencial, fica obstruído por esse bloco do complexo de Édipo, cuja função é, sem dúvida nenhuma, ocupar esse caminho da repetição que vai do trauma à fantasia e que se marca pelo fracasso do objeto, isto é, o lugar do real.

No entanto, na primeira parte do texto e especialmente por seu falso reconhecimento, Freud atrai nossa atenção para o seguinte ponto: o sentido da idéia que se impõe a ele repousa num achado, uma criação de palavras ali onde elas não estão[13]. Ele sugere que o *brother physician* encontra *sweet faced* (a doce expressão) e perde *the faith to believe* (a fé), que é justamente o que o confrade queria que Freud reencontrasse; a fé para crer em Deus, não na mãe!...

Nessa sala de dissecção, diante do corpo nu de uma velha senhora de expressão tão doce, nosso jovem médico encontra a desordem que a visão de um cadáver sem sepultura comporta. Esse cadáver convoca um nome. Como Lacan sublinha, isso não tem nada a ver com a imortalidade da alma; mas implica que haja um nome que não tem nenhuma ligação com o vivo e que, se não é nomeado, não permite nem ultrapassar, nem perpetuar o que quer que seja.

---

[12] Ver capítulo precedente.

[13] Trata-se da criação de um sentido no fora-de-sentido. Seria interessante avaliar se o termo "construção" conviria aqui.

Freud não detém sua reflexão nessa ligação da morte com o simbólico, embora esse fio encadeie o teor de suas primeiras observações. Desde o início do texto, ele situa que o confrade lhe havia escrito por causa de sua falta de fé e de sua "indiferença quanto a uma sobrevivência após a morte". Lembremo-nos de que é a propósito da questão da "imortalidade da alma" que o *brother physician* queria interpelar Freud, que pretendia não crer nisso.

Esse cadáver nu sem nome não reenvia o irmão médico ao desejo pelo mãe, mas ao desejo da mãe. Em outros termos: ao nome. É precisamente isso que lhe dizem as vozes interiores no momento em que ele duvida: *no faith*, "mais fé" e mais *sweet faced* não mais – mais representante representativo.

Como ele indica em sua carta a Freud, no momento da dúvida ele queria estar "certo de que a Bíblia fosse bem nomeada", que ela tenha um locutor representado, um referente, um nome: Deus. Que ela seja palavra de Deus e que assim possa constituir certeza de uma origem. Ele insiste muito nesse aspecto nominativo, mas Freud não o considerará para fazer sua teoria.

Entretanto, é ao encontrar um Nome-do-pai, do filho ou de todo outro, uma religião, portanto, que faça que os cadáveres portem um nome, que o confrade diz a Freud que ele havia podido sair disso; como prova o que ele afirma ao escrever por três vezes: "Deus fez minha alma ver que a Bíblia é a palavra de Deus".

O que Freud faz então? Ele inventa, na carta do confrade, palavras que não estão lá: estrita contrapartida, como num díptico, a uma palavra do Outro que constitui revelação – ao se revelar ao "irmão médico" como sendo a de Deus, para suspender nele toda dúvida nesse sentido. Duas revelações de palavra que põem em jogo um referente da linguagem e da fala.

Por fim, é muito interessante que essa criação de Freud consista em se lembrar de palavras que o outro não escreveu... Isso mostra que seu trabalho interpretativo se exerce sobre significantes, ainda que ele pretenda que se trata de Édipo – o que, de resto, não é incompatível, na medida em que Édipo é também um nome, um significante, não apenas um mito.

Parece que Freud foi aspirado pelos efeitos substitutivos seguintes, a partir da homofonia *faith/faced, dear old woman's faith/faced to believe*:

sweet *faith* dear old woman
faced

Teríamos assim um primeiro tempo de uma metáfora. O conjunto *sweet faith dear old woman* reenvia Freud à definição dos atributos de uma mãe. Esse conjunto, portanto, exerce o papel de metáfora de um enunciado que encontraria sua enunciação, sua significação, na fabricação da figura do cadáver de mulher: sua própria mãe. Há, na substituição de mãe por "cara velha senhora de expressão doce", que repousa numa relação de similaridade facilmente perceptível, nascimento de um sentido novo – o do corpo morto da mãe.

A velha mãe de expressão tão doce seria, portanto, o sujeito, o significado recalcado que Freud interpreta por sua idéia interposta, como se fosse preciso fazer coincidir interpretação e significação.

Há lugar para desconfiar desse tipo de equivalência, porque, mesmo que laços de similaridade evidentes unam o significante "velha mulher de expressão tão doce" ao significado "uma mãe", o significado "uma mãe" não é necessário para a manutenção do sentido.

Com efeito, a linguagem é um sistema de coerência posicional que mantém um sentido, mesmo sob uma forma paradoxal, como, por exemplo, a do sintoma.

O segundo tempo da metáfora é o do sentido que Freud dá à dissecção do corpo nu, como substitutiva de uma relação sexual sádica entre os pais. Aqui, é o significante "dissecção" que é transposto e que opera a similaridade.

Mas é metáfora? Podemos nos interrogar sobre o processo. Certo, o significante é colocado no lugar de um outro, que daí cai para o nível de significado. Entretanto, o segundo significante latente perpetua o intervalo introduzido na cadeia significante pelo jogo da substituição? Ou é uma analogia? Questão não supérflua, na medida em que metáfora e analogia não são redutíveis uma à outra. Se fosse assim, a metáfora se reduziria a ser apenas uma significação válida para todos, ligada a uma espécie de simbólica universal.

Com isso, vemo-nos reconduzidos a nos interrogar novamente sobre a oposição entre analogia e estrutura e o que ela põe em jogo: o analisante possui a verdade singular de seu sintoma, ou é possível, para ele como para o analista, tomar apoio aqui numa espécie de universal interpretável? Constatemos, primeiro, à guisa de resposta, que as relações inconscientes não são tão dependentes das relações de analogia quanto aquelas que estabelecem o processo secundário consciente.

Lacan enuncia claramente: "O que está no princípio da metáfora não é a significação"[14].

Com efeito, uma metáfora é sustentada, antes de tudo, por uma "articulação posicional"; a ordem das palavras nela é decisiva e, do mesmo modo que "Paul espanca Pierre" não é equivalente a "Pierre espanca Paul", no que se refere a nós, o fato de que o "brother physician" seja o que se encontra diante do corpo nu, prestes a dissecá-lo, o põe numa certa posição nessa frase que é uma posição de agente.

É o fundamento da lógica proposicional que marca a permanência da intencionalidade do sujeito, apesar de sua impotência verbal localizada. Notemos que, com uma tal definição do sujeito, se torna mais difícil saber se os significantes que o representam estão numa relação de substituição metonímica ou metafórica.

É a partir desse momento em que, dissecando, ele perde a fé que o jovem médico alucinado ouve vozes. Nós já sublinhamos que nesse momento Freud não pode se impedir de efetuar uma segunda equivalência, inclusive uma analogia: a que põe a revolta contra Deus como uma revolta contra o pai – Deus servindo apenas para melhor aniquilar o pai. Daí se vê essa revolta afetar com o mesmo destino o conflito edipiano: ela dá lugar ao Nome-do-Pai, à aceitação de Deus e, finalmente, à submissão ao pai e a Deus. Tudo assim volta à ordem... "religiosa".

Essa explicação acusa um ponto fraco: por que essa resolução tão feliz, resolução-modelo do conflito edipiano, levaria ao delírio do jovem confrade, lhe faria ouvir vozes e perguntar com um tal ardor se elas vêm de Deus, que nomeia com seu nome a Bíblia e a origem de Jesus Cristo?...

Parece que, ao tanto querer ser freudiano, Freud recorreu a uma demonstração que demonstra apenas o que ele tem necessidade de demons-

[14] J. Lacan, *Les psychoses*, ob. cit., p. 257.

trar em teoria (os lógicos diriam que se trata de um auto-referente) e passa, assim, um pouco ao largo de um elemento determinante.

Elemento tênue, pequeno nada, que Marie Bonaparte, tradutora do texto em francês, também sublinha à sua maneira por um ato falho, o esquecimento de uma frase inteira: "É também típico para a criança considerar o que seu pai faz com sua mãe nas relações sexuais como maus-tratos". Ela não põe palavras, a exemplo de Freud, no que não estava escrito; de sua parte, ela não substitui nada, não acrescenta nada no lugar do que estava escrito, no lugar do que não se pode escrever. Ela novamente recalca o que, de todo modo, já o estava, apesar da explicação descrita por Freud.

Se é nesse momento mesmo, da cena da dissecção, que nosso "brother physician" alucina e que Marie Bonaparte esquece essa frase de Freud sobre a cena primitiva, talvez isso diga respeito ao próprio acontecimento, isto é, a essa relação sexual entre os pais, verdadeiro significante *unverdrängt*, caído abaixo, ponto de choque – mesmo que a cena em que é vista a velha senhora a ser dissecada reenvie a uma outra: a da relação sexual vivida como sádica.

É a relação sexual, que não tem equivalência significativa no que se refere a possíveis relações de similaridade, que é o último termo – ou o ponto final de todo termo. Algo aí cessa, quanto ao que se pode escrever.

Há impossível de representar uma cena primitiva; algo não pode se escrever sobre o gozo, "o corpo, a morte, enquanto eles estão enodados apenas, é claro, por esse impasse inverificável do sexo"[15].

Não é nesse ponto de limite, em que "não há relação sexual que possa se escrever", que, a título de substituto, Freud tenta escrever o complexo de Édipo e tapar com esse imaginário o "real que faz furo"? "Isso pode ser imaginado com o que se puder, isto é, com o que se suga, o que se caga, o que faz o olhar, o que domina o olhar, realmente, e depois a voz"[16].

Esse registro pulsional que constitui metáfora na língua, tão logo o analista o integre como um saber constituído antecipadamente, vira para a analogia e rapidamente toma a feição de Mito psicológico.

Está aí o destino do complexo de Édipo, o de ser retomado a cada análise à guisa de interpretação que permite ocultar a cena primitiva, ali

[15] J. Lacan, *Les non-dupes errent*, ob. cit., sessão de 19 de março de 1974.

[16] Ibid., sessão de 9 de abril de 1974.

onde desfalece toda função de equivalência significativa, toda relação de similaridade.

Nesse mesmo momento, o "brother physician" se põe a duvidar e ouve vozes que certificam e atestam a paternidade da Bíblia. Nesse mesmo momento, Freud inventa concorrentemente algo que o outro não escreveu. Nesse momento mesmo, Marie Bonaparte suprime em sua tradução uma frase inteira.

O jovem irmão médico busca a verdade sobre isso, isto é, sobre a relação sexual, e é isso que o leva à religião; ele busca a verdade sobre o saber, esse resíduo que Lacan evoca:

"Há saber quanto ao qual é óbvio não haver nenhum sujeito que o saiba, ele é real, é um depósito. É um sedimento que se produz em cada um quando começar a abordar essa relação sexual à qual, é claro, ele jamais chegará"[17].

É nisso que parece legítimo insistir tanto na prevalência do significante como "o instrumento com o qual se expressa o significado desaparecido"[18], essa parte não expressa, que existe apenas por seu caráter significante e que se transforma em um fenômeno imposto no mundo exterior para o sujeito com delírio alucinatório. Está aí o que se manifesta no jovem médico, com as vozes, as que dizem a verdade sobre o nome daquele que escreve, trazendo assim a prova por 3. De fato, 1 + 1 não fazem 2, mas 3 no nível lógico, porque não há dois seres falantes que possam se conjugar, fazer dois; é por isso que há significantes no lugar daqueles que poderiam ser sujeitos da relação sexual.

Assim acontece com esses dois aos quais, por exemplo, o mito edipiano nos leva sem parar, organizando sujeitos que fazem casais: papai-mamãe; mamãe-o filho; papai-a filha, etc[19].

A abordagem pela estrutura corta radicalmente com toda analogia e conduz a pôr o impossível no centro do saber do analista – o impossível de dizer tudo, isto é, o real. A psicanálise se tornaria, através disso, de

[17] Ibid., sessão de 12 de fevereiro de 1974.

[18] Ibid.

[19] Tudo isso permanece, assim, no quadro de uma lógica binária.

algum modo, a ciência do impossível, e os analistas, os especialistas do intransmissível.

Entretanto, considerar o saber de modo freudiano, isto é, a partir do que foi recalcado, é arriscar oferecer-se à convocação inesgotável de todas as significações que se precipitam no furo produzido por esse real recalcado. Se toda significação tem como objetivo preencher esse furo, esse é também o destino que a interpretação encontra se se puser apenas em termos de verdadeiro ou falso[20].

Mais que verdadeira ou falsa, a interpretação deve ser precisa, o que tem como função calar a convocação de sentido, longe de lhe fornecer novas significações. É porque, nesse caso, ela não se verifica contrária ao sentido, mas, para além ou aquém ainda: como não tendo nada a ver com ele...

Freud, em seu excesso de sentido, em seu excesso de zelo semântico e interpretativo, pensa que o jovem se tornou crente e sofreu uma conversão porque aceitou tudo que lhe havia sido ensinado em sua infância sobre Deus e Jesus Cristo, na maior conformidade. Esse rapaz não demonstra, de fato, na linha direta da paranóia do presidente Schreber, "que não há relação sexual com Deus? A verdade é essa e é ela que questiona a existência de Deus"[21].

[20] J. Lacan, "C'est à la lecture de Freud...", artigo dado para os *Cahiers Cistre*, nº 3, L'Âge d'homme, 1977, coletânea dedicada a Lacan por R. Georgin, pp. 15-16.

[21] J. Lacan, *RSI*, Seminário de 8 de abril de 1975, em *Ornicar?* nº 5, p. 42.

9

"As falas de um autor não são atos?"

"As falas de um autor não são atos?"
Freud[1]

A noção lingüística de enunciado performativo, desenvolvida por Austin em sua célebre obra *Quando dizer é fazer*[2], suscitou, em certos analistas, a esperança de uma ligação pertinente entre lingüística e psicanálise. Entretanto, essa esperança, ou essa tentação, cai tão logo nos lembremos dessa radical definição lacaniana: "A linguagem não é um código porque em seu enunciado ela veicula o sujeito presente em sua enunciação"[3]. Essa definição torna caduca, ou, pelo menos, psicanaliticamente não pertinente a tentativa de Austin de codificar a performatividade de certos enunciados como propriedade intrínseca exclusivamente à linguagem como objeto da lingüística – e mesmo quando o psicanalista reconhece que existe uma fala que engaja e, como tal, modifica aquele que a pronuncia e seu interlocutor.

Com efeito, com referência à lingüística austiniana segundo a qual dizer, em certas circunstâncias, é realizar um ato – o que organiza os enunciados em dois grupos, os performativos, que escapam ao critério de verda-

---

1 Carta a Thomas Mann de 6 de junho de 1935, em *Correspondance 1873-1939*, Paris, Gallimard, 1966 (Carta 282).

2 J.-L. Austin, *Quand dire c'est faire*, Paris, Seuil, 1970.

3 J. Lacan, *Problèmes cruciaux pour la psychanalyse*, ob. cit., sessão de 10 de março de 1965.

de ou de falsidade, e os constativos –, certos analistas ficaram tentados a aplicar esse modelo do enunciado performativo, "dizer é fazer", a um dizer que seria ato analítico ou ato de fundação.

Essa passagem de um a outro é um pouco temerária. Não são nem a presença, nem a voz do locutor que constituem os critérios decisivos da performatividade de um enunciado. A especificidade do performativo é totalmente diferente. Quando o rei declara "Autorizo a divulgação e a impressão de tal obra", ele não descreve o fato de autorizar, ele autoriza de fato, pura e simplesmente. Essa definição do performativo, embora revelando uma heterogeneidade, uma não-adequação algo escandalosa entre enunciado e enunciação, aí faz aparecer o caráter intrinsecamente *sui*-referencial: a enunciação equivale ao ato enunciado, este dando reflexivamente uma indicação sobre o tipo de ato do qual a enunciação constitui o cumprimento; o significado vale como referente, numa espécie de neutralização, enquanto que o enunciado constatativo põe um fato diferente dele mesmo.

Está aí um primeiro obstáculo talhado para uma oposição à tentação, à sedução austiniana de certos psicanalistas. Além do mais, o próprio Austin, num segundo tempo, abandona a oposição entre performativo e constatativo. Renunciando à idéia de que existiriam enunciados que seriam apenas atos, ele de ora em diante distingue, em todo enunciado, um aspecto locucionário e um aspecto ilocucionário. Ao aspecto locucionário corresponde o que é dito, o conteúdo do pensamento, a proposição expressa – o enunciado. O aspecto ilocucionário define a enunciação, o caráter de ato de todo enunciado, a parte de agir em todo dito.

Estamos, com essa segunda teoria, no núcleo da diferença entre o representante e o representado, sendo o próprio da linguagem para os lingüistas representar, e a representação implicando essa diferença. Mas, mais especificamente, para Austin, Searle e a escola anglo-saxã em geral, diferentemente da tradição da lingüística estrutural, a palavra tem sentido apenas para e pelo contexto que a cerca: fora da instituição não há linguagem. Concepção radicalmente pragmática que não deixa de incitar, ainda que incidentalmente, a se perguntar se a cura psicanalítica não fornece essa instituição mínima, esse contexto referencial tal que, com a transferência, seja tornada possível a ocorrência do ato de interpretar.

O essencial do que nos parece dever ser psicanaliticamente retido do performativo é, entretanto, o seguinte: ele se situa na maior proximidade da definição do *ato como repetição*. Com efeito, para que esse enunciado "O rei autoria a divulgação e a impressão de tal obra" se torne um ato, é preciso que, ao mesmo tempo, o rei de fato autorize a divulgação e que, além disso, ele o diga – dois fatos, dois atos, ou repetição intrínseca a todo ato, e tornada possível pelo efeito de retroação.

Entretanto, é nesse ponto, que interessa especificamente a psicanálise, que se deterá a analogia com a lingüística austiniana. Com efeito, para ir mais adiante, devemos examinar essa questão central da análise freudiana: *a função da fala na cura psicanalítica*. Lembremos que tudo o que nela opera é efeito de fala e que é essa mesma fala que está em jogo em todos os exemplos da psicopatologia da vida cotidiana. Nessa perspectiva, as teorias lingüísticas são inoperantes para dar conta da fala, do lapso ou do chiste – se não introduzirmos aí, subseqüentemente à noção de repetição, a de significante em sua acepção psicanalítica e a de sujeito.

Este pequeno fragmento de cura psicanalítica mostrará tanto a necessidade quanto os escolhos disso:

"Você foi à minha casa ontem", diz uma paciente a seu analista.

O analista: "Por que você diz isso?".

A paciente: "Tinha uma caixa de ferramentas na frente da minha porta".

O analista: "E daí?".

A paciente: "No dia anterior à sua vinda a minha casa eu contei pra você um sonho e na manhã seguinte estava na minha porta a mesma caixa de ferramentas do sonho, então, como não falei pra mais ninguém, só pode ser você!".

Certo, se se ignorar que essa paciente sofre "de arrombamento", literalmente e em todos os sentidos do termo, não se compreende nada desse fragmento de análise. Mas, de maneira mais estrutural, diante da relação imediata entre dizer e fazer que se manifesta aqui, ficamos sem recursos se não introduzirmos a questão do recalque e de seu retorno no real, que opera da mesma forma no pensamento e na língua. Assim, garotinha, essa paciente foi objeto de uma cena de apalpadelas sexuais da parte de seu avô quando, assustada com o fato de que um açougueiro batia à porta para entregar a carne, ela se refugiou na cama do senhor idoso para ser protegida.

A questão na análise é mostrar o que, no discurso, "efetua", realiza sujeito – em outros termos, como este advém, surge na colocação em ato do inconsciente.

Para mostrar esse colocar em operação o inconsciente no discurso, Lacan recorreu, primeiro, a um esquema puramente lingüístico, ao fazer aparecer que todo efeito de linguagem "imprevisto" – lapso, chiste – supõe significantes já inscritos no inconsciente e decomponíveis em unidades fonemáticas.

Entretanto, entre enunciado e enunciação é preciso sujeito e, se o primeiro esquema de Lacan representava a linguagem como sistema de comunicação, havia necessidade de que ele fosse reduplicado a fim de ter em conta o que não é comunicável diretamente ou o que é dito "entre as linhas".

É por isso que, no segundo esquema lacaniano, na linha da enunciação, é inscrito o sujeito como "inconsciente": não sabendo. E é porque o sujeito inconsciente está, de alguma forma, ligado à pulsão que a palavra se vê viva em seu ponto de in-sabido.

Esse *insabido* só pode ter como correlato um *insujeito*: o fato de que o significante representa o sujeito para um outro significante implica que o sujeito, fundamentalmente efeito do significante, exija a colocação em jogo de ao menos dois significantes, S_1 e S_2. É nesse intervalo que ele "circula", sem ser representado de outro modo que de um significante para outro. Portanto, toda representação fracassa em representar o sujeito de outra maneira que apreendê-lo numa substituição metafórica ou metonímica de significantes.

Essa definição do sujeito conduz a precisar a noção freudiana de operação do recalque que, pela intervenção do *Vorstellungrepräsentant*, dissocia a unidade habitual do signo, só tendo como objetivo sua face significante.

Essa difícil questão do recalque originário primeiro conduziu Freud a falar de *Triebsrepräsentant*, representação da pulsão, e depois de *Vorstellungrepräsentant*, representante de representação, para designar o que representa a pulsão. E é ainda essa mesma questão que conduziu Lacan a traduzir *Vorstellungrepräsentant* por "representante na representação", para dar conta dos efeitos do significante na pulsão. Ele assim lembrava o rigor da posição freudiana sobre o recalque para delimitar que esse *Vorstellungrepräsentant* era estritamente equivalente ao termo "significante"[4].

Daí, o agente dessa barra que divide o signo é o recalque, o que permite entrever que o significante, constituído com base em tais premissas, opera de uma maneira completamente diferente que na lingüística ou na fonética.

Nesse ponto se impõe então a noção de "necessidade de repetição" e, mais particularmente, a de "lugar vazio" que insiste a título dessa mesma necessidade, na medida em que o objeto da pulsão está ausente ou em falta, essencialmente substitutivo.

Essa repetição traça um limite no circuito que constitui sua borda e nada mais é que a relação da pulsão com o significante: "O sujeito está, no ato, representado como divisão pura: a divisão, diríamos, é seu *Repräsentant*"[5].

Entretanto, podemos nos perguntar se Lacan, com uma tal definição, não faz do significante uma marca não significante cuja função seria a designação do sujeito sem nenhuma relação com a significação. Uma seqüência de significantes reenviaria, assim, ao lugar em que o próprio significante falta. E, se se levar essa definição até suas implicações últimas, poderíamos chegar a fazer do sujeito uma entidade na teoria dos jogos, onde ele seria apenas calculável e estritamente reduzido à fórmula de uma matriz de combinações significantes[6].

De fato, "o insujeito" é o grande parasita de todo modelo ideal do *speech act*, e o inconsciente se furta à noção mesma de inconsciente, introduzindo numa anti-semântica escandalosa.

É nisso que o debate entre Searle e Derrida a propósito de Austin interessa muito particularmente os analistas. Com efeito, Derrida faz notar que na estrutura da locução intervém um fator não levado em conta por Austin e que se pode nomear, de maneira geral, um sistema de predicados grafemáticos[7]. Portanto, ele reintroduz, assim, o rastro da escrita na linguagem e, através disso, o que persiste além e aquém do dito.

---

[4] J. Lacan, *Le désir et son interprétation*, sessão de 26 de novembro de 1958.

[5] J. Lacan, *L'acte psychanalytique*, ob. cit., sessão de 16 de fevereiro de 1967.

[6] J. Lacan, "La science et la vérité", em *Écrits*, ob. cit., p. 860.

[7] J. Derrida, *Limited Inc.*, Paris, Galilée, 1990, p. 38.

Essa perspectiva gramatológica não é estranha ao que Freud já havia descoberto como *enziger Zug* e que Lacan depois nomeia "traço unário"[8] : com efeito, designa-se aí o que o significante comporta de rastro, de inscrição de uma letra testemunha do real. A isso Searle responde que a relação de dependência entre a escrita e a linguagem falada é apenas uma contingência da história das línguas.

O funcionamento do traço como inscrição do significante, assim como a identificação que ele torna possível, não é menos importante muito particularmente para os psicanalistas. Vimos que, a propósito da figurabilidade no sonho, Freud evocava um tal funcionamento que poderíamos qualificar de "suporte do significante", noção que carreia em sua seqüência a idéia – já abordada com o sonho e o chiste, e formulada pelos conceitos de condensação e de deslocamento – de indeterminação significante e de possibilidade de deslocação das palavras em relação a seu sentido. A escrita egípcia fornecia a Freud a ocasião de delimitar essa não-concordância fundamental entre significante e significado – não-concordância na qual o sujeito não deixa de encontrar o que lhe cabe, como vai mostrar o fragmento seguinte de análise de um sonho.

Esse sonho vem depois de uma sessão durante a qual se tratara de um sonho de "*pèrefusion*"* que havia levado a paciente a falar de dinheiro com prolixidade, assim como da relação que mantinha com o pai. O sonho é enunciado assim: a paciente está no rio que bordeja Buenos Aires; barquinhos estão amarrados a embarcadouros, grupos de pessoas têm um saco nas costas, mas ela não tem; cada saco possui uma bóia salva-vidas.

Deixaremos de lado uma parte do sonho para insistir apenas em certos elementos. O analista se espanta por ela não nomear esse rio, que, no entanto, ela qualifica de "marrom e obscuro". Ele lhe pede que especifique o nome e ela responde que se trata do Río de la Plata. Ele insiste, repetindo apenas de forma interrogativa: "Río de la Plata?".

---

[8] J. Lacan, *Le transfert*, ob. cit., p. 414. Sobre a letra como traço distintivo e como delimitação de uma marca deixada pelo real, ver acima, I, capítulo 5, "Instituição do nome próprio", e III, capítulos 1, "A etiologia da histeria ou as hesitações de um passante", e 6, "A guerra do fogo: mal-estar na significação".

* Palavra que reúne "pai" (*père*) e "perfusão" (*perfusion*); *pèrefusion* e *perfusion* estão numa relação de homofonia em francês. (NT)

Ela então explode numa risada – quanto ao analista, ele de modo algum pensa ter feito algum chiste. Mas acontece que "Río", em espanhol, é o presente do indicativo, primeira pessoa do singular, do verbo "rir" e que "plata", que significa "dinheiro", o "metal", é também o nome que os sul-americanos usam para dizer "*pognon*". Ela explode numa risada, portanto, quando lhe vem a seguinte lembrança: sua mãe lhe havia dito que, se ela deixasse seu pai e Buenos Aires, não teria mais dinheiro!

É essa disjunção repentina entre o significante "Río de la Plata" e seu significado referencial habitual que lhe permite, pela primeira vez, dizer que seu pai lhe havia aberto uma conta num banco internacional, da qual ela sacava regularmente quanto precisava, notadamente o dinheiro de sua análise. Assim, ela dá de rir desse dinheiro, "Plata", que nunca tivera nenhum valor para ela a não ser o de manter o que o sonho precedente havia indicado sob o termo – o *Witz* – de "pèrefusion". *Pèrefusion* de dinheiro da qual ela ria, permanecendo indiferente ao seu valor de uso, tornando assim derrisória a profecia de sua mãe, segundo a qual ela teria falta dele assim como teria a de seu pai.

Sem dizer que ela não pode ganhar sua vida e que fica amarrada nesse embarcadouro porque não tem o saco nas costas provido de bóia salva-vidas que os outros possuem e que assim lhes permite atravessar o rio.

Assim, embora a lingüística deva interessar o psicanalista em razão do esforço que ela fez durante todos esses anos para levar em conta fatos de enunciação, não se pode, no entanto, deixar de constatar que Austin confunde linguagem e fala. Ele busca desesperadamente convenções ou circunstâncias apropriadas que tornariam válida uma enunciação performativa: o que pode garantir que nossa fala seja nosso engajamento?

Ele fica mexido com o fato de que a verdade se situe entre fazer e dizer, enquanto se teria podido esperar que ela fosse interrogada em seu estatuto; mas ele, por fim, apenas a dissolve, porque pensa que é possível dizê-la toda. Assim, ele evita o impossível que diz respeito à natureza mesma da linguagem e crê que o sujeito é mestre de sua fala, enquanto, na realidade, é a fala que funda a verdade.

Quarta parte

Real e gozo outro: *mal-estar na civilização*

1

Discurso psicanalético

Há uma coisa que a cura psicanalítica nos ensina: o pai é castrado desde a origem, não há garante da verdade, o que se escreverá: S (Ⱥ)[1].

Por conseqüência: não há nenhum ideal que o discurso psicanalítico possa reivindicar.

De onde, talvez, que tantos analistas acabem caindo na grande palavra "ética" e com ela nos encham os ouvidos, na maioria das vezes sem nenhum discernimento.

Alguns outros, com muita felicidade, entre os quais notadamente Nicole Milgram, nos lembram com razão que a ética da psicanálise é uma ética do "puro desejo", "puro" sendo entendido no sentido de independente com relação a um conteúdo[2].

É bom lembrar: a ética à qual se referem a análise e o psicanalista é absolutamente independente de todo ponto de vista moral. O analista, fora do contexto que o funda, isto é, a cura psicanalítica, não pode se prevalecer de qualquer aptidão do discurso psicanalítico para enunciar a verdadeira ética ou uma ética – a menos que se calque nos enunciados de outros

---

[1] J. Lacan, *L'envers de la psychanalyse*, ob. cit., pp. 99-115 (versão datilografada).

[2] *Analyse freudienne press*, nº 5, maio-junho de 1993, *Transfert de travail de transfert*, exposição feita em 22 de março do mesmo ano no Meditel.

discursos, da Histérica, do Mestre, ou do Universitário, à sua conveniência, segundo o lugar em que quiser colocar a verdade.

Em contrapartida, o desejo está sempre em ato em todo discurso, na medida em que palavra ou escrito aí se enuncie.

É por isso que o analista se autorizará ao "abrir"[3], inclusive quanto ao capítulo da ética, quando ele tem que dizer em que sua prática (entendamos a de um discurso) entretém uma relação qualquer com esta. Mas, para fazer isso, ainda é preciso que uma prática lho permita – porque o discurso de um psicanalista não é forçosamente o discurso psicanalítico – e que se recolham os diferentes testemunhos disso.

Ao situar o discurso do Analista na combinatória dos quatro discursos, Lacan o liberou, em *O avesso da psicanálise*, de uma certa vulgata. Assim, ele enuncia alguns princípios paradoxais, deduzidos da própria estrutura dos quatro discursos e da permutação de seus termos. Em primeiro lugar, este: "A psicanálise deveria sustentar que o desejo de saber não tem nenhuma relação com o saber"[4]. Em outras palavras: não se espera de um analista que ele saiba, ele não está lá por ele mesmo e é isso que especifica bem a análise. O que se espera de um analista é "o trabalho": que ele faça "funcionar seu saber em termos de verdade"[5]. Ele funda sua função pelo que ele pede ao outro que "diga qualquer coisa", ato que institui o analisante como sujeito suposto saber. O discurso psicanalítico apenas dá um fecho aos três outros[6], conseqüentemente, não os resolve, assim como não é o metadiscurso deles. Daí, se um analista diz "Eu sei o que o outro diz ou escreve", ele encarna um saber estranho a toda ética, mas muito sintomático quanto a seu próprio gozo.

Lacan pôs em evidência que o saber é o meio do gozo por excelência e que seu lugar primeiro se situa no discurso do mestre, no lugar do escravo. O mestre tem todo o interesse em deixar escondido seu gozo, que ele proíbe no outro e que, no entanto, institui seu próprio discurso. Assim, ele

[3] Lembremos que é o que Lacan havia dito quando lhe perguntaram o que ele esperava dos AE no momento da dissolução.

[4] J. Lacan, *L'envers de la psychanalyse*, ob. cit., p. 23 (versão datilografada).

[5] Ibid., p. 59.

[6] Ibid., pp. 61 e 61-70.

denuncia que os outros gozam, mas não ele. Ele é o "supereu" por excelência, segundo esse paradoxo subversivo do discurso psicanalítico que mostra que, contrariamente à crença comum, o "supereu", no limite de toda consciência moral, enuncia essa ordem impossível de satisfazer: "Goza!"[7].

Entre ética do analista e consciência moral existe um deslizamento permanente que nada mais é que a passagem, apenas por um quarto de volta, do discurso do analista ao discurso do mestre, fazendo a diferença o lugar da verdade e de sua relação com o gozo. Toda deformação do discurso do analista se refere a essa inversão, que o faria virar para uma posição de verdade em que ele se apoiaria apenas na (boa) consciência moral, esta tomada em seu imperativo que mascara o gozo ao qual ela se refere. Com efeito, a renunciação ao gozo imposto pelo supereu à pulsão é sempre reapropriada pelo próprio supereu. Em outras palavras, o censor do gozo do outro é dele o autor, o que a dialética do mestre e do escravo põe em operação.

Em cada tipo de laço social implicado por cada um dos quatro discursos, um "mais-gozar" está sempre operando. Lacan, diante da insuficiência dos conceitos marxistas de "razão e necessidade" – demonstrada por Freud – para compreender a realidade humana, não hesita em passar da "mais-valia" ao "mais-gozar". Com efeito, a doutrina das pulsões apresenta um questionamento radical do que Marx chamava "a satisfação das necessidades materiais". *Mal-estar na civilização* é uma leitura em contraponto crítico do que Marx podia esperar de humanidade "não alienada" graças a uma organização social que teria sabido se apoiar na harmonização entre "necessidade e razão".

Lacan distingue o mestre moderno do mestre antigo, mostrando que este último não dispunha das condições necessárias para compatibilizar esse "mais-gozar" em termos de mestre. A renunciação ao gozo, que é específica do trabalho, se articula com a produção de mais-valia num discurso. O analista só pode renunciar à tentação de ser um sujeito suposto saber da História que através de "um tomar consciência de si" poderia destituir o mestre moderno.

---

[7] J. Lacan, *D'un discours qui ne serait pas du semblant*, sessão de 16 de junho de 1971 (inédito).

Seu discurso se situa num lugar em que ele pode apenas se contentar em apontar o "mais-gozar", particularmente ali onde a mais-valia implica o "mais-gozar" como causa do desejo. O mestre moderno rege o mercado do saber planificado pela ciência, e podemos nos perguntar, a partir de então, até que ponto se poderia conceber um modo de relação entre verdade e saber que não cairia em seu discurso. É em nome de um "mais ética" que se pode chegar a propor, para acabar com a "mistificação" da transferência, um modelo de matematização dos sonhos que permite sua programação no computador e assim pretender "salvar" a psicanálise de sua subjetividade, como propuseram recentemente psicólogos espanhóis. Definitivamente, a análise não é poupada por aqueles que, sob a cobertura de prescrições técnicas, se tomam como expertos ou especialistas. No entanto, não se pode acusar o discurso analítico, especialmente depois de Lacan, de se querer constituído por um saber consistente que pretenderia poder interpretar sem erros "toda a realidade" – ficando essa especificidade completamente de acordo com o desejo freudiano de que a análise não pretenda ser uma *Weltanschauung*.

Desse modo, o discurso analítico não deixa de interrogar o "A cada um segundo suas necessidades". Com efeito, Freud introduz o laço social ao especificá-lo por sua relação com a satisfação das pulsões (*Trieb*). Daí, em que consiste a satisfação de uma necessidade (*Bedürfnis*)? Como resposta a essa pergunta, a dimensão do gozo é central porque ela supõe que se possa obtê-lo também pela via da dor e do desprazer.

Portanto, uma ética analítica não tem nenhuma moral a defender e em nenhum outro princípio repousa que o de dever sempre apontar essa "recusa estrábica"[8] graças à qual todo discurso moral, político ou religioso se constitui.

[8] "Proposition du 9 octobre", em *Scilicet* 1, ob. cit., p. 25.

2

Odiarás teu próximo como a ti mesmo

A ética primeira que rege as relações entre os homens, nas origens da humanidade, sem dúvida foi, segundo Freud, em primeiro lugar "a expressão imediata das relações de força e das necessidades práticas". Paralelamente, a crença animista dá lugar à religião, "cuja primeira forma foi o totemismo e em cujos veios apareceram também os primeiros mandamentos éticos, os tabus"[1].

Estando o homem submetido desde a origem a essa vozinha interior que se chama pensamento, havia apenas um passo a dar entre o todo-poder deste e a maneira como a palavra constituiu a partir de então um poder mágico. Mas a palavra, os enunciados nos quais ela entrava pertenciam também a um grande Outro que não queria que os homens se sentissem exclusivamente submetidos à força de seus desejos.

A ética religiosa foi, portanto, uma garantia contra o desejo, ao dizer Deus: não, de modo algum! O grande Outro assim nomeava o interdito, interdito dirigido muito especialmente a essa vozinha interior que leva o homem a fazer precisamente o que ele deseja, à sua revelia... Portanto, a ética, nessa perspectiva, podia ser formulada como "a interdição de pensar".

---

[1] "Sur une *Weltanschauung*, ob. cit., p. 221.

Por outro lado, é preciso convir que a realidade infligida pela natureza à vida humana, mas também à vida psíquica, demonstrava *a contrario* que "de modo algum é regra que a virtude seja recompensada e que o mal encontre sua punição"[2] e que a ética religiosa proporcione a felicidade.

Quanto ao discurso político, ele também promove uma espécie de ética do bem, mantida pela ficção do "bom regime" que conduziria à "felicidade", sobre a qual se sabe, desde a famosa frase de Saint-Just, que é, no século XVIII, "uma idéia nova na Europa", tendo a Antigüidade reservado a felicidade a uma elite, enquanto a Revolução dela havia feito um direito universal.

Em pouco, ficamos sujeitos aos riscos do político como discurso que convida e conduz os povos a buscar a felicidade no enclausuramento retrógrado e na homogeneidade étnica. Isso não nos espantará muito, de um ponto de vista psicanalítico: o Deus dos Crentes, seja ele quem for, Deus das religiões ou o dos políticos, se funda no paradoxo de um certo amor pelo próximo que apenas tem como função mascarar que "ele é historicamente solidário da morte de Deus"[3]. Na medida em que o assassinato do pai primitivo só pode ser pago em termos de divindade, Freud nos ensinou que o outro sem dúvida tinha muita maldade, mas que a maldade do próximo é apenas aquela diante da qual recuo porque a encontro antes de tudo em mim mesmo.

Assim, o que esse enunciado ético, "Amarás teu próximo como a ti mesmo", vem preservar não é a salvaguarda do outro, mas a mensagem invertida de sua destruição como gozo da destruição de mim mesmo: "Não é uma proposição original dizer que esse recuo diante do 'amarás teu próximo como a ti mesmo' é a mesma coisa que a barreira diante do gozo, não seu contrário"[4].

Portanto, toda coletividade só pode ser encarada a partir da idéia de que um pai primitivo a teria introduzido por seu ciúme sexual e sua intolerância. Como pretende Freud: "O pai primitivo impedia seus filhos de satisfazerem seu gozo sexual, privando-os de todas as mulheres, e foi justa-

---

2 Ibid., p. 223.
3 J. Lacan, *L'éthique de la psychanalyse*, ob. cit., p. 227.
4 Ibid., p. 229.

mente isso que constituiu o laço entre os filhos e ele e entre os filhos". Ele os introduziu nisso "à força"[5].

Eis, portanto, constituído o laço social a partir de um horror, por ele mesmo não conhecido, o qual o homem tenta revestir ao investir sua fantasia desse mais próximo dele mesmo que chamamos o próximo.

Quanto ao mal-estar, ele viria da distância entre um gozo no estado primeiro e o que dá, nas formas sublimes, o que se chama civilização. A ética e a política parecem encontrar sua raiz nessa mesma encruzilhada do gozo com sua dupla exigência de repressão e de satisfação ilimitada, essa encruzilhada comum do como-um.

A ética "com efeito se prende, é fácil dar-se conta disso, ao ponto mais fraco de toda civilização"[6]. Ela representa uma espécie de "tentativa terapêutica", mas seu representante mais representativo, "ama teu próximo como a ti mesmo", é inaplicável, como Freud faz notar, mesmo que essa ética represente a defesa mais forte em relação ao ódio: "Uma inflação tão grandiosa do amor pode apenas diminuir seu valor, mas não pode desviar o perigo".

Decerto, a ética natural nada mais tem a oferecer. Quanto à ética da religião, ela se encontra com a da política, ao querer convencer o homem de um além melhor ou de um aquém da propriedade – repousando esses dois ideais numa espécie de amor partilhado, posto em como-um.

Freud já expunha essa questão visionária: "O progresso da civilização poderá, e em que medida, dominar as perturbações trazidas à vida comum pelas pulsões humanas de agressão e de autodestruição?"[7]. Em outros termos, existe algum progresso na ordem do gozo?

Não há meio de escapar a esse estado de fato: o que se preserva, aquilo em que o altruísmo sob todas as formas ordena não tocar, nada mais é que sua própria imagem; como UM não se faz nada por ninguém a não ser abster-se de alterar a imagem do outro, porque ela é a sua própria, de onde a impossibilidade de todo progresso nesse domínio, porque, "se a

---

[5] S. Freud, "Psychologie collective et analyse du moi", "La foule et la horde primitive", em *Essais de psychanalyse*, Payot, 1970, p. 152.

[6] S. Freud, *Malaise dans la civilisation*, ob. cit., pp. 103-105.

[7] Ibid., p. 107.

intocabilidade dessa imagem não fosse preservada, o que surgiria seria, sem dúvida nenhuma, a angústia!"[8].

Mas isso é também dizer que a imagem de si mesmo é apenas a variável de seu próprio desejo. Vamos dar mais um passo: no lugar do "eu [*moi*]", há angústia – o que faz que a angústia possa ser definida como o verdadeiro modo do desejo. A verdadeira ética do inconsciente, como Freud e Lacan traçaram, é formulável, em última instância, em termos de angústia: "A angústia é o último modo, modo radical, sob o qual o sujeito continua a sustentar, mesmo que de uma maneira insustentável, a relação com o desejo"[9]. Como, então, encarar a noção de felicidade?

Todo progresso humano subtendido pela idéia do acesso à felicidade supõe uma concepção do mundo cujas três formulações conhecemos: religiosa, política, científica. Esses três discursos têm em comum, na crítica feita por Freud, por um lado, que eles representam desejos idealizados dos homens e que respondem, enquanto construção intelectual, aos problemas de nossa existência a partir de uma hipótese geralmente totalitária; e, por outro lado, que eles editam uma interdição de pensar. É precisamente quanto a este último ponto que Freud dirige uma reprimenda ao marxismo. Ele o repreende por manifestar uma semelhança inquietante com o que combate e "por ter tomado o lugar da Bíblia e do Corão como fontes de revelação [...]. Exatamente como a religião, o bolchevismo deve compensar seus crentes dos sofrimentos e privações da vida atual pela promessa de um além melhor em que não haverá mais necessidade insatisfeita"[10].

A crítica fundamental que Freud dirige a toda concepção do mundo ética ou política é relativa a prometer que não haverá mais necessidades insatisfeitas. É nesse sentido que se pode dizer que a religião e a política interditam, intrinsecamente, pensar: preconizar como finalidade a resolução de toda angústia é, nesse mesmo instante, anular o desejo.

Seguindo essa tendência, a ciência seria o estágio supremo da negação do desejo – essa mesma ciência da qual, no entanto, se espera que resolva totalmente as aberrações do mundo. Aí, ponto de promessa de re-

---

[8] Ver acima, III, capítulo 5, "Nascido de mãe não conhecida".

[9] J. Lacan, *Le transfert*, ob. cit., p. 424.

[10] S. Freud, "Sur une *Weltanschauung*", ob. cit., p. 241.

compensa, se não for inclusive a abolição do sujeito como tal. Com efeito, há, de algum modo, "assassinato da metáfora"[11], cuja prefiguração Lacan já tinha visto no campo de concentração, na medida em que ele "representa a reação de precursores com relação ao que irá se desenvolvendo como conseqüência do remanejamento dos agrupamentos sociais pela ciência e, notadamente, da universalização que ela introduz. Nosso futuro de mercados comuns encontrará seu julgamento por uma ampliação cada vez mais forte dos processos de segregação"[12].

Em nome da ciência, a técnica permitiu algumas modificações étnicas cuja realização a própria natureza não havia previsto, sendo o próprio dessa ciência garantir, em nome de um princípio ético autolegitimador, que não haja mais nada impossível e assim fabricar um real assassino aniquilador de toda metáfora do sujeito.

É ainda em nome de uma certa ética do direito que o artigo 8 da Convenção europeana dos direitos do homem concedeu aos homossexuais o direito à identidade sexual, isto é, na prática, a possibilidade de que "o sexo legal não seja mais aquele que o destino de sua anatomia reservou para o sujeito"[13]. Assim, é instituída a possibilidade de decidir por conta própria quanto a seu próprio sexo por meio de magistrados, eles próprios confiantes na ciência. No entanto, sabemos quantos desses transexuais morrem no momento real em que chegam ao que se conveio chamar socialmente "a justa resolução de sua reivindicação de identidade sexual", nesse momento preciso em que se cumpre o assassinato da metáfora, isto é, o assassinato da esperança, esperança que lhes havia feito continuar vivendo até então, em sua reivindicação de retificar o "erro" que a natureza havia cometido, retificação, entretanto, à qual ninguém havia ousado querer proceder por uma inscrição direta no corpo – uma literalização.

---

[11] Ver abaixo, capítulo 7, "O Real? A questão do real da morte: entre testemunho e transmissão".

[12] "Proposition du 9 octobre 1967", ob. cit., p. 29.

[13] Citado num artigo de M. Czermak e H. Trigner em *Libération* de 17 de novembro de 1993.

3

Escolho e limite de um discurso que não seria semblante

"Porque é preciso, de todo modo, não lhes pintar o futuro apenas em cor de rosa, saibam que aquele que está em escalada, cujas últimas conseqüências ainda não vimos e que tem sua raiz no corpo, é o racismo, sobre o qual vocês não terminaram de ouvir falar!"[1].

O analista tem um lugar em sua história? A informação sobre as guerras e as atrocidades nunca esteve tão presente quanto atualmente, tendo apenas como igual a impotência também patente dos Estados para opor-se a elas.

Nessa inflação de informação, o analista ou sua palavra estão em grande voga e não passa um dia sem que algum dos psicanalistas seja solicitado em sua modesta ou megalomaníaca interpretação, a qual, como toda informação, tem sua repercussão a título das perdas ou ganhos referentes à sua eficácia.

O analista "massamediatizado" parece, portanto, ter se tornado o recurso último do social diante do impensável do horror. A humanidade, doente de sua repetição, consulta seu médico moderno: o psicanalista.

No entanto, é preciso constatar que, não mais do que o do político, o discurso do psicanalista não o conduz de maneira decisiva na solução dos conflitos mundiais.

Devemos nos entregar à evidência: se alguns puderam acreditar que uma falta de informação sobre as atrocidades da Shoah quando da Segunda

[1] J. Lacan, ... *Ou pire*, ob. cit., sessão de 21 de junho de 1972.

Guerra Mundial teria estado na origem de uma não-intervenção das nações, hoje assistimos, antes, ao excesso inverso. Uma superinformação se desenvolve, mostra e exibe em detalhes o que é o horror dos campos e da "purificação étnica", mas deixa as coisas como estão. "O saber", que se pode escrever, no caso, "ver isso"*, não está, portanto, dotado de nenhuma virtude proibitiva diante da proliferação do horror, menos ainda aquele que o analista poderia transmitir ao título de consultor de cabeceira dos horrores da guerra.

O analista, então, tem algo diferente a dizer que como cidadão? E, se não é como simples cidadão que ele fala, de onde tirará a mínima legitimidade nessa passagem muito acrobática do estatuto de especialista do conflito psíquico para o de especialista em conflito mundial?

De que lugar o analista fala quando pretende ter um discurso sobre os acontecimentos que balizam sua época, sabendo que, no que se refere ao conflito psíquico tratado na cura psicanalítica, ele se autoriza apenas pelo desejo que sustenta toda transferência? Por qual desejo seria movido quando perpetra uma resposta à demanda dos cidadãos doentes de sua *in*-umanidade?

Se sua única arma é seu discurso, este possui alguma eficácia interpretativa em matéria de conflito entre as massas? E, se esse fosse o caso, não estaríamos (re)constituindo um discurso sobre o coletivo que lhe suporia um inconsciente?

Certamente, o discurso analítico não é de grande certeza de uso, já que serve apenas para "pôr um fecho no giro contínuo dos três outros, do mestre, da histérica, do universitário"[2] e, portanto, não os resolve. E devemos ficar regozijados com isso, porque o discurso do psicanalista só pode ser situado como oposto a toda vontade de domínio. Nisso Freud e Lacan estão de acordo – "Nada mais subversivo que não pretender a solução", faz notar Lacan[3]. Quanto a Freud, conhece-se sua recusa de uma *Weltanschauung*, de uma "concepção do mundo": a psicanálise não tem necessidade dela, caso contrário ela seria "uma construção intelectual que resolve, de maneira ho-

* Jogo com *savoir* ("saber") e *ça voir* ("ver isso"). (NT)

[2] J. Lacan, *L'envers de la psychanalyse*, ob. cit., p. 61 (versão datilografada)

[3] J. Lacan, ibid. p. 80.

mogênea, todos os problemas de nossa existência a partir de uma hipótese que comanda o todo, em que, por conseqüência, nenhum problema fica aberto e em que tudo pelo que nos interessamos encontra seu lugar determinado"[4].

A essa última definição correspondem, antes, dois discursos: o político totalitário e o religioso, que certamente têm como ponto comum "a interdição de pensar"[5]. Mas não se pode despedi-los rapidamente por uma inversão, ao lhes opor o ateísmo ou a democracia, e é aí que a psicanálise talvez tenha alguma coisa a dizer, ou, mais exatamente, a lembrar.

Passar ao público

Se as religiões e os regimes totalitários continuam, é porque eles têm alguma coisa a ver com os desejos ideais dos homens, sobretudo com o gozo ligado a eles, porque, quanto ao que é do desejo, desde a noite dos tempos, lembra Freud, "na coexistência num território, os vencedores se tornam os senhores e os vencidos, os escravos"[6]. Diante dessa constatação, pode-se esperar do psicanalista apenas uma coisa: que ele lembre que o que caracteriza o discurso do mestre é a esperança de uma verdade escondida e que, por conseqüência, se a psicanálise pode alguma coisa por sua intervenção na política é mostrar "que só há discurso do gozo, pelo menos quando se espera o trabalho da verdade"[7].

Assim, façamos a hipótese de que, se o analista tem um papel a desempenhar no debate histórico atual, certamente não é como testemunha, mas como passador*. À interdição de pensar ele só pode opor a *passagem ao*

---

[4] "Sur une *Weltanschauung*", ob. cit., p. 211.

[5] Ibid., p. 228. Essa expressão, que aparece em "Sur une *Weltanschauung*", deve ser aproximada da citação que Freud faz de Le Bom em *Psicologia coletiva e análise do eu. Outras concepções da vida coletiva*, onde a questão é a "inibição coletiva do funcionamento intelectual" (em *Essais de psychanalyse*, ob. cit., p. 98).

[6] Ibid., 237.

[7] J. Lacan, *L'envers de la psychanalyse*, sessão de 11 de fevereiro de 1970 (versão datilografada).

* *Passeur*, em francês, que basicamente tem as seguintes vertentes de significado: alguém que conduz um barco numa travessia de um rio; traficante (pessoa que transgride uma interdição, que atravessa uma fronteira); desportista que passa a bola para outro, que "dá o passe". (NT)

público; enunciar esse fascínio pela crença exercido por todo líder para fazer nascer a fé no seio da massa. Dessa forma, o analista apenas pode reenviar essa mesma massa ao pedido de ilusão ao qual ela não pode renunciar, ao mesmo tempo sabendo que, ao lhe "revelar sua miragem" fora do quadro da cura psicanalítica, ele expõe a análise a tomar o lugar do mensageiro antigo, que era executado se o conteúdo da notícia trazida não satisfizesse seu destinatário.

Nessa perspectiva, o analista teria a ver, antes, com o "passador ao público", que faria passar da questão recorrente e sub-repticiamente cegante assim formulada, "Como isso é possível ainda hoje?", para "Como o real é possível?", ou "Como um fragmento de real observável ainda é possível hoje?". Entre essas duas formulações se escava toda a distância entre a categoria do testemunho e a da transmissão.

Se queremos tornar essa *passagem* operatória e sustentá-la como discurso, devemos praticar uma cesura no tratamento da história. Desse corte apenas, dessa ruptura com uma atitude de espírito tradicional diante da história poderá surgir uma outra maneira de tratar a humanidade.

Para fazer isso, é preciso se desfazer da idéia de que o que aconteceu volta e de que o futuro é apenas um voltar. É tempo de abandonar as evidências enganosas da repetição universal e da imanência de uma similaridade sem exceção (tudo volta ao mesmo, há apenas similitudes e analogias). Chegou o momento de introduzir um corte com o continuísmo e, daí, ficar mais sensível às emergências mais que aos ressurgimentos, isto é, ao que constitui novidade, inédito.

4

Um novo tratamento da história: a literalização

Uma certa forma de tratar nossa história contemporânea, que se quer psicanalítica e é sustentada por alguns psicanalistas, poderia ser formulada assim: o mal se encarnou historicamente na Shoah. Toda outra manifestação do mal parece então ser apenas o retorno da Shoah em uma de suas numerosas figuras e impor, em sua falsa simplicidade, a explicação segundo a qual, se o mal volta, é porque a lição da Shoah foi mal compreendida ou insuficientemente difundida – portanto, é preciso alimentar melhor a memória.

Essa concepção certamente elude a verdadeira questão, que é a do real, sobre o qual sabemos que volta sempre ao mesmo lugar. Mas voltar ao mesmo lugar e repetir-se não são forçosamente equivalentes. Certo, o sujeito repete e sem dúvida a humanidade também. No entanto, seria faltar quanto ao essencial do discurso analítico não lembrar aos homens que, para além do que o sujeito repete, o real que é o seu se assinala justamente por não ser reencontrado, por faltar em relação à apreensão pelo pensamento; é o que caracteriza o impensável do real no sentido lacaniano.

Entretanto, para pensar o impensável e ter um ganho em relação ao real, não se deveria começar por romper com a questão das origens e analisar o que, literalmente, não se parece com coisa alguma que seja conhecida "por todo o sempre"? Parar de se orientar pela enganosa bússola do já visto e do bastante conhecido? Apenas com essa condição se pode formular um dizer sobre o impensável.

O racismo e seu representante atual, o etnismo, têm como efeito principal instituir o real como categorias inassimiláveis. O nacional-socialismo tem como princípio eliminar a assimilação de tipo universalista e propõe apenas, como política diferente em relação aos estrangeiros e às minorias, a rejeição por expulsão ou aniquilamento, de onde sua formulação em termos de "limpeza étnica", "depuração" ou "purificação". Essa lógica comporta três fases, ou três patamares na vontade de eliminar o outro: assimilação, expulsão e exterminação. O povo judeu já havia sentido esse vento, submetido que estava seja ao imperativo da desaparição (tornar-se semelhante aos outros povos), seja à rejeição por expulsão, ou mesmo, termo extremo, à exterminação por causa de sua inassimibilidade decretada.

Mas a exterminação nazista comporta essa particularidade de ter sido um "fenômeno técnico" reivindicado como tal, comandado pela "ciência" que o nacional-socialismo reivindicava para si e que a concepção de uma certa Europa e de um certo Ocidente reivindicava como seu corolário. Essa concepção, essa *Weltanschauung*, era a de um "novo" mundo, em que o judeu não existiria mais.

Portanto, esse tipo de "ciência" comandou Auschwitz. Nisso consiste seu ineditismo.

Certo, a significação metafísica do assassinato não é sempre a mesma. Mas o mito da "alma germânica" é o de uma raça que se define por sua pertença a um solo e a um sangue. Nisso ou independentemente disso ele é semelhante a todo mito que permite a uma raça assegurar-se de sua identidade e da potência de sua formação: o mito racial, perfeitamente tautológico, é a necessidade de uma autoformação que nada mais significa além dela mesma e garante a autofundação de um povo. *O nazismo é o mito nazista, isto é, a autodefinição do tipo ariano como sujeito absoluto, pura vontade de si, querendo-se ela mesma.*

Nessa perspectiva, os judeus só podiam representar uma ameaça para uma nação de identidade não realizada e, portanto, serem "decretados judeus" enquanto elemento heterogêneo, de modo que, *no judeu, no mito de judeu, o que Hitler quer aniquilar é, precisamente, o homem liberado dos mitos.*

Mas, do ponto de vista do real, a grande inovação da "solução final" foi a redução dos judeus a serem tratados como se trata dejetos industriais ou a proliferação de parasitas.

As metáforas seculares da injúria e do desprezo encontraram sua colocação em ato real por uma eliminação fria sem rastro nem resto. Houve *literalização* dos significantes "verme" e "lixo" pelos meios técnicos apropriados à exterminação.

Odiarás teu próximo como a uma mulher

Assim, para o homem, o horror é antes de tudo o da alteridade e pode-se aplicar essa definição simples a toda a série de "pequenas diferenças" que certamente se estendem por cada parte importante do real que está em jogo no horror do outro, como, por excelência, "o outro sexo", esse outro que é a mulher. Nesse sentido, o que mais *Untermensch*, sub-homem, que a mulher?...

Então, a assimilação só pode aparecer como desejo de desmentido [*déni*] da diferença dos sexos.

Não será muito operatório, nessas condições, recorrer à historiografia para observar que o conceito de "depuração étnica" remonta à Sérvia, constituída como estado desde o século XIX e desejosa de restabelecer, por esse meio, sua estrutura étnica após diversas invasões turcas e albanesas. Também não o seria atribuir sua paternidade ao regime pró-nazista de Ante Pavelic, cuja originalidade foi haver tratado esse conceito de um modo genocídico, estabelecendo o recorde regional do horror. Inclusive também não referir a origem dessa terminologia ao Memorandum dos acadêmicos sérvios de 1986 – o que, afinal, é falso[1].

O que é mais importante é a dimensão significante dos termos empregados, tais como "purificação". Porque esse significante reenvia necessariamente a "impuro" e nos indica claramente o que está em jogo: o outro é "maculado".

---

[1] Com efeito, esse manifesto imputa aos outros (croatas e, em particular, muçulmanos) os termos *vontade de um Kosovo etnicamente puro*, como reação ao fato de que a nação sérvia na Croácia havia sido exposta a uma política de assimilação refinada e eficaz.

Essa mácula, essa impureza são apenas maneiras de designar a alteridade enquanto provoca horror – porque precisamente ela está próxima do sujeito, do si. Elas constituem *das Ding*, a Coisa, da qual a mulher representa uma das encarnações: "Está aí a segunda característica da Coisa como velada (o estranho, inclusive o hostil são sua primeira característica) – por sua natureza ela é, nos reachados do objeto, representada por outra coisa"[2].

A Coisa, esse real, é o modo sob o qual se apreende o *Nebenmensch* original, o "próximo" enquanto é primeiro o que está "próximo", numa dialética das mais conflituosas com o sujeito: entretendo as mais íntimas relações com ele, ao mesmo tempo que lhe sendo diferente, exterior e, inclusive, hostil[3]. É assim que o sujeito, em sua relação consigo mesmo, com seu desejo, é para ele mesmo seu próprio próximo. Porque é originalmente a partir do dentro que o fora se vê constituído[4]. Nessa perspectiva, o próximo não é outra "Coisa" além de nós mesmos constituídos como fora, expulsos. Nada espantoso, então, que: "Recuo diante de amar meu próximo como a mim mesmo na medida em que nesse horizonte há algo que participa de não sei qual intolerável crueldade. Nessa direção, amar meu próximo pode ser a via mais cruel"[5].

As noções de Bem e de Mal numa tal perspectiva são sujeitas a revisão, e a noção de Soberano Bem adquire uma consistência totalmente diferente e um estatuto psíquico totalmente diferente: "O passo dado por Freud foi nos mostrar que não há Soberano Bem – que o Soberano Bem que é *das Ding*, que é a mãe, o objeto do incesto, é um bem proibido, e que não há outro bem. Tal é o fundamento, invertido em Freud, da lei moral"[6].

Portanto, odeio meu próximo porque é ao mesmo tempo eu mesmo e não-eu mesmo, e devemos nos reportar a um momento constitutivo da infância para entender o que está em questão nessas duas dimensões.

---

[2] J. Lacan, *L'éthique de la psychanalyse*, ob. cit., p. 143.

[3] Cf. "Esquisse pour une psychologie scientifique de Freud" em *Naissance de la psychanalyse*, ob. cit., e a leitura dele feita por Lacan em *L'éthique de la psychanalyse.*

[4] É toda a tese freudiana do narcisismo primário.

[5] J. Lacan, *L'éthique de la psychanalyse*, ob. cit., p. 229.

[6] Ibid., p. 85.

Com efeito, Freud lembra essa constatação que todo mundo pôde fazer, que num certo momento de seu desenvolvimento o bebê chora à visão do que não é sua mãe. A razão não é que aquele ou aquela que vem no lugar da mãe lhe dê medo, mas que, essencialmente, representa a ausência desta. A angústia é literalmente provocada pela visão de um "estranho"* que não é essa mãe que a criança espera e que, nessa qualidade negativa, está, de algum modo, ausente, que deve ser destruído para não significar mais que ela falta. Nesse momento, todo "outro", tão próximo quanto seja, é um equivalente de "estranho" e, como tal, não pode substituir o ausente, mas apenas representar sua ausência[7]. Apenas mais tarde aparece o sujeito tal como Freud o qualifica, o "animal da horda"[8]: isto é, aquele cuja reação de ciúme é a primeira a acolher a intrusão de uma outra criança mais jovem. Por meio do que não é tão espantoso que desse sentimento de ciúme assassino convertido nasça a vontade de justiça igualitária, subseqüente a um mecanismo de transposição do seguinte tipo: "Já que não se pode ser o preferido e o privilegiado, é preciso que todos sejam colocados sob a mesma insígnia, que ninguém goze de favores especiais e de privilégios particulares"[9]. É essa mesma necessidade que retomaram, sucessivamente, a religião, com o preceito "Amarás teu próximo como a ti mesmo", a República, com o princípio de "Liberdade, Igualdade, Fraternidade" e o marxismo, com a idéia de um colocar em comum, *como-um* do comunismo.

Essa busca de um *Comum* em torno do qual as comunidades foram fundadas, que as ligou numa espécie "de imanência", repousa nos limites e nos hábitos do "conhecido e do reconhecido"[10]. Ela encontra seu eixo em

---

* Em francês, *étranger*, que tanto pode ser traduzido por "estranho" como por "estrangeiro". Em português, a palavra "estranho" também inclui as noções de "estrangeiro" – "forasteiro" – e "estranho" – "diferente", "não reconhecível". (NT)

[7] S. Freud, "L'instinct grégraire", em *Psychologie colletive et analyse du moi*, ob. cit., p.145.

[8] Ibid., p. 146.

[9] Ibid.

[10] Ler o que Mustapha Safouan evoca a propósito de Kelsen e da norma em seu livro *La parole et la mort*, Paris, Seuil, 1993.

torno desse "Direito do que seria direito sem direito", para retomar a fórmula paradoxal proposta por J.-L. Nancy[11].

Mas é forçoso constatar que é sempre o impossível desse colocar em comum do "como um" que resta mestre do jogo. Essa tentativa de laço comunitário tem o seguinte de particular: que, ao reunir os homens, ela apenas, definitivamente, os separa de todos os outros, isto é daqueles que não fazem parte do *em-comum*, já que se é obrigado a definir normas mínimas para estabelecer que os *uns* fazem parte dele e os *outros* não.

Sem dúvida, o erro é querer estabelecer "comum" a partir de parâmetros diferentes dos da língua: "A linguagem, desde a origem exposta à diferença, com efeito é, no entanto, o que expõe comum. O que se perde de uma língua para uma outra quando se traduz não é apenas o próprio dessa língua ou seu gênio. Mas, sobretudo, isso sem o que a língua não existiria"[12].

Ao se dar limites, o que a comunidade quer excluir é o que não se deixa identificar com ela, por isso o *um* põe o imperativo: "Odiarás teu próximo como a ti mesmo". Desta forma, ela exclui o "*em*"-comum que nada mais é que seu próprio fundamento, necessitando então nomear a outra figura exposta pelo infigurável do "*em*". A história não tem mais que se encarregar de deslocar as atribuições de exclusão: o Judeu, o Negro, o Árabe, etc.

Entretanto, deve-se observar que, em termos de identificação, referimo-nos antes a um sexo que a uma etnia. Basta circular pelos recreios das classes primárias para perceber que as crianças ignoram a diferença de cor ou de língua e mais ainda a de "etnia", mas, em contrapartida, muito cedo sabem quem são as meninas e quem são os meninos e não se "misturam". Nessa idade, elas não têm sexo em comum e, portanto, também não as brincadeiras, a não ser sob a forma das que as levam a representar-se suas diferenças sexuais.

Assim, a depuração étnica é sempre a do outro, como sendo aquele com quem se crê não ter sexo em comum.

---

[11] J.-L. Nancy, *L'impératif catégorique*, Paris, Flammarion, 1983.

[12] J.-C. Bailly, *La comparution*, Bourgois, 1991, p. 17.

Uma guerra contra as mulheres

A história mostra que é impossível representar sem excluir e excluir sem representar. O em-comum do comunismo foi exitoso, ao menos durante alguns anos, em esconder esse *em-*, particularmente no que se refere à Iugoslávia. Esse *em-* da causa étnica nada mais é que *esse* "resto que persiste, uma vez desintegrada a trama ideológica do tecido comunista"[13]. Em que real repousa a causa étnica quando ela se literaliza nos significantes de "purificação" e realiza seu acabamento no corpo das mulheres?

A novidade desse real se refere, desta vez, à modificação da descendência e faz da violação o instrumento da "limpeza" étnica.

É a primeira vez que operações de guerra e de terror desse tipo são lançadas contra mulheres e mocinhas. Nunca houve precedente, embora sessões de violação sejam perpetradas em todas as guerras. Hoje se trata de uma catástrofe programada pelos homens para preparar essa bomba de efeito retardado representada, no quadro de uma sociedade bósnia machista e por outro lado enfraquecida, pelos filhos de tchecos concebidos por mulheres muçulmanas. O mundo deve muito simplesmente saber que é uma guerra contra as mulheres, são elas as culpadas.

Evidentemente, poderíamos dizer que estamos lidando com a expressão brutal do poder primitivo dos guerreiros patriarcais sobre suas vítimas decaídas, como se estas fossem um despojo de guerra. É claro, a vítima da violação serve, ao mesmo tempo, para transmitir a mensagem do mais poderoso adversário, a saber, que ele conquistou não apenas um território, ele igualmente destruiu a expressão simbólica da pessoa do vencido, isto é, sua honra. No entanto, isso não seria suficiente, porque as mulheres violadas não são, no caso, apenas vítimas esporádicas da violência guerreira, mas um meio de garantir um genocídio mais eficaz.

Então, como entender essa novidade do real aqui em jogo?

A "purificação étnica" é aí o objetivo último dos responsáveis militares. Para esse efeito, os outros, os vencidos, são aviltados como "não-homens"; aliás, nós os mutilamos e emasculamos. Em outras palavras, nós os

[13] S. Zizek, *L'intraitable*, Economica, 1993, p. 146.

transformamos em mulheres e, para identificá-los, os fazemos arriar as calças; e, como se não fosse ainda suficiente, suas mulheres são colocadas numa massa disponível para suprir as necessidades sexuais dos vencedores. Além disso, para aumentar ainda seu envilecimento, elas não são apenas violadas, mas obrigadas à concepção e impedidas de abortar.

Podemos nos satisfazer com a explicação proposta por Elisabeth Seitz diante da Comissão do Bundestag? Ela tem em vista uma explicação dos atos de violência pela estrutura patriarcal rigorosa e antiga dessa sociedade sérvia, na qual um homem perde sua honra quando um adversário violenta sua irmã, sua mulher ou sua mãe; ela acrescenta que, na literatura sérvia, com freqüência volta o fato de que as vítimas são mulheres sérvias e os autores das sevícias, turcos: em conseqüência do que, o homem só podia recuperar sua honra ao infligir à mulher (no entanto inocente) uma punição equivalente; é ao retorno desse arcaísmo que se assistiria na nossa atualidade.

Esse nível de apreensão decerto é interessante, mas, ao se limitar a uma concepção historiográfica dos acontecimentos, deixa intocada a estrutura – e nosso entendimento deve nos levar mais longe. Atualmente, na Europa, torna-se possível fazer da guerra um meio político, e modificar pela força as fronteiras – em primeiríssimo lugar as fronteiras da diferença dos sexos. Por que, então, esse encarniçamento sobre as mulheres se elas não fossem a última figura, ao termo de todas as outras, da purificação étnica?

O horror do gozo do Outro

Se, na Alemanha nazista, o anti-semitismo era dos mais ferozes nas regiões em que quase não havia judeus, hoje o processo é inverso no que se refere às violações maciças que sobrevêm nas zonas em que os sérvios são minoria e as mulheres muçulmanas em relativa maioria.

Emitamos a hipótese de que o ódio étnico se funda em dois aspectos complementares da mulher: por um lado, o da castração e do horror que ela suscita, por outro, o desse *outro* gozo que permanece inacessível para o outro sexo. Esses dois aspectos, que no ódio étnico se superpõem, se ordenam apenas por relação ao falo, que se refere tanto aos homens quanto às mulheres.

Significante que vem no lugar do falta, o falo é também significante da castração, dessa castração que a mulher representa por excelência e que causa horror na medida em que seu sexo figura o pavor diante da ausência do pênis. Uma de suas representações mitológicas sob a forma da "cabeça de medusa" nos indica que "ela torna rígido de pavor, transforma o espectador em pedra. Mesma origem do complexo de castração e mesma mudança de afeto [...]. É uma figura do órgão genital da mãe que provoca o pavor, [...] a mulher comporta essa outra vertente de atração que repele e causa pavor por causa de sua castração"[14].

Entretanto, se o falo vale, desde Freud, como significante do desejo, ele ao mesmo tempo é significante da castração enquanto esta nada mais é que a lei que rege o desejo humano e o mantém em limites precisos. Portanto, vale de direito para todos e constitui, a esse título, uma espécie de universal. Então, a mulher escaparia a ele? É nesse ponto que Lacan nos é muito precioso, porque a clínica nos mostrou que a questão do que é uma mulher não se resolve para cada uma delas numa generalização imediata[15].

Os homens têm uma relação com o pai – chamemo-la $\forall x \; \Phi x$ – tal que estão todos submetidos à castração: é porque existe ao menos um que constitui exceção, o pai da horda primitiva, aquele que possui todas as mulheres, que essa totalidade, esse conjunto *homogêneo* dos homens, se constitui e se confirma.

Situar-se do lado mulher é mais complicado. Lacan mostrou que $\overline{\forall x} \; \Phi x$, isto é, que, do lado feminino, "*não-todas*" estão submetidas à castração, e assim elas se reconhecem "*não-todas*" submetidas a uma mesma lei – não exclusivamente submetidas a essa lei. Isso significa que, mesmo que para elas não exista exceção à castração, $\overline{\exists x} \; \overline{\Phi x}$, mesmo que o pai também faça função para elas, as mulheres, no entanto, não se referem tão naturalmente quanto os homens ao pai de exceção dessa lei, porque elas se sentem menos reconhecidas. Elas, portanto, são "duplas": uma parte delas está relacionada com o Φ e a outra com o $S(\not{A})$, isto é, com o fato de que não há garantia da verdade.

Essa dissimetria não deixa de acarretar como conseqüência que existe no inconsciente um "gozo outro", outro que o que regulamenta a castração

[14] S. Freud, "La tête de Méduse", em *Résultats, idées, problèmes*, II, Paris, PUF, 1985, p. 49.

[15] Ver *Encore*, ob. cit., pp. 73 e seg.

e que a linguagem pode simbolizar. Conseqüentemente, "o impensável" se transforma em "inassimilável".

Os antagonismos sociais não escapam à precipitação do desejo em fantasia, e no horizonte de toda perseguição racial a questão é um gozo que o outro nos rouba[16]. Desse gozo roubado, subtraído, a mulher é o representante por excelência, na medida em que ele escapa ao gozo dos homens, o que sua relação específica com o falo só pode exacerbar. Só se pode, portanto, persegui-la, inclusive aniquilá-la, se se lhe supuser esse Outro que goza de uma maneira que permanece inacessível aos que se situam do lado masculino: "Assim, a imagem fascinante do outro presentifica minha mais íntima divisão, ou seja, isso que desde sempre está 'em mim mais que eu' e, conseqüentemente, me impede de alcançar a plena identidade comigo mesmo. O ódio pelo outro é o ódio por meu próprio excedente de gozo"[17].

Acrescentemos, entretanto, que a literalização da purificação pela perseguição das mulheres só pode ocorrer quando o discurso do mestre desabou, já que seu papel consistia precisamente em induzir o equilíbrio e regular o excesso mantendo essa verdade escondida do gozo do Outro.

Freud acreditava que "o Amor pela mulher rompe os laços coletivos criados pela raça, se eleva acima das diferenças sociais e, ao assim fazer, contribui numa grande medida para o progresso da cultura"[18]. Ele sem dúvida desconhecia as conseqüências da exogamia, que fazia que "o homem se visse obrigado a satisfazer suas necessidades sexuais com mulheres estrangeiras que não lhe inspiravam nenhum sentimento de amor e de ternura"[19].

Ele avaliou pouco as conseqüências que o fato de que não exista relação sexual que possa ser escrita[20] poderia acarretar; o que nos obriga a reler o mito da hora primitiva de outro modo, delimitando que, se Freud pensava que o Pai *unifica* todas as mulheres, "ele as unifica, certo, mas justamente não todas"[21].

---

[16] Para retomar essa formulação de S. Zizek em *L'intraitable*, ob. cit.

[17] Ibid., p. 142.

[18] "Quelques considérations supplémentaires", em *Psychologie collective et analyse du moi*, Paris, Payot, ob. cit., p. 172.

[19] Ibid.

[20] J. Lacan, *Le savoir du psychanalyste* (inédito), sessão de 4 de novembro de 1971.

[21] J. Lacan, ... *Ou pire*, ob. cit., sessão de 14 de junho de 1972.

5

Um gozo outro não é de natureza a acarretar algumas guerras?

Como prolegômenos à questão de todo laço social, e distante de todo otimismo consensual, não será inútil lembrar que a conquista do inconsciente pela psicanálise tem um preço – do qual nos lembrava Lacan –, que é o "de um agravamento das dificuldades entre os sexos"[1].

O que há de mais radical, de mais vivo e de mais pregnante no laço social que a diferença que não se tem em comum?

O que o discurso analítico sustenta sobre a diferença é que isso não está perto de se arranjar: "Nele se fala de foder, verbo em inglês *to fuck*, e se diz que a coisa não vai"[2].

Entendamos que do lado "comum", do lado da pretensa comunidade, "a coisa não vai muito bem porque os homens, as mulheres e as crianças são apenas significantes"[3].

De onde esse paradoxo: o que constitui coletividade não é o que se tem "em comum", mas justamente o contrário: a ausência de relação sexual.

---

[1] Loc. cit. acima, II, capítulo 1, "A direção da cura psicanalítica ao risco do desejo de analista", nota 14.

[2] J. Lacan, *Encore*, ob. cit., p. 33.

[3] Ibid., p. 34.

O grande inconveniente dessa coisa é que não apenas não há relação sexual, mas, além disso, uma parte da humanidade escapa sempre à outra, porque "a mulher não é toda, nela há sempre algo que escapa ao discurso"[4].

Isso parece não ser nada, mas pode acarretar guerras; porque, entre um judeu e um gentio, há ainda "comum", da mesma forma que entre um Negro, um Mulato e um Branco; mas, entre um homem e uma mulher, não há nenhuma coletivização possível da relação sexual, que não pode ser escrita, pelo fato de que umas e os outros não mantêm, no tocante ao falo – ou seja, à função paterna –, uma relação idêntica. É essa ausência de coletivo nesse ponto que faz que eles nada tenham em comum, em como UM. O que eles têm em comum é "zero", mas de uma maneira não coletiva.

É engraçado, e isso pode também levar ao trágico.

O único "comum" que os homens e as mulheres possam ter são os filhos, porque a mulher tem um "mais" que acontece ser esse gozo de não ser toda sujeito da castração, que lhe confere esse insuportável para os homens. Insuportável que se torna suportável quando uma criança vem como "tampão", esse "pequeno a" que a situará por algum tempo num gozo fálico um pouco mais "comum" com o dos homens, com os quais, conseqüentemente, ela poderá fazer um pouco mais coletividade. Eles "terão", não serão mais sem "ter", alguma coisa em comum a defender com a qual constituir coletividade, no sentido do *quod castrationen* do gozo fálico. Com um filho, ao se tornar mãe, a mulher entra numa comunidade de castração com os homens e, a partir disso, se entende bem melhor o que está em jogo na "depressão *post partum*" enquanto castração da mãe[5].

É a mesma entrada inevitável, forçosa, nessa comunidade de castração com os homens que está em jogo através da violação sistemática das mulheres na ex-Iugoslávia. Vimos, no capítulo precedente, que essa forma inédita de perseguição desse Outro por excelência que são as mulheres era mais que uma tentativa de repressão, de erradicação desse "gozo outro", inacessível, inassimilável e impensável, que elas parecem fantasmaticamente furtar aos homens, à coletividade fálica. Ela se caracteriza também, espe-

[4] Ibid.

[5] Ver acima, III, capítulo 5, "Nascido de mãe não conhecida".

cificamente, pela vontade deliberada e organizada de deixar filhos no ventre delas. Nessa passagem ao real, deve-se ver a resolução, levada ao último forçamento, de fazer as mulheres entrarem numa relação com o falo que elas possam então "partilhar" com os conquistadores, e que enfim permite a estes dominar o gozo delas, pelo viés de uma procriação regulada e programada, cuja predeterminação étnica e religiosa com efeito representa uma vontade de falicização sistemática, de integração sem resto na função fálica. A questão é o que Françoise Héritier nomeia "encarceramento das mulheres na função de reprodutoras" e, sobretudo, "a idéia de que a semente masculina transporta com elas, e exclusivamente com elas, a marca étnica e mesmo a marca religiosa, de que, em suma, elas todas veiculam a identidade. Um homem, nessa lógica implacável, não cria filhos em sua religião, ele faz filhos que têm por essência sua religião"[6].

Em outros tempos, a instauração dos *lebensborn* não tinha outra função que a que acabamos de sublinhar.

Assim, a psicanálise não está em condições de trazer a boa palavra, porque, se "tudo é sexual", como Freud nos ensinou, Lacan o segue, mas anunciando que o sexual do "todo" não tem relação, porque não pode ser escrito.

Isso significa que não há uma metade feminina que se completaria por uma outra metade homem e que constituiria relação com ela. Com efeito, eles não têm uma falta simétrica: mesmo se cada um tem uma relação com a falta do outro, essa relação é estruturada por cada um de uma maneira que lhe é própria. Ambos, homens e mulheres, se referem à função fálica, mas diferentemente: para cada um o pai é uma função que eles reconhecem e à qual se referem, mas isso não constitui comunidade, como evidenciam as fórmulas da sexuação de Lacan[7].

Com essa formalização da dissimetria dos sexos, o que a psicanálise subverte é toda a ideologia do possível e do pleno. Aquela que pensa que a falta poderia ser preenchida, ou aquela que crê que se poderia compreender, ao dominá-la, o espaço mesmo da morte, ou, por fim, a ideologia que

---

[6] F. Héritier, *Masculin/Féminin*, Paris, Odile Jacob, 1996, p. 300.

[7] Cuja leitura demos no capítulo precedente.

sustenta que há uma relação entre os homens e as mulheres que constituiria unidade.

Está aí a subversão introduzida pela psicanálise, a de não ter a pretensão da solução e de romper com todo pensamento da plenitude, da adequação, da completude: "[Se] se verifica que, por dominar igualmente os dois parceiros, a função fálica não os faz diferentes", enuncia Lacan de forma radical. Ou ainda: "Não há segundo sexo a partir do momento em que a linguagem entra em função"[8].

Se é certo que o recurso ao conceito de falo permitiu a Freud não ficar prisioneiro da diferença dos sexos em termos anatômicos, ele entretanto não pôde se desvencilhar do modelo simétrico que a seus olhos o falo representava para os dois sexos, agarrado que ele continuava ao universal do "ao menos um" e da exceção. A doutrina freudiana se choca com o fato de que ela não pode encarar a libido feminina de modo diferente que sob o modelo masculino invertido. Lacan, de algum modo, restabelece a diferença ao introduzir o termo "gozo". A mulher, por não ter a mesma relação com o falo que o homem, experimenta um "gozo outro" – e isso pode ter conseqüências tão importantes quanto acarretar guerras.

Já encontramos essa observação em Freud. São as pesquisas que ele efetuou a propósito dos tabus que o levam a formular assim: "Os costumes de tabu atestam a existência de um poder que se opõe ao amor, porque afasta a mulher como estranha e inimiga"[9]. Ele vai mais longe e atribui essa atitude psíquica à absoluta alteridade da mulher: "É porque ela é outra que o homem que ela aparece como incompreensível, plena de segredo, estranha e, por isso, inimiga"[10]. Ele explicitamente põe a mulher como estranha e o estranho como sendo a mulher, porque ela é "outra" que o homem.

Já vimos, no capítulo precedente, que o ódio étnico se fundava nas duas vertentes do horror que pode ser suscitado pela alteridade das mulheres como alteridade fundamental, a castração, por um lado, e o acesso a um gozo outro, por outro, gozo que seria recusado aos homens. O que há de

---

[8] J. Lacan, *Le savoir du psychanalyste*, sessão de 3 de março de 1972 (inédito).

[9] S. Freud, "La psychologie de la vie amoureuse", em *La vie sexuelle*, Paris, PUF, 1969, p. 72.

[10] Ibid., p. 71.

mais outro que a mulher para o homem, se seu sexo figura o pavor de um gozo que remete sem cessar à ausência, à castração? Mas o que de mais intolerável ainda se ela mesma escapasse a esse pavor que faz os homens experimentarem, já que ela é "não-toda" submetida à castração? É precisamente nesse ponto que o "impensável" se transforma em "inassimilável".

Portanto, a mulher faz vacilar até os fundamentos o que regula o universal em sua referência à paternidade. É o que lhe não pode ser perdoado. Nesse sentido, ela mesma é a exceção à exceção, a exceção ao que confirma a regra: o pai da horda primitiva. Isso nos obriga a uma releitura desse mito, em função das conclusões trazidas por Freud no fim de *Totem e tabu* e no que se refere à questão da mulher e do laço social. Elas atrairão de nós duas observações.

Freud declara que "a passagem da forma social caracterizada pela horda paterna à caracterizada pelo clã fraterno constitui um fato incontestável". Ora, esse fato nada resolve quanto à questão das mulheres, por duas razões.

1. Se o pai da horda guarda todas as mulheres para ele, é porque o interdito do incesto pai-filha não funciona e porque, mais que interditar as mulheres para os filhos, ele tenta *coletivizá-las*, não apenas para interditar sua posse pelos filhos, mas, antes, para que o gozo delas não lhe escape. Portanto, a rivalidade não se situa apenas por relação aos filhos, como isso poderia deixar parecer à primeira vista, mas por relação ao que verdadeiramente escapa ao pai da horda, isto é, esse "gozo outro". Assim, esse gozo outro não se coletiviza, já que de seu lado as mulheres não esperam todas um reconhecimento do pai. Há muito pelo que gerar algumas guerras...
2. Não é, então, por relação a esse seu fracasso em coletivizar as mulheres, ou, mais exatamente, o gozo delas que o assassinato do pai toma todo o seu sentido? O que implica, e Lacan não deixa de fazer notar, que ele é castrado desde a origem[11]. Está aí a sua castração: ele não teve êxito em fazer que as mulheres sejam "todas" sujeito da castração. Daí, os irmãos só podem se prender a ele, primeiro, mas, sobretudo, depois, às mulheres, de maneira a tentar mascarar que o pai é desfalecente desde a origem

[11] J. Lacan, *L'envers de la psychanalyse*, ob. cit., p. 115 (versão datilografada).

quanto a UNI-LAS TODAS!... O que é de natureza a acarretar algumas guerras contra as mulheres.

Então, o que há de novo sobre o laço social entre os sexos neste fim de século? Afinal, nada de muito novo. Mutiladas na África[12], prostituídas na Ásia, queimadas na Índia, assassinadas ao nascimento na China[13], degoladas na Algéria, aterrorizadas no Irã, violadas na ex-Iugoslávia"... Ou, pura e simplesmente, apagadas do olhar, como impuras de ver, no Afeganistão.

---

[12] Excisadas ou infibuladas: a cada ano, são dois milhões de moças que são vítimas dessas mutilações e, segundo a OMS, cento e dez milhões de mulheres que sofrem hoje de lesões graves que podem acarretar a morte.

[13] Segundo a Anistia Internacional, essa "seleção pré-natal" ocupa o primeiro lugar nas violências contra mulheres. Na Índia, na China e na Coréia, mais de um milhão de menininhas são condenadas a cada ano, e esses "genocídios sexuais", estimados em sessenta milhões.

6

Ele/Ela: uma falha de escrita?

Da política de estabelecimento do texto à política de restabelecimento dos sexos há apenas uma letra, selo que um certo feminismo americano não hesita em ultrapassar em sua insistência, de rigor hoje, em situar a todo momento o imperativo comutabilidade do "ele/ela". Novo conformismo que, nos Estados Unidos, traz seu cortejo de processo.

Leremos aí apenas um sintoma a mais de negação da divergência entre os sexos, por confusão de diferentes registros que, no entanto, convergem. É o que Lacan não deixa de lembrar, Lacan que sublinha a inadequação de todo discurso ao real dos sexos, não obstante a necessária apreensão desse real num discurso – a coisa não vai entre os sexos e é o que constitui o fundo de todo discurso.

É importante observar que se trata dessa obrigação de restituir "ele/ela" na escrita, o que imediatamente situa o problema em termos jurídicos, em virtude do princípio: "O que não é escrito não existe" – como se o simples fato de escrever "ele/ela" constituísse prova de existência. Ora, segundo nossa hipótese, o verdadeiro fundamento, desmentido, dessa necessidade, tal como a sociedade americana a editou, é esse estado de fato, colocado em evidência pelo axioma de Lacan "A relação sexual é o que não pára de não se escrever". Nessa perspectiva, aquilo que os Estados Unidos não nos entregam pode ser que a manifestação excessiva aparece como o forçamento desse dado com o qual todo sujeito humano está defrontado: a relação entre a impossibilidade de escrever e a (in)existência, ou, ainda, a relação entre "se escrever" e o "se dizer".

A impossibilidade que marca a relação sexual é dada como linguageira de cara: ela não se escreve, não se diz. Impor a escrita "ele/ela", acrescentar "ela" a "ele" constitui apenas, portanto, uma tentativa de resolver ou atenuar a falha das relações entre homens e mulheres, essa falha que é, por natureza, o ato sexual, na medida em que ele nunca chega a constituir "relação sexual". Deve-se resolver, não há metade homem que complete uma metade mulher. Asseguremos, entretanto: "O homem, enganando-se, encontra *uma* mulher com a qual tudo acontece: ou seja, comumente essa relação em que consiste o êxito do ato sexual"[1].

Isso vai por si: a relação sexual não poder se escrever não indica que "ele/ela" não possam fazer amor. Mas o que o discurso analítico nos ensina é que o que é impossível de escrever desses dois termos tidos como entrando em relação, o homem e a mulher, é o que, simultaneamente, torna impossível a escrita mesma da relação, relação que a partir disso entenderemos no sentido matemático.

Escrever "ele/ela", ou "x" para homem e "y" para mulher equivaleria a escrever x R y, isto é "x" relação sexual "y", o que, em última instância, teria um sentido para o discurso corrente, mas cuja impossibilidade o discurso analítico torna patente, porque a unicidade mesma da letra retida para escrever a relação mascarará, para a mulher, que ela é não-toda e, para o homem, que ele só se inscreve como tal na sua relação com a castração.

Acrescentemos o parodoxo de que "o que está em questão quando se trata de sexo é o outro, o outro sexo, mesmo quando se prefere o mesmo"[2]. Homem e mulher, "ele" e "ela", "x" e "y" são apenas significantes, sobre os quais poderíamos sublinhar que, no que se refere à relação deles, eles têm a particularidade de não poder ser enunciados um sem o outro, mas também não um com o outro.

Conseqüentemente, essa escrita "ele/ela" procederia, antes, da contingência, isto é, "o que pára de não se escrever", por oposição ao necessário, "que não pára de se escrever", sobretudo por ignorância da categoria do impossível da relação sexual que, ela, "não pára de não se escrever".

---

[1] J. Lacan, *Télévision*, ob. cit., pp. 60-61.

[2] J. Lacan, *Le savoir du psychanalyste*, ob. cit., sessão de 4 de maio de 1972.

Assim, ali onde as feministas crêem haver tido êxito em restabelecer uma justa repartição da diferença dos sexos, elas não se dão conta de que, completando "ele" com "ela", apenas restabelecem especiosamente relação ali onde manifestamente ela é impossível de se escrever, e de que, por força de exigir pôr assim "ela" ao lado d'"ele", elas apenas fazem os dois termos se equivalerem. Daí, longe de restituir a diferença sexual, elas a anulam: ao fazer entrar "ela" na categoria dos "eles", à equivalência com os quais "ela" fica submetida. Assim, uma vez escritos, "ele/ela" constituem par, mas um par que perde todo o interesse que deve a ser apenas par ordenado (a, Φ)[3].

Com efeito, "ela", ao fazer o par com "ele", perde. Perde o que é sua característica, isto é, que, nessa alteridade que a mulher é chamada a representar, "ela" está, precisamente, sozinha.

A mulher é, com efeito, diretamente confrontada com o conjunto vazio (a, Φ), o que de jeito nenhum é o caso para o homem, que, diante do conjunto vazio, não está sozinho, sendo apenas o elemento de um "todos" (a, b). Do homem podemos dizer que nunca está sozinho, mas sempre "em bando".

Mas, ironia intrínseca da fórmula, paradoxo recorrente, o sintagma de intercambialidade "ele/ela" escreve a mulher do lado (a, b), isto é, do lado do bando dos homens; ele aglutina, agrega, enquanto as feministas acreditavam restabelecer a igualdade e marcar "um" de um lado e de outro.

Nessa operação de escrita, a mulher perde (a, Φ): essa solidão com a qual, por causa de sua estrutura, "ela" se encontra, uma a uma, defrontada. Porque apenas a diferença conta, e a mulher, ao se defrontar uma a uma com o conjunto vazio, é ao "uma por uma" que ela se conta. Esse "uma por uma" das mulheres tem como primeira conseqüência que não se pode coletivizá-las – de onde as múltiplas tentativas de coletivização forçada, freqüentemente das mais extremas e mais radicais, às quais a história as expõe de maneira recorrente.

O imperativo de escrever, o recurso ao jurídico aparecem aqui em toda a sua função de engodo: ao dar a crer que o que se escreve existe, que apenas o que se escreve existe. Ora, o efeito de retorno, em sua radical

---

[3] Nós nos inspiramos aqui no muito interessante artigo de Etienne Oldenhove Singleton, "Agent double de la castration", em *Bulletin de l'Association freudienne internationale*, nº 67, março de 1996.

ironia, é inverso: o "ela" a mais escrito dele faz um "ela" a menos, numa abolição do reconhecimento da diferença.

No entanto, com o reconhecimento e a conceituação dessa diferença, Lacan havia permitido uma verdadeira saída do impasse freudiano quanto à questão da sexuação: ao fazer a mulher passar do "continente negro" freudiano para a dimensão do gozo feminino, gozo "outro" que é integralmente um conceito lacaniano e que representa em seu pensamento e em sua obra o limite absoluto. Não se poderia dar conta melhor da dificuldade de que testemunha essa escrita do "ela" que, no que Lacan indica, nos limites de toda formulação, "Há um gozo d'*ela*, desse ela que não existe e que não significa nada. Há um gozo dela sobre o qual talvez ela mesma não saiba nada, apenas que o experimenta – isso ela sabe. Ela sabe, é claro, quando isso acontece. Isso não acontece com todas"[4].

Esse gozo outro é definido por Lacan como suplementar e não complementar: isto é, como escapando a essa comunidade de gozo que é o gozo fálico para o homem e a mulher. Aí está a originalidade de sua concepção: as mulheres não têm nem um "a mais" nem um "a menos", mas um "outro" – elas são outras.

Mas, quando o discurso do Mestre desaba, discurso que garantia, pela manutenção das fronteiras da diferença dos sexos, o mínimo fálico de um gozo comum, reaparecem com força, com os integrismos de todo tipo, as mais forçadas, mais violentas e mais assassinas tentativas de coletivização, cuja lista extensa, sob o mesmo paradigma, acabamos de ver, lista ainda hoje aberta[5]. Gozo outro, impensável para "ela", inassimilável para "ele" – gozo do outro, etnia, raça, judeus, mulheres, votado à perseguição e ao aniquilamento sob todas as espécies. O ódio pelo outro é o ódio pelo meu próprio "mais de gozo", ao qual não tenho acesso, numa irredutibilidade que abre o campo para todas as literalizações possíveis.

Então, nesse contexto, a escrita do "Ele/Ela" não seria uma simples variante, a variante feminista e progressista, ideologicamente avançada, do apagamento das mulheres, esse apagamento que, sem descanso, gostaria de executar a história – os filhos, aqui reforçados pelas filhas, não cessando de eles/elas não terem êxito ali onde o Pai fracassou em unificá-las todas?

---

[4] J. Lacan, *Encore*, ob. cit., p. 69.

[5] Ver o capítulo precedente.

7

O Real?
A questão do real da morte: entre testemunho e transmissão

Mas vamos logo ao essencial: a dificuldade do Real se liga a que toda tentativa de falar dele já vai lhe dar sentido, o que constitui uma impostura à qual Lacan sempre se opôs, já que, ao promover o "fora-do-sentido", o "insensato", ele tenta romper com a religião, e justamente em nome do Real.

Evidentemente, a necessidade de assim mesmo dizer alguma coisa sobre ele a fim de transmiti-lo poderia nos deixar tentados novamente pela idéia de trazer sua demonstração, o que não deixaria de fazer apelo a uma formalização. Ora, justamente, o real não se demonstra como formalização, mas, ao contrário, como mostração do ponto de impasse de toda formalização.

Entretanto, não se deve, nessa medida, cair no excesso inverso que faria do real um "não conhecível", um "silêncio" que resiste à palavra, a toda forma de especulação, à qual Lacan fecha a porta ao fazer do real, com o nó borromeano, uma dimensão perfeitamente homogênea às duas outras.

Portanto, o real não é capturado assim tão facilmente, nem formalmente, nem inefavelmente.

Assim, no que se refere à análise, façamos a hipótese de que existe um "não-dito" que não se pode reduzir à simples categoria do recalque, que inclusive a ele se opõe. Daí, não se pode encarar a repetição como apenas aprisionada estritamente no inconsciente. Porque o Real não é traumático em si, mas permanece em todo o seu traumatismo o que resta da ordem do irrepresentável. É um ponto muito claro na questão da cena primitiva, na qual não é tanto o ato que é traumatizante para um sujeito quanto o fato de que seja impensável conceber nela seu próprio nascimento. Da mesma forma, como Freud indicava, "nos é impossível representar para nós nossa própria morte [...], no fundo, ninguém acredita na sua própria morte, ou, o que dá no mesmo, em seu inconsciente cada um está convencido de sua própria imortalidade"[1].

Então vem a pergunta: como se interpreta na cura psicanalítica o Real, se ele não é nem representável, nem da ordem do recalque, nem mesmo pensável?

Avançaremos a idéia de que há um dizer que não pode ser dito e que é de outro tipo que a questão da resistência em psicanálise. É por isso que é muito importante que o analista esteja atento e que não trate esse impossível de dizer como um simples não-dito, mas, antes, como um avatar da questão da morte, ou, mais exatamente, do que chamaremos o real da morte.

*

* *

Sem dúvida é uma das razões pelas quais Lacan pôde pretender que o desejo do analista tinha mais a ver com a morte – o desejo de morte – que com qualquer outro desejo[2]. Pôr o outro no lugar de si mesmo já seria lhe recusar toda diferença. E o analista deve "pagar alguma coisa para sustentar sua função"[3]; o que ele deve pagar é o preço mais caro da ruptura com a ideologia do bem para justamente permitir ao outro abordar a questão do real da morte, sobre a qual se sabe que é tão difícil de transmitir, mesmo e sobretudo se se recorrer ao que se chama o testemunho.

---

1 "Notre attitude à l'égard de la mort, Considérations actuelles sur la guerre et sur la mort", em *Essais de psychanalyse*, Paris, Payot, pp. 253-254.

2 Ver acima, II, capítulo 2, "O desejo de analista: um enigma?", no qual tratamos desse ponto de maneira mais desenvolvida.

3 J. Lacan, *L'éthique de la psychanalyse*, ob. cit., p. 337.

Portanto, são as duas categorias que oporemos: a do testemunho e a da transmissão. Nós as oporemos quanto a pretender que elas possam dar conta do real da morte. Daremos como prova disso os acontecimentos que algumas pessoas conhecem e que são experiências que aconteceram durante os anos 1939-1941, durante as quais um certo número de prisioneiros puderam escapar dos campos de exterminação. Mas, não obstante seus testemunhos, no entanto bem vívidos, e das provas que puderam trazer como apoio, eles não encontraram ninguém que acreditasse neles; nada da experiência deles pôde ser transmitido. Não apenas isso, mas, bem ao contrário do que esperavam, eles tiveram a surpresa e a tristeza de serem rejeitados, tomados como loucos e considerados perigosos.

Um outro exemplo é relativo a acontecimentos mais recentes, os das desaparições de crianças sobrevindas na Argentina desde 1976. Durante os anos da ditadura sangrenta que se estabeleceu depois de 1976, numerosos militantes de esquerda e de extrema-esquerda e seus amigos foram detidos e, na maior parte, liquidados depois de monstruosas torturas. Uma das particularidades desse momento trágico diz respeito a que, entre as pessoas desaparecidas, havia um certo número de mulheres que estavam grávidas ou tinham filhos muito pequenos quando de seu arresto. Uma parte desses bebês ou criancinhas desapareceu porque sofreu a mesma sorte que seus pais, mas uma grande parte deles foi adotada, não sem abuso do termo, pelos militares ou os policiais que haviam sido os assassinos de seus pais. Esse período acarreta uma série significativa de falsificações de identidade, e foi preciso que um grupo constituído pelas mães e as avós dessas crianças reivindicasse o reconhecimento desses desaparecidos para que fosse revelada a existência desses fatos. Tudo isso acarreta uma quantidade de processos muito complicados, cujo desenrolar a anistia geral dos militares, decidida pelo governo civil que voltou ao poder, em nada facilita. Mas o acontecimento marcante que nos implica aqui é decisão, tomada por essas avós, de se manifestarem na Praça de Maio, em Buenos Aires, toda quarta-feira, às 15 h. Acontecimento, ou, mais exatamente, ato de testemunho sobre o qual se deve sublinhar que acarreta um deslizamento semântico, já que, da denominação inicial "avós" da Praça de Maio, elas se viram designadas como "loucas" da Praça de Maio; remetimento à loucura que, na nossa opinião, se liga ao fracasso de um testemunho a partir do momento em que a dimensão do impossível de dizer do real da morte está em jogo, referente aqui à maior parte desses desaparecidos.

Um último exemplo nos foi trazido ainda da Argentina por um colega psicanalista, que nos conta que, quando morava nesse país durante os anos sangrentos da ditadura, seu irmão havia desaparecido. Nosso amigo havia tentado tudo que lhe era possível para encontrá-lo e, é claro, isso tinha virado um pouco uma obsessão, tanto que e embora – após a queda do poder militar e a instalação de um novo regime democrático – por ocasião de uma bebedeira com amigos próximos, ele havia podido voltar a falar desses acontecimentos e foi surpreendido ao ouvi-los lhe confiar que, durante todo o período em que ele havia desesperadamente procurado seu irmão, eles não apenas não haviam acreditado, mas, além disso, chegaram a pensar que ele estava delirando.

Nossa hipótese é que a rejeição do testemunho em cada um desses exemplos é o efeito do encontro, não obstante a veracidade, com a idéia da morte e com a resistência engendrada pela transmissão dessa idéia – e de sua questão principal: o real.

Com efeito, para viver é preciso ignorar a morte, o que aparecerá como menos banal do que se crê e, sobretudo, digno de ser entendido de maneira nova após a leitura de uma obra como a de Primo Levi e, particularmente, dessa breve coletânea intitulada *Le devoir de mémoire*. Ali Primo Levi nada mais diz que essa ignorância vital, quando evoca de maneira categórica que, em Auschwitz, "a morte não figurava no registro das palavras e dos medos cotidianos", inclusive acrescentando que "não se fazia calar aquele que falava disso, dava-se-lhe um tapinha nas costas, mudava-se de conversa". Por fim, ele nota que a idéia que era preciso a todo preço "recalcar" (é o termo que ele usa) era a das câmaras de gás, porque "era prova de falta de tato", ou, "para assim dizer, de má educação falar de crematório ou de câmara de gás". Como ouvir hoje essas terríveis palavras a não ser avaliando todas as conseqüências dessa constatação: o testemunho fracassa em transmitir o real da morte?

Um último exemplo, muito mais atual, dessa impossibilidade transparece na absoluta ineficácia das campanhas de sensibilização para os riscos da Aids. Esse impossível é constituído pelo impensável que existe, para a humanidade, em considerar sua própria morte.

Sustentaremos que a linguagem como tal serve apenas para o que acaba de ser evocado: evitar essa questão do real da morte e, conseqüentemente, torná-la inteiramente intransmissível. Tentemos agora situar o analista por relação a essa função de evitamento da linguagem. O melhor meio é lembrar primeiro que a função de seu desejo é ficar numa relação fundamental com a morte[4], consideração que levará Lacan a pôr a seguinte questão: "O término da análise, o verdadeiro, penso naquele que prepara para o se tornar analista, não deve, em seu termo, defrontar aquele que a sofre com a realidade da condição humana?"; e a arriscar a seguinte resposta: "É propriamente isso que Freud, falando da angústia, designa como fundo em que se produz seu sinal, isto é, o *Hilflosigkeit*, em que o homem, nessa relação com ele mesmo que é sua própria morte [...] não pode esperar a ajuda de ninguém. No final da análise didática, o sujeito deve alcançar e conhecer o campo e o nível da experiência do desamparo no nível do qual a angústia já é uma proteção, não *Abwarten* (lembrança), mas *Erwartung*. A angústia já se desenvolve deixando perfilar-se um perigo, enquanto não há perigo na experiência última do *Hilflosigkeit*"[5].

Portanto, Lacan nos dá aí uma indicação muito precisa. Com efeito, se na análise não há nenhuma outra posição para o analista que a que consiste em lidar com a angústia e não sem ela, o que implica um reconhecimento da angústia como modo radical de manter a relação com o desejo[6], ele não pode evitar, num termo último dessa posição e como numa última barreira, saber que, enquanto há angústia, nos encontramos na proteção, isto é, em algo que é ainda um modo de defesa quanto ao que Lacan chama esse ponto último de desamparo, e que não é, nem mais nem menos, que a relação do sujeito com a sua própria morte.

Encontramos em Winnicott a menção de um fenômeno clínico que confirma nossa hipótese de um encontro com o real da morte na análise ou no final desta, não obstante ou para além da defesa que lhe opõe a linguagem. É um fenômeno que se produz por vezes durante certas curas psicana-

---

[4] Ibid., p. 351.

[5] Ibid. *Hilflosigkeit*: "desamparo, ausência de ajuda"; *Erwartung*: "espera".

[6] Ver acima, II, capítulo 5, "Nascido de mãe não conhecida".

líticas e que ele qualifica de *breakdown*, isto é, "temor da derrocada [*crainte de l'effondrement*]", como foi traduzido em francês. Sua concepção é muito interessante, já que dá conta do que ele define como esse estado de coisa impensável que subtende a organização defensiva"[7]. O *breakdown* é "o temor da derrocada ligado à experiência anterior do indivíduo e à inconstância de seu meio". No entanto, e está aí todo o interesse de sua proposta, essa concepção é muito paradoxal, já que o que ele qualifica de "derrocada" é da ordem de uma verdade um pouco paradoxal: com efeito, para o paciente a questão é aceitar que "o que ainda não foi experimentado entretanto já se produziu no passado". Winnicott nos indica que esse tipo de experiência inteiramente particular é o efeito de uma falta, ou, melhor, de um desfalecimento, já que, escreve ele, se o eu [*moi*] é capaz de pôr para funcionar defesas contra a derrocada de sua própria organização, em contrapartida ele "não pode se organizar contra a falência do meio, na medida em que sua dependência é um fato da existência". Parece-nos ser tocado aí, com Winnicott, um ponto muito importante do impossível encontro com o real da morte: ser confrontado com um sistema "de aniquilação pela dependência" não é, com efeito, o que está em questão nas experiências dos campos de concentração ou nas das pessoas que sofreram torturas?

Nessas experiências nos limites da vida e da morte, parece que é a colusão entre uma aniquilação vinda do exterior e uma desintricação do sujeito que acarreta sua morte somática.

Sem dúvida é o que Elie Wiesel tenta transmitir, sem que ele mesmo saiba, quando evoca o momento em que tal ou qual ser humano morria nos campos de exterminação nazistas, enquanto que era submetido, já há muito tempo, ao mesmo regime terrível de estresse fisiológico que seus companheiros. Ele observa, em seu célebre livro *La nuit*, que, em Auschwitz, a vida de um sujeito – quando ele podia ter resistido até ali – só dizia respeito a uma palavra e podia ser extinguida imediatamente, se a palavra viesse a ser pronunciada e assim acarretasse a derrocada do ponto de vista de "crença" no qual o homem havia sobrevivido até então. Para isso, bastava que um deportado para um campo de concentração ficasse sabendo, por

---

7 D. W. Winnicott, *NRP*, nº 11, 1975.

exemplo, que sua mulher estava morta, enquanto que ele havia sobrevivido até então porque acreditava que ela ainda estava viva, ou, mais simplesmente, que um homem religioso chegasse à conclusão de que Deus decididamente não existia[8]. Elie Wiesel descreve muito bem como, nesse instante preciso, a ciência da exterminação havia chegado ao assassinato não apenas da pessoa física, mas também, e para ir até o fim, à aniquilação prévia de sua metáfora. Conseqüentemente, o corpo parava de viver, enquanto que as terríveis condições de vida, às quais no entanto ele havia sido submetido até então, não tinham conseguido destruí-lo. Primo Levi não diz nada além disso, quando, inversamente, evoca como, para não morrer nas mesmas condições concentracionárias, lhe foi preciso restabelecer a cada dia essa metáfora, impedir esse assassinato da metáfora, ao forjar* uma lavação manhã após manhã, sem água nem sabão, nem escova, mas apenas, escreve ele, com os gestos repetitivos em que se aplica um ser humano quando é digno desse nome. "Forjar, fazer apenas os gestos", respondia ele a um de seus companheiros de horror que o tratava como louco, reproduzir os gestos dia após dia, que são eles mesmos que se realiza "se se é um homem"... É esse tipo de necessidade do parecer [*semblant*] que consideramos como um outro modo de resistência ao assassinato da metáfora.

Com o "temor da derrocada" de Winnicott e o que é seu contexto psíquico, a questão é formular, por um lado, o que a integração do eu não é capaz de englobar e, por outro, do que o paciente deveria poder se lembrar, do que ele não é capaz, já que essa alguma coisa ainda não aconteceu. Winnicott esclarece assim: "Essa coisa do passado não se produziu ainda porque o paciente não estava lá para que isso lhe acontecesse". Que melhor definição do real poderíamos ouvir que esta[9], e talvez mesmo do real da morte? Winnicott o significa ainda da seguinte maneira: "Não há grande coisa a modificar para transferir a tese geral do temor da derrocada para um temor específico da morte; inclusive, aí está, aliás, *um temor que se encontra*

[8] Existe um debate sobre esse ponto que o próprio Primo Levi enceta.

* Em francês, *faisant semblant de*. (NT)

[9] Cf. Alain Badiou: "O real se demonstra como formalização, ele é demonstrado no ponto de impasse da formulação do ponto de dejeção". Notas tomadas em seu seminário dado em Paris VII em 1994-1995.

absorvido nos ensinamentos religiosos sobre a vida futura, como que para negar o fato da morte".

Assim, Winnicott sublinha esse paradoxo psíquico que consiste em simultaneamente encarar que a morte seja algo que aconteceu com um paciente, mas que, entretanto, ele não estava bastante pronto para sofrê-la. A fim de precisar essa noção, ele forja essa muito bela fórmula – "A continuidade de ser foi interrompida" – e tenta situar o mais próximo possível essa estranha conjunção que não ocorreu, ou na qual "nada haveria tido lugar a não ser o lugar"[10]: "Para um paciente é mais fácil lembrar-se de um trauma que lembrar-se de que nada aconteceu quando isso aconteceu. Na época, o paciente, portanto, não podia sentir alguma coisa a não ser notar que alguma coisa poderia ter sido".

Para transmitir alguma coisa desse lugar e desse momento em que a metáfora de um sujeito foi tocada, não é preciso testemunho, mas uma certa construção de ficção. Quereremos como prova disso apenas o fato de que, por essa mesma razão, Semprun teve êxito ali onde Primo Levi fracassou.

---

[10] Para retomar a expressão de Mallarmé, fragmentada em *Un coup de dés*, Bibliothèque de la Pléiade, 1945, pp. 474-475.

8

Situação da psicanálise na Alemanha nazista

"Afinal, ser saudado como cadáver vale mais que ser recebido com um silêncio de morte".
Freud[1]

Se, como vimos precedentemente[2], o psicanalista tem alguma dificuldade de tomar lugar em sua história, acontece, em contrapartida, que a História lhe assinale um, sem que, infelizmente!, ele possa, não obstante os acontecimentos, tomar claramente partido, como se produziu sob o nazismo.

Lembremos primeiramente três datas:

– 1933: exclusão dos membros judeus da direção da DPG[3]. No mesmo ano, as obras de Freud são queimadas em praça pública. Em 1938, todos os membros judeus da DPG são efetivamente excluídos;

– 1936: a DPG se retira da Associação Psicanalítica Internacional. O Instituto de Berlim muda para Instituto para a Pesquisa Psicológica e Psicoterápica, sob a direção de Göring;

– 1938: dissolução da DPG, logo reconstituída como "Grupo de Trabalho A".

O título de psicanalista é recusado aos interessados. No instituto, as obras de Freud são colocadas sob chaves e só podem ser consultadas com a

---

[1] *The History of the Psychoanalytic Movement, Collected Papers*, p. 319.

[2] IV, capítulo 1, "Discurso psicanalético", e 3, "Escolho e limite de um discurso que não seria semblante".

[3] Deutsche Psychoanalytische Gesellschaft, Sociedade alemã de psicanálise, fundada em 1910.

apresentação de um pedido assinado. A partir de então, é proibido pôr a operar os conceitos da psicanálise.

Os psicanalistas a se opor a essas medidas, e que ficaram em função após os decretos de arianização, foram exceção. A maior parte aquiesceu a todas as cláusulas de sobrevivência e de integração que lhe impôs o regime nazista. Durante mais de dez anos, os analistas alemães exerceram sua profissão protegidos por um juramento anti-semita, já que, a partir de 1935, só se podia pertencer à DPG com a condição expressa de recusar o exercício da psicanálise a um alemão a partir do momento em que fosse de origem judia.

Portanto, a história da psicanálise tem interferências na da questão judia, e podemos nos perguntar por que Freud, lançado *ex limine* por seus confrades, não pronuncia uma palavra sobre um regime que desde 1933 começa a prender os judeus da Europa.

No entanto, ele era um judeu infiel[4] e nunca tomou o partido da *Aufklärung*, o de esquecer que o era.

Entretanto, quando os psicanalistas alemães transmitirem em Viena as exigências dos nazistas e Jones defender a aceitação delas, Freud nem uma única vez ameaçará romper com seus pares, recusando assim fazer da questão judia o elemento de decisão ativo da instituição. Embora tenha toda a autoridade desejável na matéria, ele deixa a instituição que ele criou fechar-se no silêncio e avalizar o pogrom dos psicanalistas judeus exigido pelo regime hitlerista.

Uma coisa é a posição dos ditos psicanalistas arianos conduzidos a "não poder agir de outra forma", isto é, a se colocar em posição de sujeito não político[5]. Outra coisa é a de Freud, apanhado na armadilha, desejando não fazer da psicanálise uma "ciência judia", desejo que ele exprimia já em 1908, antes mesmo que os nazistas tivessem podido nascer, quando escrevia a propósito de Jung[6]: "Foi apenas a partir de sua chegada que a psica-

---

[4] Expressão original em inglês: *An infidel Jew*, em *A religious experience*, ob. cit. acima, II, capítulo 8, "A análise freudiana, teoria clínica: uma questão de analogia?", nota 6.

[5] F. Roustang, *Un destin si funeste*, Minuit, 1976.

[6] Carta de Freud a K. Abraham de 3 de maio de 1908, *Correspondance Freud/Abraham 1907-1926*, Paris, Gallimard, 1969, p. 42.

nálise se livrou do perigo de se tornar uma questão da nação judaica". Certo, não é o perigo de que a psicanálise possa ser exposta, como judia, a perseguições que Freud evoca nessa época. Entretanto, é a judeidade da psicanálise que o nazismo queria erradicar para fazer dela um instrumento de redirecionamento psicológico a seu serviço. Lembremos que, na maior parte dos estados alemães, depois da ocupação napoleônica, não se podia ser judeu e ter acesso à cultura. Em particular, as universidades estavam fechadas aos judeus e, daí, um número importante de profissões. Dessa vontade de extirpar a judeidade da cultura o delegado dos negócios universitários do partido nazista, Franz Wirz, dá perfeitamente conta, à sua maneira em termos mais que claros, durante uma reunião em 26 de abril de 1936: ele e o Partido não se opunham tanto à ciência psicanalítica, mas à sua prática pelos judeus. "Sabemos todos que a reação de Border Wassermann foi descoberta por um judeu. Mas ninguém na Alemanha seria tão estúpido a ponto de não utilizar essa reação"[7].

Com efeito, para os nazistas, a raça e o povo são uma questão de sangue, não de língua, o que Hitler ilustra bem ao explicar que não se transformará um negro em alemão ao lhe ensinar o alemão.

Há, portanto, um sangue alemão que Rosenberg faz remontar à Atlântida, e o ariano é o *Kulturbegrunder*, o fundador dessa civilização por excelência. O combate de Hitler é um combate por uma *Weltanschauung*, por uma visão do mundo, mundo que se tornou ariano, no qual deve-se eliminar o não-típico, por definição o judeu, assim como alguns outros tipos degenerados.

No mito nazista, mito da raça levado ao extremo, é essencial sustentar que o judeu não apenas é uma má raça ou um tipo defeituoso, mas o antitipo, o bastardo por excelência. Portanto, não pode possuir nada de próprio, sobretudo um nome. O anti-semitismo nazista se inscreve primeiro nesta lógica identitária tautológica: "É porque o problema alemão é fundamentalmente um problema de identidade que a figura alemã do totalitarismo é o racismo"[8].

---

[7] Citado por Geoffroy Cockes, *La psychothérapie sur le IIIe Reich*, Les Belles Lettres, 1987, p. 18.

[8] P. Lacoue-Labarthe, *Le mythe nazi*, Ed. de l'Aube, 1991, p. 31.

Os psicanalistas, portanto, consentem em apagar em primeiro lugar o nome de Freud, para salvar o essencial – um essencial reduzido à possibilidade de continuar a exercer seu ofício sem serem incomodados, por meio de um mínimo de complacência com relação ao regime. Mas a análise é um ofício que possa ser exercido em condições totalitárias, e um analista sob constrangimento, ou temendo a todo momento que as associações livres revelem algum segredo político pode conduzir uma cura psicanalítica? Parece que o limite ao exercício da psicanálise se encontra aí, e que este requer condições mínimas de liberdade do meio – sabemos, por exemplo, que Hitler ordena, em 1942, suspender o segredo médico quando questões de segurança estiverem em jogo.

Mas os analistas arianos que satisfizeram as exigências do partido nazista, para, como se diz, "salvar" a psicanálise de fato não a salvaram. Eles se aproveitaram dessa oportunidade que consistia em fazer deslizar a análise freudiana para a psicoterapia, o que permite aos psicoterapeutas alcançar uma capacidade de prática e um estatuto institucional jamais alcançados antes e inigualados na Alemanha posterior. O desejo, colocado como denominador comum, de praticar modos de psicoterapia pouco onerosos e de curta duração, assim como a fé no projeto de construção psicossocial eram orientações das quais os psicoterapeutas na Alemanha iam poder tirar partido sob o III° Reich.

Lembremos que um único analista não judeu se demite em sinal de protesto e de solidariedade quando, em dezembro de 1933, se quis "salvar" a psicanálise demitindo seus membros judeus. Esse homem foi Bernhard Kann.

Mais nenhum termo psicanalítico foi utilizado a partir de então e o complexo de Édipo só é ouvido sob um sinônimo, o de complexo familiar.

Em janeiro de 1937, quando de uma reunião durante a qual Hoehm viera a Viena expor a situação, Freud chega ao limite e lhe diz: "Basta, os judeus sofreram durante séculos por causa de suas convicções. Agora chegou o tempo, para nossos colegas cristãos, de sofrer, por sua vez, pelas deles. Não dou nenhuma importância ao fato de que meu nome não seja mencionado na Alemanha por tanto tempo, mas a que minha obra seja apresentada corretamente"[9].

---

[9] E. Jones, ob. cit., 1969, pp. 214-215.

Não há aí uma espécie de perversão institucional que consistiria em que a sobrevivência da instituição como tal predomina em relação a qualquer outra consideração política, assim impedindo toda percepção dos riscos intelectuais consideráveis inerentes a essa "sobrevivência"? Freud, durante esse período, não deu crédito a uma tese segundo a qual a neutralidade política da psicanálise, eco da neutralidade benevolente do analista, fazia deste, ao mesmo tempo, um sujeito não político? De todo modo, a História mostra que o sacrifício dos indesejáveis não salvou nada da psicanálise e que uma certa cegueira ou uma certa ambigüidade de Freud, que queria preservar sua descoberta de toda recuperação política ou ideológica, chegou precisamente ao resultado contrário, que foi o de sua total anexação pelo poder nazista.

Os analistas alemães, na continuação de Freud, parecem haver acreditado, ao menos no início, numa extraterritorialidade da psicanálise com relação à História. O mais espantoso, e o mais sintomático, fica sendo que eles se isentaram, em sua quase totalidade, de toda opinião e de todo engajamento político individuais. A estratégia que eles adotaram significava que, a seus próprios olhos, os analistas podiam permanecer numa instituição submetida ao poder instalado, cujos membros deviam estudar *Mein Kampf* e integrar em seu trabalho os *Führerprinzipien*, sem que o que quer que fosse de sua função-analista se modificasse.

Foi assim que numerosos oficiais da *Luftwaffe* assistiram aos seminários do Instituto sobre as terapias breves com o objetivo de melhor controlar seus homens.

Os nazistas, indica Cockes[10], viam na psicoterapia um meio de corrigir o desamparo mental dos arianos que sofriam de conflito neurótico, para lhes devolver "essa verdadeira conduta ditada por uma vontade germânica inata". O Instituto Göring oferecia uma terapêutica destinada a perfazer a integração de indivíduos felizes e produtivos na sociedade.

Por não reconhecer a implicação política de seu ato durante anos, um psicanalista como Brunes se viu colaborar ativamente com a política do poder instalado.

---

[10] Ob. cit.

Quando Freud acredita salvar a análise ao "não oferecer pretexto aos nazistas", ele simplesmente pára de ser analista, se oferece ao estatuto de não-sujeito político e, sobretudo, à recuperação de sua descoberta por um poder em relação ao qual ele acreditava permanecer independente. Na realidade, os próprios analistas se deixaram pegar, exatamente como os homens políticos, pela manipulação das ilusões de Hitler e dos nazistas. A técnica de "forçar a obedecer" se revelou um modelo e foi no Instituto de Berlim que ela foi aplicada.

Podemos facilmente fazer o paralelo com o governo de Vichy, na França, que primeiro elimina os judeus não franceses, depois, entre os franceses, os que tinham solidéus, e aqueles que não os tinham. Igualmente, no Instituto de Berlim, eliminam-se os judeus membros do Comitê diretor, depois todos os membros judeus, depois o próprio Instituto.

Embora a cura psicanalítica se situe num espaço irredutível ao social, a psicanálise, como saber e instituição, nem por isso escapa ao campo sociopolítico. O fato de que na cura psicanalítica o social intervenha apenas como um real entre outros constitui um fator determinante dessa ligação e, como freqüentemente acontece quando a questão é a relação da psicanálise com a História, os registros do ato analítico e da instituição analítica são confundidos. O que Freud, no entanto, não deixava de saber, ele, que escrevia a Thomas Mann, em 1935: "As falas de um autor não são atos?"[11].

---

[11] Loc. cit., II, capítulo 9, sob este título.

9

“Especialmente a religião dos judeus deve ser questionada em nosso meio”

“É impossível se livrar da segregação constitutiva dessa etnia com as considerações de Marx, muito menos ainda com as de Sartre. É por isso que especialmente a religião dos judeus deve ser questionada em nosso meio”.

Tal é a injunção que Jacques Lacan dirigia aos futuros membros de sua escola na primeira versão da “Proposição de 9 de outubro de 1967”[1].

A segunda, sabemos, apaga essa proposta para comportar apenas uma alusão mais vaga ao fato de que Freud teria querido, “considerando sua introdução de nascimento no modelo secular [da segregação], garantir em seu grupo o privilégio da insubmersibilidade universal de que se beneficiam as duas instituições mencionadas [o Exército e a Igreja]”[2]. Evidentemente, só podemos entender a formulação inicial em seu contexto, isto é, no momento em que Lacan, após ter sido excluído da IPA, tenta pôr em guarda contra uma certa forma de segregação de que ele sente os ares: “Essa segregação particular em que ela própria se sustenta como a IPA”[3].

Lacan aponta aí o desejo incontornável de Freud tal como transparecia no modelo que ele quis para as sociedades analíticas, e a ele liga, como

---

[1] Em *Analytica*, nº 8, ob. cit.

[2] *Scilicet* 1, ob. cit., p. 29.

[3] *Analytica*, nº 8, ob. cit.

conseqüência aberrante, o fato de que o término da análise tenha sido reduzido à função de identidade-filiação[4]. De modo radical, ele define a IPA como uma defesa contra o questionamento do Édipo, como a imposição de um limite ao questionamento do pai ideal ou pai morto, obscurecendo assim toda possibilidade de levar a seu termo uma análise didática.

Essa exclusão, escreve Lacan, essa colocação à margem da dialética edipiana pela IPA, tem como coordenada no real o advento do sujeito da ciência cuja irrupção foi mostrada pelo campo de concentração. O nazismo só tem valor de "reação de precursores"[5]. Assim, os judeus se encontram numa tal relação com a segregação que o movimento analítico no qual eles são pletora não poderia ignorar esse dado de partida.

Qual é esse dado de partida? Poderíamos resumi-lo assim, citando Freud: "Os dois éramos judeus e também sabíamos, os dois, que tínhamos em comum esse não sei quê miraculoso – até aqui inacessível a toda análise – que é próprio do judeu"[6]. Não é, enunciada aqui, a hipótese que Freud tem em vista de uma parte de irredutível em todo judeu, que o tornaria inacessível à análise e, por meio dela, de um para além do princípio analítico que levantaria a questão da existência de uma verdade última, por isso implicando um fracasso da psicanálise?

Forçamos um pouco as coisas aqui, porque o texto alemão comporta "até aqui inacessível", ou "não ainda acessível" à análise. Entretanto, a solução de uma acessibilidade, esperada por Freud como ulteriormente possível, fica muito marcada por seu gosto, presente durante toda a sua vida, pelas teses filogenéticas. É essa "crença" no caráter científico das teses filogenéticas que vai levá-lo ao limiar do inconsciente dos povos (como iremos ver depois). Notemos que é um tema recorrente que persistirá até seus últimos escritos.

Tudo se passa como se, não obstante uma correspondência mantida sem compromisso com Pfister e uma firme resistência às numerosas tenta-

---

[4] Com efeito, o que de mais realizado que a identificação de Anna Freud com seu analista pai?!

[5] "Proposition du 9 octobre", em *Scilicet*, ob. cit., p. 29.

[6] S. Freud, *Correspondance 1873-1939*, ob. cit., Carta 284, de 19 de abril de 1936, dirigida a Barbara Low, p. 466. "Os dois éramos judeus": Freud evoca o Doutor David Eder, psicanalista (1836-1936).

tivas deste de reduzir a análise ao religioso, Freud cedia ao "vivido particular" do judeu, deixando-o escapar a toda dissolução analítica.

Com efeito, Freud está às voltas com uma "identidade íntima"[7], a identidade judia, sobre a qual supõe que é uma realidade da alma muito importante para deixá-la exclusivamente aos psicanalistas, mesmo quando trata Pfister como Pastor das almas que o tornará melhor ao lhe retirar sua própria identidade judia[8]. Dessa alma[9] ele faz o próprio objeto de seu tratamento, a definição mesma de sua descoberta: a psicanálise. "*Psique* é uma palavra grega que se traduz por alma... Tratamento psíquico significa, antes, tratamento que toma sua origem na alma, tratamento – de distúrbios psíquicos ou corporais – com a ajuda de meios que agem primeiro e imediatamente na alma do homem"[10].

No entanto, a identidade judia resta como uma parte importante da alma da qual a psicanálise não pode se ocupar, sendo esse vivido um dado irredutível. Assim, a íntima conexão que liga a origem de Freud à da psicanálise traz em si mesma, se procede do inanalisável, seus próprios limites, que são também os que Freud quis dar à análise didática, a qual, de uma certa maneira, realizou seu voto pela assimilação do fim da análise a uma identificação com o analista. Sem dúvida, é a esse ponto que se dirige a injunção de Lacan "especialmente a religião dos judeus deve ser questionada em nosso meio": isto é, no seio de toda instituição psicanalítica, cuja visada teria como objetivo a transmissão e a formação dos psicanalistas.

Não é necessário, seguindo essa direção, renomear urgentemente a psicanálise como "análise", "análise freudiana", de maneira a retirar essa "alma-psique" que Freud queria colocar fora do alcance da análise como parte de sua identidade?

---

[7] S. Freud, *Correspondance*, ob. cit., p. 398. Carta ao Bnaï Brith, loc. cit. acima, I, capítulo 5, nota 27; G. W, XVII, p. 52: *innere Identität* em alemão.

[8] S. Freud, *Correspondance avec le pasteur Pfister*, Paris, Gallimard, 1991, Cartas de 9 de outubro de 1918 e de 29 de outubro de 1918, pp. 103-105.

[9] *Seele*, "alma", que, como faz notar Bettelheim, designa "a Essência" do Homem para Freud (*Freud et l'âme humaine*, Robert Laffont, 1984, p. 157).

[10] S. Freud, "Traitement psychique", em *Résultats, idées, problèmes*, ob. cit., I, pp. 1-2. Freud utiliza com mais freqüência *Seelenbehandlung* que *Psychichebehandlung* para tratamento psíquico.

Se Freud não pode abandonar "a identidade" é que, até o último momento, ele guarda suas hipóteses filogenéticas intactas: como ele escreve em *Moisés e o monoteísmo*, a tradição antiga de um povo é "uma tradição hereditária, não uma tradição oralmente transmitida"[11]. Portanto, a cultura ou a civilização não seriam apenas questão de linguagem, e é isso que conduz Freud a encarar a hipótese de um inconsciente dos povos, de onde emanaria, por exemplo, "o ódio pelos judeus"[12]. Nesse sentido, ele está próximo de Jung, ao menos no que se refere às fantasias originárias destinadas a explicar o enigma de uma filiação, ao qual Jung, de sua parte, responde com seu "inconsciente coletivo". Em Freud, a hipótese dos rastros mnésicos do passado serviria de álibi para sua análise do "inconsciente dos povos"[13] como se se tratasse de um material clínico: "Podemos tratar os povos da mesma maneira que o indivíduo neurótico"[14].

Entretanto, se Freud não pode analisar a "identidade judia", ele pode, porém, fazer de modo a que o mito que comporta respostas para as questões fundamentais do sujeito humano se veja acessível à análise.

Mas tratar os povos da mesma maneira que o indivíduo neurótico era dar entrada para Jung e pôr o dedo numa lógica infernal que fará que, ali onde Freud fala de uma "mesma construção psíquica"[15] (referente a seus correligionários do Bnaï Brith em 1926), isso incitará, como resposta da parte de Jung em 1936 (época em que este era presidente da Associação internacional de psicoterapia), o enunciado de uma clara divisão entre o inconsciente judeu e inconsciente ariano, divisão da qual ele declarava que a psicanálise judia era incapaz de dar conta[16]. Essa afirmação da existência

---

[11] S. Freud, *Moïse et le monothéisme*, Paris, Gallimard, 1948, p. 148.

[12] Ibid., p. 136.

[13] Ibid., p. 127: "Tanto as massas quanto os indivíduos guardam sob a forma de rastros mnésicos inconscientes as impressões do passado".

[14] "Se admitirmos a conservação de tais rastros mnésicos na herança arcaica, teremos lançado uma ponte por cima do fosso que separa a psicologia individual da psicologia das massas, podemos tratar os povos como o indivíduo neurótico". Ibid., p. 135.

[15] Op. cit. acima, I, capítulo 5, "Instituição do nome próprio", nota 27.

[16] C. G. Jung, *Zur gegenwärtigen Laie der Psychotherapie, Zentralblatt für Psychotherapie*, 1934.

de dois inconscientes não havia impedido Freud de considerar seu judaísmo como uma parte de sua herança filogenética sem hesitar em falar, a esse propósito, de "essência" (*Seele*) que "um dia [seria] certamente acessível ao espírito científico"[17].

O originário, enquanto origem judia de Freud, e a própria psicanálise ficarão, portanto, intrinsecamente misturados, e o Comitê secreto[18], composto de judeus, com exceção de Jones, velará por essa "aliança"[19]. Vimos até onde irá, como garantia de boa fé, a boa vontade judia deste, sua aplicação militante em se fazer judeu e em demonstrar a especificidade da alma judia – e a assiduidade não menor de Ferenczi em designar nele o único "gói" do comitê[20].

Nosso propósito não é, de modo algum, levar à conclusão de que Freud teria sido religioso, no sentido habitual do termo. Nesse ponto, não há dúvida possível: ele é, como ele mesmo escreve, "um judeu ateu", ou, ainda, um "judeu infiel"[21]. Entretanto, essa denominação se reveste de um sentido bem preciso: Freud se sente judeu no sentido das "forças emocionais" (*Gefühlsmächte*), tão poderosas que não se pode mais exprimi-las por palavras, assim como no da clara consciência de uma identidade interior, do "mistério de uma mesma construção psíquica"[22], e ao mesmo tempo ele é radicalmente ateu, como Darwin, colocando-se nitidamente do lado dele no campo das idéias esclarecidas, em virtude da mesma bipartição do mundo em dois campos, o dos cientistas e dos teólogos.

Certo, Freud não crê em Deus, mas possui uma crença, aquela que sua não verbalizável judeidade lhe dita. É assim que, com a transmissão filogenética, ele pode pretender analisar o inconsciente dos povos da mesma maneira que a neurose, e assim fazer da instituição psicanalítica uma

---

17 *Preface to the Hebrew Translation of Totem and Taboo*, S. E., XIII.

18 Ver acima, I, capítulo 3, "Trabalho de transferência de trabalho", nota 6.

19 É preciso utilizar este termo, já que Freud lhes distribui o anel (a aliança) tal aquele que liga Abraão a Deus pela descendência do povo eleito.

20 Ver acima, I, capítulo 3, "Trabalho de transferência de trabalho", nota 7, e 5, "Instituição do nome próprio", nota 28.

21 "An infidel Jew", em *Un évenement de la vie religieuse*, ob. cit.

22 Carta ao Bnaï Brith, ob. cit. Bnaï Brith em hebreu significa "filhos da Aliança".

certa forma de *Weltanschauung* – qualquer que seja, por outro lado, a rejeição teórica que ele tem a ela.

Freud, de algum modo, dá essa "concepção teórica" à IPA, ele a faz virar para sua concepção da IPA. Esta "demonstrou sua pré-adaptação a essa prova ao não perder nos ditos campos um único de seus membros", como nos lembra com insistência Lacan em sua "Proposição de 9 de outubro", última versão[23]. Isso significa, se se lê bem, que os analistas judeus da Europa Central não foram deportados para os campos em razão da forma que Freud soube dar à sua associação internacional, advertido que estava por causa de seu nascimento, portanto, em razão de sua "identidade judia". Lacan designa aí o que já havia indicado de modo mais explícito na primeira versão da "Proposição de 9 de outubro de 1967" sob o termo "segregação". Em outras palavras, é graças à organização segregativa da IPA que os analistas judeus que pertenciam a ela não seriam mortos em campos de concentração[24]. Essa "segregação" é a conseqüência da identidade judia de Freud, certo, mas, para além, da sua vontade de guardar um pai ideal fora de um questionamento verbalizável.

Eis que agora chegamos a esse termo em que "especialmente a religião dos judeus deve ser questionada em nosso meio", isto é, onde o questionamento da tentativa de preservação de um pai ideal por Freud deve ser abordada numa associação psicanalítica, assim como em toda cura psicanalítica. Essa injunção de Lacan a interrogar a judeidade no seio da psicanálise infelizmente não impede, entretanto, o desenvolvimento de uma moda hoje lançada pelos analistas "atuais", que consiste em não apenas se apropriar da "Shoah" e dela fazer uma bandeira, o que já pode parecer muito singular, mas, além do mais, em utilizá-la como flama de uma técnica psi-

---

[23] *Scilicet* 1, ob. cit., p. 29.

[24] Essa alegação se encontra confirmada pelo fato de que, em 1° de dezembro de 1933, dezoito psicanalistas judeus foram demitidos do Instituto de Berlim (metade de seus efetivos) para evitar a dissolução e permitir a "sobrevivência da psicanálise na Alemanha". Ninguém se preocupou com a sorte deles, nem soube o que aconteceu com eles, salvo com os primeiros emigrados (F. Alexander, H. Sachs, K. Horney), que no exílio puderam prosseguir sua atividade profissional, e com Karl Landauer, morto em campo de concentração, Salomea Keniger, morto no gueto de Varsóvia, e Edith Jacobson, Marie Langer, R. Sterba e Friedmann que fizeram parte da Resistência.

canalítica que, em nome da simples evocação do significante "Shoah", tornaria o recalque da humanidade enfim curável.

Essa veneração paradoxal nada mais é que o exato retorno da posição freudiana filogenética, como tentativa de analisar o inconsciente dos povos, com sua conseqüência desastrosa, a salvaguarda de um pai ideal através dessa famosa "identidade judia" da qual Freud não podia de tal modo falar e, sobretudo, se separar.

Mas, para além, a questão é bem mais grave ainda, porque, se o significante "shoah", ou aliás qualquer outro, pudesse resolver o recalque da humanidade, o não-dito das gerações, isso significaria que, como analistas, teríamos conseguido construir uma *Weltanschauung* psicanalítica – uma construção intelectual totalitária, regendo o mundo de maneira predeterminada, o que Freud recusava que a psicanálise fosse[25].

Com efeito, esses analistas "atuais" teriam enfim resolvido a questão mesma do recalque, reservando para cada sujeito o *pharmakon*, significante do recalcado das origens de seu povo ou de sua história. Essa moda psicanalítica "atual" nada mais é, de fato, que o estrito retorno do religioso, porque o que a psicanálise precisamente tem de "inatual" é que o pensamento e os fenômenos de que ela se ocupa não têm nada a ver com alguma "atualidade"[26].

Assim, nenhuma "renovação clínica" se perfila no horizonte, não mais que alguma "psicanálise sem psicanálise". A cura psicanalítica nos ensina que cada sujeito fabrica sua história e que o analista deve ouvi-la e não escutá-la sobre o fundo de uma história previamente conhecida, ou quanto à qual ele pensaria ter adquirido alguma verdade, inclusive sobre temas tão espinhosos quanto os que se referem à exterminação de seu próprio povo.

A análise é por definição "inatual", porque sem compromisso com relação a razões, históricas ou pessoais, que puderam determinar um sujeito a se dirigir a tal analista, razões que na maior parte do tempo dizem respeito a uma proximidade identificatória significante. Sejam quais forem tais razões, nenhuma cumplicidade pode se instalar nesse terreno sem que a cura

[25] Ver acima, IV, capítulo 2, "Odiarás teu próximo como a ti mesmo", e 3, "Escolho e limite de um discurso que não seria semblante".

[26] A etnopsiquiatria nos parece proceder desse mesmo engolimento pelo atual.

psicanalítica seja irremediavelmente votada a uma "acomodação prévia" imaginária e assim torne impossível toda apreensão do que há atrás do espelho que todo analisante sempre propõe para suscitar uma certa empatia: "Eu te peço que me recuses o que te ofereço porque não é isso"[27]. Uma função analítica só pode ter lugar na recusa de toda bandeira, emblema ou significantes comuns: único modo de ainda entender atualmente a necessidade de uma "neutralidade benevolente" e, sobretudo, de permitir o desvelamento desse "além" da lembrança-encobridora, ou da teoria-encobridora, atrás das quais se esconde sempre a fantasia fundamental, essa construção defensiva cuja essencial característica reside em que ela utiliza e toma emprestada toda forma de história para mascarar seu inicial e por demais habitualmente iniciático furo de origem.

[27] Ver acima, II, capítulo 3, "Paixões da escravidão", nota 7, e também 4, "A histeria, estrutura de todos os perigos".

10

O identid-erro* judeu laico: uma experiência de ruptura em busca do traço de indistinção

O ateísmo declarado do ateu Freud confirmará, portanto, sua necessidade, tanto para ele mesmo quanto para a psicanálise, de assim sair do gueto vienense no seio do qual havia visto a luz do dia no fim do último século.

A questão central era encontrar o meio de escapar do anti-semitismo ambiente, que ameaçava reduzir a teoria a uma "ciência judia", ao mesmo tempo preservando uma identidade que não seja uma simples renunciação.

Particularmente representativa dessa questão é a alocução que Freud pronuncia diante dos membros do Bnaï Brith em 6 de maio de 1926, que acabamos de evocar mas na qual iremos nos deter de forma mais precisa.

O traço de indistinção

Esse texto, surpreendente em muitos aspectos, tem como interesse nos fazer apreender, hoje, como Freud, judeu ateu, acreditou dever definir sua laicidade.

Eis alguns trechos:

---

* Em francês, *identit-erre*. *Erre* tanto é o "erro" em oposição ao "correto" quanto o "erro" como "errância". (NT)

"O fato de que vocês sejam judeus só podia me agradar, porque eu mesmo era judeu, e negá-lo sempre me pareceu não apenas indigno, mas também francamente insensato. O que me ligava ao judaísmo não era a fé, devo confessar, nem mesmo o orgulho nacional, porque nunca fui crente, fui criado sem religião, mas não sem o respeito pelo que se chama as crenças 'éticas' da civilização humana. Cada vez que tive sentimentos de exaltação nacional, esforcei-me por afastá-los como sendo funestos e injustos, advertido e assustado com o exemplo dos povos entre os quais vivemos, nós, judeus.

Mas restavam muitas coisas capazes de tornar irresistível a atração do judaísmo e dos judeus, muitas obscuras forças emocionais, tão poderosas porque não se pode exprimi-las por palavras, assim como a clara consciência de uma identidade interior, o mistério de uma mesma construção psíquica. A isso rapidamente se acrescenta um outro fato: compreendi que era apenas à minha natureza de judeu que eu devia as duas qualidades que se tornaram indispensáveis para mim em minha difícil existência. Porque eu era judeu, me encontrei liberado de muitos dos prejulgamentos que limitam nos outros o emprego de sua inteligência; como judeu, eu estava pronto para passar para a oposição e a renunciar a me fazer ouvir pela 'Compacta Maioria'".

Assim, Freud define seu judaísmo como o que por excelência constitui ruptura não apenas com o religioso e toda forma de crença, mas também com o conjunto dos prejulgamentos que limitam a inteligência e sua aplicação.

Portanto, nem religião nem orgulho nacional aos quais se prender, mas, em troca, o respeito de uma certa ética da civilização humana. O ser judeu de Freud é o que o torna capaz dessa passagem, a oposição à "compacta maioria", e, sobretudo, o que lhe permite renunciar em seu discurso a comprazentes prejulgamentos.

Por fim, aos brasões que constituem os signos de reconhecimento de todo grupo Freud prefere o que chama de uma "identidade interior" e o "mistério de uma mesma construção psíquica", graças aos quais ele não cairia no discurso corrente.

É por isso que ele não deixa nenhuma esperança para os que sustentariam sua diferença por alguma crença. Antes, ele toma o contrapé dessa atitude ao se pôr em busca do "traço de indistinção" que o colocaria ao abrigo de toda exaltação de todo brasão, notadamente nacional.

Ruptura com toda crença e com toda doxa, passagem para a oposição; identidade toda "interior" e "mistério" de uma "mesma construção psíquica"; paradoxal "traço de indistinção" enfim: três referências que pontuarão nossa leitura.

Testemunhar não é transmitir

Lembremos essas duas categorias evocadas mais acima e que se recortam sem, no entanto, se confundir: testemunho e transmissão[1].

Para a humanidade, ao intransmissível pertence a morte. Desse intransmissível talvez participe mesmo, sob a forma de denegação ou de desmentido [*déni*], a vontade de transmissão a e por uma descendência: perpetuar-se – ou seja: dessa morte querer perpetuar um não-saber, talvez mesmo tentar escapar a ela, apostando na eternidade. Ter em vista a transmissão é já uma maneira de supor o problema resolvido, negando de cara que ela nos escapa totalmente, e ao menos sob dois aspectos.

O primeiro é o que acabamos de sublinhar e que se refere à transmissão como tentativa de resolver a questão de nossa própria morte, inclusive anulá-la tentando nos "assegurar" de um para além numa descendência. No entanto, ninguém pode escapar à constatação de que a descendência jamais assegurou até o dia de hoje alguma melhora ou algum progresso na resolução da questão da morte por relação às gerações precedentes – vamos dar como simples lembrete o que recentemente se passou às nossas portas na ex-Iugoslávia.

A própria idéia da morte é impensável para a humanidade e, conseqüentemente, intransmissível. Até o presente, as gerações que nos precederam apenas se asseguraram da idéia de que "Isso só acontecia com os outros", deixando-se à parte que sabemos que a experiência de uns jamais serviu para os outros.

[1] Ver acima, IV, capítulo 7, "O Real? A questão do real da morte: entre testemunho e transmissão".

O segundo aspecto pelo qual a transmissão nos escapa pode ser resumido em que sempre se pode tentar decidir sobre o que se quer transmitir às crianças; deve-se admitir que isso nunca funciona como previsto e que, por conseqüência, a transmissão é indecidível antecipadamente. Lembremos simplesmente como os mais hassídicos pais puderam produzir os mais politizados filhos. Certo, poderíamos opor a esse argumento que a questão aí é apenas uma troca de crença; ao que se responderia que, mesmo que o decidível da transmissão escape, não continua menos verdadeiro que um certo tipo de lógica está operando em todo ato de transmissão.

Portanto, procedendo do impossível – no que ela põe em jogo o impensável – ou de uma outra lógica: tal se define a transmissão, aporística, não-dominável.

É o primeiro dos dois aspectos, o fracasso da transmissão diante da morte, que nos parece interessar o judeu laico na definição de sua identidade. Vamos afirmar que uma das características do judeu laico diz respeito à sua maneira muito particular, em sua ruptura com um certo número de crenças religiosas, de forçar a questão da morte e, através disso, exacerbar a interrogação sobre o que resta a transmitir, a partir do momento em que nos privamos de todo asseguramento contra essa morte.

Transmissão de um paradoxo
Paradoxo da transmissão

Esse tipo de ruptura acarreta uma certa proximidade com o real da morte, mas também a privação do mínimo de ritual necessário a assegurar seu recalque, o que não é nem muito tranqüilizador nem muito fácil.

Com efeito, ali onde o testemunho, como vimos, verifica sua ineficiência quanto a uma transmissão, o ritual, em contrapartida, pode operar de maneira fictícia. Mas o que transmitir, então, uma vez que o ritual religioso ou o que reveza com ele, o ritual nacional, não têm mais curso?

Outra característica do judeu laico: ele está às voltas com o paradoxo que consiste em querer transmitir alguma coisa privando-se dos elementos que constituem o mínimo necessário a toda transmissão. Aqui apenas insistimos na posição laica sobre a qual Freud nos convida a refletir no início dessa fala. A originalidade desse tipo de transmissão não reside justamente aí, no fato de ser incapaz de sustentar esse paradoxo, inclusive na perda, no despojamento de toda crença, inclusive na renunciação à idéia de que esse discurso possa garantir um qualquer domínio sobre o que dela fará sua descendência? O judeu laico não é aquele que pode simplesmente dizer a seus filhos: eis como e com que eu rompi? Posição que tem como eficácia confrontar cada um com seu próprio desejo e na qual o sujeito insiste no que seu ato sustenta como tipo de efeitos produzidos e a produzir por outros.

No fundo, ser judeu laico talvez seja garantir a colocação em jogo do paradoxo constituído por toda transmissão e tornar praticável o fato de que não se sabe nada sobre o que se pode transmitir; ou, em todo caso, tornar aceitável que toda crença sobre esse tema seja votada a um certo fracasso. Aí estaria a oposição a essa "compacta maioria" de que Freud nos falava: na assunção do fato de que a identidade erra, que identid-erro [*identit-erre*] e que, por conseqüência, cada um só pode encontrar em si mesmo os significantes que o representam no mundo e, em particular, os que garantem alguns efeitos de paternidade. Sabemos o quanto o inconsciente pode, nessa perspectiva, ser capaz de produzir suportes de substituição que não são forçosamente aqueles que se teria podido alcançar no sentido biológico.

O magnífico livro de Robert Bober[2] dá um exemplo disso, com a história do pequeno David que, órfão, foi recolhido numa casa de crianças da qual se ocupava uma jovem mulher, Louba. Esse garotinho parecia muito estranho, aos olhos do autor, que então era educador na mesma casa. Ele freqüentemente caía da cama de noite, mas, sobretudo, a cada manhã seu primeiro gesto consistia em levar um relógio ao ouvido e, a cada noite, ele o punha novamente no ouvido, muito conscienciosamente, antes de dormir. Esse ritual espantava um pouco os adultos, que não haviam tido experiência com esse tipo de criança, até que Louba pôde explicar o que havia testemunhado. David havia feito parte das últimas crianças que haviam podido ser retiradas do campo de Gur em 1942, antes que todo mundo fosse deportado. Assim, como numerosos pais nessa mesma situação, o pai de David havia entregue um objeto a seu filho justo antes de partir para uma separação que ele sabia definitiva. David era ainda quase um bebê e os

---

[2] R. Bober, *Quoi de neuf sur la guerre?*, POL, 1993.

últimos gestos que havia podido partilhar com seu pai foram justamente estes: este tirou um relógio de seu bolso e pegou o polegar e o indicador de seu filho entre seus dedos e, juntos, docemente, deram corda no mecanismo do relógio; depois, o pai aproxima o relógio do ouvido de seu filho, depois do que eles não se viram nunca mais...

Pode-se dizer que está aí um exemplo da maneira como uma paternidade pode ser transmitida na ausência do pai real; graças a esse ritual repetitivo, David pôde prosseguir uma parte de sua vida "grudado" nesse relógio como se pode estar ao objeto último que representa a transmissão paterna. A cada manhã, esse ritual voltava a dar vida à lembrança de seu pai, e o fará por tanto tempo e contanto que esse relógio não pare de fazer ouvir seu tique-taque em seu ouvido.

Essa história nos convida a uma questão: a transmissão pode ser assegurada sem um mínimo de ritual? Uma identidade pode encontrar sua consistência independentemente de todo símbolo?

Uma língua poderia assegurar seu suporte sem conduzir seus utilizadores a uma certa sacralização?

Ritual mínimo: a língua iídiche

Nessa perspectiva, é inteiramente notável que, mesmo no seio de um movimento tão laico quanto o do Bund[3], tenha reinado, entretanto, uma espécie de "laicidade sagrada". Com efeito, mesmo que o Bund tenha sido o partido judeu que dá a maior prova de seu laicismo, uma manifestação como a da "schulve" (a jura), hino do Bund, mostra a que ponto ela tinha como função substituir preces tradicionais, por ocasião da morte de um dos militantes, que era enterrado com uma bandeira vermelha.

Também não se deixava, nessa organização, de respeitar as festas judias e sua significação, como o sabá, embora, em princípio, elas devessem se desenrolar "fora" de toda dimensão religiosa. Assim, o mínimo de ritualização necessária é preservada, em grande parte graças à língua iídiche,

[3] Movimento judeu proletário de Lituânia, Polônia e Rússia, fundado em 1897 e eliminado após a revolução de outubro de 1917, oposto ao sionismo e que lutava contra o anti-semitismo da Rússia tzarista.

que constituía o verdadeiro laço entre todas as pessoas. Nessa mesma perspectiva, não é anódino que seja o iídiche que tenha sido adotado para dispensar o ensino nas escolas na rede escolar da CISHO[4]. Hiim Schloyme Kazden, seu diretor, insistia no fato de que a vocação de suas escolas baseadas na ideologia bundista continuava sendo o iidichismo e a laicidade e afirmava em sua revista *Schulvegen* ("os caminhos da escola"): "Nossa escola apresenta um caráter nacional judeu, porque ela introduz as crianças na esfera dos problemas passados e presentes do povo [...] ela tem um caráter judeu corretivo, criando um novo tipo de homem com ideais de produtividade e de utilidade física e espiritual".

A língua iídiche serve, portanto, como sinal mínimo de identidade, com ou sem contexto religioso. Primo Levi, que já citamos, fazia notar que, em Auschwitz, muitos judeus poloneses se incomodavam com sua presença entre eles e lhe faziam a seguinte pergunta: "Mas que judeu você é? *Redest Keyne yiddish, bist nit keynjid?* Um judeu que não fala iídiche não é judeu!...".

O que queria dizer que, religioso ou não, se não se fala o iídiche, então não se é judeu!... Esse valor do iídiche adquire no contexto desse campo de exterminação uma conotação muito particular, onde se demonstra como uma língua, que no entanto não é de um uso tão religioso quanto o hebreu, pode funcionar como uma muito maior sacralização.

Mas o que resta hoje dessa língua? A *Naye Presse*, órgão dos comunistas judeus, diário nos anos de após-guerra antes de se tornar bimensal, se extinguiu um 1993. *Unzer Shtime*, o periódico do Bund, aparece apenas uma vez por mês. Entretanto, *Unzer Vort*, diário criado na órbita do *Po'alei tsion*, continua a ser publicado quatro dias por semana.

Assim, essa língua já está extinta e se extinguirá definitivamente com nossos avós. A razão disso talvez seja que um outro suporte doravante já tomou a vez do sinal mínimo de identificação comum. Essa última substituição nos conduz a fazer essa pergunta, sobre a qual pode-se dizer que só se apresenta quando desaparece o último sinal de agrupamento: o que é ser judeu hoje?

---

[4] Organização central das escolas iídiche em Varsóvia em 1891.

A Shoah: última substituição simbólica?

A Shoah talvez tenha tomado o revezamento simbólico de uma identidade na qual cada um pode ainda se encontrar, seja religioso ou não, politizado ou não. Isso não deixa de acarretar um certo número de conseqüências, a começar por essa interrogação: a identidade judia encontrará sua consistência pelo *me phunai*, "o erro de ter nascido"?

A solução final em seu nome de Shoah viria substituir, para todo judeu, a última palavra do *yiddishkeit*[5] pronunciável?

Uma vertiginosa fratura se introduziu na história do judaísmo e na da humanidade, fratura na medida em que, a partir desse acontecimento, toda crença está para sempre proscrita. E, no entanto, à Shoah, mais que a todo outro acontecimento da história, se aplicaria a frase de Perec: "Não tenho o sentimento de ter esquecido, mas o de nunca ter podido saber!"[6].

É por isso que é preciso introduzir uma diferença entre as rupturas sucessivas que o judeu laico teve que realizar com todas as formas de crença e a fratura que a Shoah introduziu. Só podemos romper com o que se conheceu ou com aquilo a que pertencemos, enquanto que com a Shoah as palavras faltam e, por conseqüência, estar aí, ou não, não é mais da ordem do decidível.

Sem dúvida, compreendemos melhor o quanto é difícil sustentar uma identidade em que as palavras faltam para poder dizer. Por isso não seria catastrófico que uma nova religião nasça pelo que a Shoah tende a produzir em todo judeu como apelo a constituir comunidade? Não é se identificar com o ato que tenta aniquilar cientificamente o desejo do homem? Se a resposta é sim, não é, então, sacralizar o cumprimento desse ato como destino moderno do povo judeu?

Com efeito, que tragédia imaginar que ser judeu laico se reduziria agora a uma identificação no lugar mesmo em que os nazistas haviam programado sua destruição!

Sem querer argumentar uma qualquer prospectiva, diremos que o que Freud chamava "suas crenças éticas humanas" não pode se reduzir à

---

[5] *Yiddishkeit*: modos de vida, práticas e usos específicos dos judeus asquenazes.

[6] *Ellis Island*, POL, 1995, p. 60.

crença em um "Witz" com o qual nos será preciso também romper, tomando o risco de nos opor hoje à nossa "própria compacta maioria judia".

Esse Witz, esse traço de humor judeu, com o qual nos propomos romper, é o que serviu de identificação a numerosas gerações precedentes. Sabemos que a perseguição sempre planou acima do povo judeu e que, mesmo antes da Shoah, o pogrom já tinha essa função. É no que a pequena história que vai se seguir é ao mesmo tempo engraçada e trágica.

Um casal de idosos judeus que se estabeleceu nos confins do pampa argentino lê seu jornal ao sol, como todos os dias. É segunda-feira e o senhor comenta com sua mulher os resultados das partidas de futebol do fim de semana e insiste repetidas vezes no seguinte: Uruguai 0 – Argentina 1.

Sua mulher o olha então, inquieta, faz um tempo de silêncio e, com um tom grave, lhe pergunta: "Você acha que é bom para nós?".

Essa pequena história, que todo mundo conhece e que é aparentemente anódina, comporta, na realidade, um apelo a uma cumplicidade quase consciente com o mito mínimo ao qual todo judeu se refere: o mito da eterna vítima, com seu corolário – o mito dos *góis* como eternos opressores-perseguidores. Trata-se do menor denominador comum de cumplicidade no qual se reconhece nossa própria compacta maioria e que faz como-um, comunidade.

No caso, a posição de Hannah Arendt nos parece da maior justeza, quando sublinha que esse tipo de mitologização "desmente a parte de responsabilidade judia na situação"[7]. Entendamos "responsabilidade" no sentido em que ceder ao mito é renunciar ao desejo próprio. Sendo o desejo a única permanência na qual podemos nos apoiar para ter em vista uma transmissão sobre a qual já sabemos que só pode se efetuar à nossa revelia.

Enquanto judeu laico, dizia Freud, só se pode passar para a oposição e renunciar a se entender com a "compacta maioria". Essa definição decerto implica a necessidade de "se liberar dos prejulgamentos que limitam, em si mesmos, o emprego de sua inteligência". Tarefa que nos torna difícil, mas indispensável, uma prática do inconsciente, a qual nos ensinou que o inferno não são apenas os outros...

---

[7] Tese desenvolvida repetidas vezes por Hannah Arendt, notadamente em *La nature du totalitarisme*, Paris, Payot, 1990, *Les origines du totalitarisme*, Paris, Gallimard, 1998, *Eichmann à Jérusalem: rapport sur la banalité du mal*, Paris, Gallimard, 1991, e *Fidélité et utopie: essais sur le judaïsme contemporain / Gershom Sholem*, Calmann-Lévy, 1978.

Companhia de Freud
editora

OBRAS PUBLICADAS

Psicanálise e Tempo
Erik Porge

Psicanálise e Análise do Discurso
Nina Leite

Letra a Letra
Jean Allouch

Mal-Estar na Procriação
Marie-Magdeleine Chatel

Marguerite ou "A Aimée" de Lacan
Jean Allouch

Revista Internacional nº 1
A Clínica Lacaniana

A Criança na Clínica Psicanalítica
Angela Vorcaro

A Feminilidade Velada
Philippe Julien

O Discurso Melancólico
Marie-Claude Lambotte

A Etificação da Psicanálise
Jean Allouch

Roubo de Idéias?
Erik Porge

Os Nomes do Pai em Jacques Lacan
Erik Porge

Revista Internacional nº 2
A Histeria

Anorexia Mental, Ascese, Mística
Éric Bidaud

Hitler – A Tirania e a Psicanálise
Jean-Gérard Bursztein

Littoral
A Criança e o Psicanalista

O Amor ao Avesso
Gérard Pommier

Paixões do Ser
Sandra Dias

A Ficção do Si Mesmo
Ana Maria Medeiros da Costa

As Construções do Universal
Monique David-Ménard

Littoral
Luto de Criança

Trata-se uma Criança – Tomos I e II
Congresso Internacional de Psicanálise e suas Conexões – Vários

O Adolescente e o Psicanalista
Jean-Jacques Rassial

— Alô, Lacan?
— É claro que não.
Jean Allouch

A Crise de Adolescência
Octave Mannoni e outros

O Adolescente na Psicanálise
Raymond Cahn

A Morte e o Imaginário na Adolescência
Silvia Tubert

Invocações
Alain Didier-Weill

Um Percurso em Psicanálise com Lacan
Taciana de Melo Mafra

A Fantasia da Eleição Divina
Sergio Becker

Lacan e o Espelho Sofiânico de Boehme
Dany-Robert Dufour

O Adolescente e a Modernidade – Tomos I, II e III
Congresso Internacional de Psicanálise e suas Conexões – Vários

A Hora do Chá na Casa dos Pendlebury
Alain Didier-Weill

W. R. Bion – Novas Leituras
Arnaldo Chuster

Crianças na Psicanálise
Angela Vorcaro

O Sorriso da Gioconda
Catherine Mathelin

As Psicoses
Philippe Julien

O Olhar e a Voz
Paul-Laurent Assoun

Um Jeito de Poeta
Luís Mauro Caetano da Rosa

Estética da Melancolia
Marie-Claude Lambotte

O Desejo do Psicanalista
Diana S. Rabinovich

Os Mistérios da Trindade
Dany-Robert Dufour

A Equação do Sonhos
Gisèle Chaboudez

Abandonarás teu Pai e tua Mãe
Philippe Julien

A Estrutura na Obra Lacaniana
Taciana de Melo Mafra

Elissa Rhaís
Paul Tabet

Ciúmes
Denise Lachaud

Trilhamentos do Feminino
Jerzuí Tomaz

Gostar de Mulheres
Autores diversos

Os Errantes da Carne
Jean-Pierre Winter

As Intervenções do Analista
Isidoro Vegh

Adolescência e Psicose
Edson Saggese

O Sujeito em Estado Limite
Jean-Jacques Rassial

O que Acontece no Ato Analítico?
Roberto Harari

A Clínica da Identificação
Clara Cruglak

A Escritura Psicótica
Marcelo Muniz Freire

Os Discursos e a Cura
Isidoro Vegh

Procuro o Homem da Minha Vida
Daniela Di Segni

A Criança Adotiva
Nazir Hamad

Littoral
O Pai

O Transexualismo
Henry Frignet

Psicose, Perversão, Neurose
Philippe Julien

Como se Chama James Joyce?
Roberto Harari

A Psicanálise: dos Princípios
Ético-estéticos à Clinica
W.R. Bion – Novas Leituras

O Significante, a Letra e o Objeto
Charles Melman

O Complexo de Jocasta
Marie-Christine Laznik

O Homem sem Gravidade
Charles Melman

O Desejo da Escrita em Ítalo Calvino
Rita de Cássia Maia e Silva Costa

O Dia em que Lacan me Adotou
Gérard Haddad

Mulheres de 50
Daniela Di Segni e Hilda V. Levy

A Transferência
Taciana de Melo Mafra

Clínica da Pulsão
Diana S. Rabinovich

Os Discursos na Psicanálise
Aurélio Souza

Littoral
O conhecimento paranóico

Revista Dizer - 14
A medicalização da dor

Neurose Obsessiva
Charles Melman

A Erótica do Luto
Jean Allouch

Um Mundo sem Limite
Jean-Pierre Lebrun

Comer o Livro
Gérard Haddad

A experiência da análise
Norberto Ferreyra

IMPRESSÃO

GRÁFICA MARQUES SARAIVA
Rua Santos Rodrigues, 240 - Estácio / RJ
Telefax: (21) 2502-9498